安徽省高等学校规划教材 物流管理系列

李亦亮◎总主编

现代物流配送管理

第3版

主　　编◎黄先军　张　敏
副 主 编◎夏应芬　洪　亮
编写人员◎（以姓氏笔画为序）
　　　　　许争争　朱外明　吴　臻
　　　　　姜　凌　徐俊杰　梁培培

北京师范大学出版集团
BEIJING NORMAL UNIVERSITY PUBLISHING GROUP
安徽大学出版社

图书在版编目(CIP)数据

现代物流配送管理/黄先军,张敏主编. —3版. —合肥:安徽大学出版社,2021.1
(2022.7重印)
高等学校规划教材. 物流管理系列
ISBN 978-7-5664-2124-1

Ⅰ.①现… Ⅱ.①黄… ②张… Ⅲ.①物流管理-高等学校-教材
Ⅳ.①F252.1

中国版本图书馆CIP数据核字(2020)第208338号

安徽省省级质量工程一流教材建设项目 项目编号2018yljc128

现代物流配送管理(第3版)
Xiandai Wuliu Peisong Guanli

黄先军 张敏 主编

出版发行:北京师范大学出版集团
　　　　　安徽大学出版社
　　　　　(安徽省合肥市肥西路3号邮编230039)
　　　　　www.bnupg.com.cn
　　　　　www.ahupress.com.cn
印　　刷:安徽昶颉包装印务有限责任公司
经　　销:全国新华书店
开　　本:184mm×260mm
印　　张:21.25
字　　数:400千字
版　　次:2021年1月第3版
印　　次:2022年7月第3次印刷
定　　价:48.00元
ISBN 978-7-5664-2124-1

策划编辑:姚 宁 邱 昱	装帧设计:李伯骥
责任编辑:方 青 姚 宁	美术编辑:李 军
责任校对:邱 昱	责任印制:陈 如 孟献辉

版权所有　侵权必究
反盗版、侵权举报电话:0551-65106311
外埠邮购电话:0551-65107716
本书如有印装质量问题,请与印制管理部联系调换。
印制管理部电话:0551-65106311

总序

《物流管理系列教材》先后被列为安徽省高等学校"十一五"规划教材、安徽省高等学校"十二五"规划教材、安徽省2017年省级质量工程规划教材项目，这套教材反映了该系列教材在建设中能够与时俱进，及时把物流管理新理论、新成果吸收到教材中。

本系列教材从2008年出版以来，进行了两次幅度比较大的修编。虽然修编教材耗神费力，但是作为物流教育工作者要有担当，所以对物流管理教材进行及时修编是十分必要的。主要原因有以下几个方面。

第一，物流发展形势变化很快。2018年与2008年相比，全国社会物流总额从89.9万亿元增长到283.1万亿元，增长215%；全国物流总费用从5.5万亿元增长到13.3万亿元，增长142%；社会物流总费用占GDP的比率，从18.1%下降到14.8%，下降3.3个百分点；全国快递业务量由15.1亿件增长到507.1亿件，增长更是高达3258%。经过十年的发展，我国物流产业已经开始从规模数量向效率提升转变，从要素驱动向创新驱动转变，从价值链中低端向中高端转变，从建设物流大国向物流强国转变。新时代物流业发展的主要矛盾已经转化为社会对高质量的物流服务需求和物流业业发展的不平衡不充分的矛盾。目前，我国物流业正在向高服务质量、高效率目标发展迈进。

第二，物流业相关政策密集出台。国家高度重视物流业的发展，十年来，出台了一系列推动物流业发展的政策举措。2009年3月国务院发布《物流业调整和振兴规划》；2011年8月国务院办公厅印发《关于促进物流业健康发展政策措施的意见》；2013年9月国家发展改革委等部门联合发布《全国物流园区发展规划》；2014年9月国务院发布《物流业发展中长期规划》（2014-2020年）；2015年10月国务院印发《关于促进快递业发展的若干意见》；2017年5月国务院办公厅印发《关于进一步推进物流降本增效,促进实体经济发展的意见》;2017年10月国务院办公厅印发《关于积极推进供应链创新与应用的指导意见》;2018年12月国家发展改革委等部门联合印发《国家物流枢纽布局和建设规划》。

第三,物流管理学科研究进展很快。物流管理学科实践性很强,我国物流业发展的基础和方式快速变化,必然涌现出一大批物流管理研究新课题、新任务,为物流管理学科开展深度和系统地研究提供丰富的素材。十年来,我国物流管理领域推出了一系列重要理论和实践成果,例如:如何从国民经济基础性、战略性产业高度来认识物流产业;如何用"创新、协调、绿色、开放、共享"发展理念指导物流业发展;如何在供给侧结构性改革中提升、完善、强化物流功能;如何推动以"互联网+"高效物流为标志的"智慧物流"发展;如何围绕国家"制造强国""乡村振兴""一带一路"等重大战略做好物流服务保障;如何坚持以人为中心发展能够满足人民日益增长的对美好生活需要的新物流;如何推动现代物流高质量发展;等等。

物流管理教材要体现其先进性,需要把先进的物流理论、物流实践和最新的物流政策,物流管理理论和实践的成果及时吸纳进教材中。唯有这样,教材才能跟上时代发展的脉搏,才会有鲜活的生命力和实践指导力。这也是我们对物流管理系列教材进行高频率修编的根本原因。

近年来,我国物流发生了深刻变化,我国高等教育也发生了深刻变化。2018年9月10日全国教育大会在北京召开,大会对新时代人才培养提出了一系列新的要求。例如,要在增强综合素质上下功夫,教育引导学生培养综合能力,培养创新思维;着重培养创新型、复合型、应用型人才;教材体系要围绕立德树人这个目标来设计。教育部2018年9月17日印发《关于加快建设高水平本科教育全面提高人才培养能力的意见》(新高教40条)要求:要把思想政治教育贯穿高水平本科教育全过程;把深化高校创新创业教育改革作为推进高等教育综合改革的突破口;要使教材更加体现科学性、前沿性,进一步增强教材针对性和实效性。高等教育对人才培养的这些新要求,是我们修编教材遵循的基本原则。

本次系列教材修编中,我们努力做到以下几点:一是积极吸纳物流管理新成果,反映物流管理新趋势,指导物流管理新实践;二是深入贯彻全国教育大会精神,充分发挥物流管理教材育人功能;三是按照理论够用、能力为重、启迪思考、激发兴趣的原则，对教材撰写、编排进行优化设计；四是以针对性、实用性为基本着力点，致力培养有素质、有能力、有担当的现代物流管理人才。

《物流管理系列教材》由安庆师范大学经济与管理学院李亦亮教授担任总主编，参加编写的有安徽省开设物流管理与工程类专业高等学校的几十位专家学者和中青年骨干教师。此次系列教材修编吸纳了物流管理实践一线人士、部分物流管理专业任课教师和使用教材的学生一些富有价值的建议，也得到了北京师范大学出版集团安徽大学出版社编辑的大力支持。系列教材修编参考了国内外大量文献资料，借鉴和吸收了国内外众多学者的研究成果。由于编写时间仓促加上编者水平有限，书中不足之处在所难免，欢迎社会各界专家和广大读者提出宝贵意见，以日臻完善。

李亦亮

2020年10月20日

第一章 配送管理概论 / 001

- 第一节 配送的内涵与作用 / 004
- 第二节 配送的类型 / 011
- 第三节 配送管理的内涵与目标 / 018
- 第四节 配送的产生与发展 / 023

第二章 配送中心基本知识 / 037

- 第一节 配送中心概述 / 039
- 第二节 配送中心的分类 / 046
- 第三节 配送中心的作业系统 / 050
- 第四节 我国配送中心 / 053

第三章 配送中心规划与设计 / 063

- 第一节 配送中心规划 / 065
- 第二节 配送中心选址 / 068
- 第三节 配送中心设计 / 074
- 第四节 配送中心的内部作业空间设计与设施构造标准 / 081

第四章 配送作业管理 / 095

- 第一节 配送作业的基本环节和作业流程 / 097
- 第二节 进货作业管理 / 104
- 第三节 储存及保管保养作业管理 / 115
- 第四节 补货作业管理 / 123
- 第五节 分拣作业管理 / 125
- 第六节 配送信息管理 / 134
- 第七节 其他配送作业管理 / 138

第五章 配送运输作业管理 / 147

- 第一节 配送运输概述 / 150
- 第二节 配送运输路线的优化选择 / 161
- 第三节 车辆营运管理 / 168

第六章 配送服务管理 / 179

- 第一节 配送服务概述 / 181
- 第二节 配送服务合同 / 185
- 第三节 配送服务质量控制 / 196

第七章 配送成本管理 / 207

- 第一节 配送成本概述 / 209
- 第二节 配送成本核算 / 213
- 第三节 配送定价与成本控制策略 / 220
- 第四节 配送成本管理与控制 / 223

第八章 电子商务配送管理 / 233

- 第一节 电子商务配送概述 / 235
- 第二节 电子商务与配送的关系 / 243
- 第三节 电子商务配送流程及配送模式 / 246

第九章 典型行业的配送管理 / 255

- 第一节 批发零售业配送 / 257
- 第二节 制造业配送 / 262
- 第三节 农业配送 / 268
- 第四节 快递业配送 / 275

第十章 跨国物流配送管理 / 287

- 第一节 跨国物流配送概述 / 289
- 第二节 跨国物流配送的形式与管理 / 293
- 第三节 跨国物流配送保险 / 312

参考书目 / 327

第一章

配送管理概论

◆学习目标◆

通过本章学习，学生要掌握配送的内涵，了解配送的基本要素，理解配送的作用，掌握配送管理的内涵和目标，理解配送管理的内容，了解配送的产生与发展的历史过程，了解中国与发达国家配送发展的现状。

作为物流活动的两大支柱，运输和储存在物流活动中占有重要地位。运输和储存不是物流的最终目的，物流的最终目的是满足客户对货物的需要，而配送正体现了物流的最终目的。配送直接为客户提供服务，满足客户的各种需要。配送在为客户服务方面比一般意义上的物流更为及时、准确、方便。

开篇案例

"城市100"模式

随着电子商务的迅猛崛起和快递业的快速发展，上下游客户的服务需求呈现出多样化、个性化的趋势。而快递延误、丢失、损毁等情况时有发生，特别是在末端配送环节。某些快递企业往往采取地摊式的作业方式，这不仅影响了周边环境，也增加了快递丢失或错投的概率。固定操作场地的缺失导致快递企业无法提供24小时的服务，从而限制了快递服务水平的提升。正是看到了末端配送存在的不足，北京"城市100"末端配送理念应运而生，并于2011年12月20日正式挂牌营业，推出了针对末端的共同配送运营模式。

"城市100"意为"配送最后100米，百姓满意100分"。共同配送的基本思路是，通过"城市100"的物流配送社会服务平台，以最优的行车线路将货物送入社区或校园，由专门建立的配送末端进行统一配送，从而使末端配送更便利，同时降低各企业的成本。"城市100"实行政府引导、协会协调、企业主推、市场化运作的运营机制，以营业门店为载体，整合上下游供应商、服务商，力求打造面向公众的末端物流配送及社会服务平台。

物流配送社会服务平台最大限度地整合北京地区优质的快递网络资源，有助于提高物流资源利用率，加强物流企业之间的合作，优化配送供应链，推动北京地区电子商务的发展。物流配送社会服务平台主要由信息管理、车辆管理、统计查询、系统管理四个部分组成。参与共同配送的物流企业和用户通过系统接口或客户端软件向平台提供货运清单、装卸地点、运输时间及其他特殊需求，平台作出成本价格估算并反馈给各企业业务管理系统或客户端软件。企业确定成本报价后下订单，平台根据订单制定运输计划，结合现有的车辆、司机、货柜等物流资源情况，选择合适的运输资源，并根据配送客户情况在电子地图上生成相应的网络模型，将数据传递到行车路线规划系统，通过相关算法优化配送路线，得出行车优化路线并形成初步配送计划。初步配送计划经过智能配载系统检验后，进行车辆调度，选择车辆并确定发车时间，最终生成配送计划并保存调度计划。平台会将车辆调度结果传递给物流过程可视化监控系统，系统通过GPS和GIS实时显示车辆位置，跟踪车辆装卸状况、车辆运输状况等，对车辆进行全程监控与智能调度，实现在途可视化，并将货物运输情况反馈给参与共同配送的企业和消费者。参与共同配送的企业和消费者如对配送服务不满意，可以在平台上投诉，系统会记录投诉信息，在一定时间内进行处理并反馈给企业和消费者。

  物流配送社会服务平台是一个从城市共同配送的整体出发，基于网络化、实时化、可视化的，集信息发布、车辆管理、配送线路管理、配送优化为一体的综合系统。其核心在于建立内容丰富的城市交通地理数据库、配送信息数据库、车辆管理数据库，服务于配送模式、运力资源、产品、仓储能力的综合物流优化，并给每辆车装载相应的移动终端，以实现平台与车辆之间的数据交换，达到车辆优化配置、调度和管理的目的。实时掌握行车路况以实现行车路线的最优化，提高城市货物的配送效率，降低城市货物的配送成本。物流配送社会服务平台要解决的核心问题就是在尽量采取多客户货物拼车运送的情况下，合理安排车辆的行车路线，优化配送距离和线路，以节约配送成本，提高配送效率。那么，究竟什么是配送？配送的功能又是什么？这些正是我们接下来要学习的内容。
（资料来源：张春梅，《基于末端物流配送和社会服务平台的城市共同配送案例分析》）

第一节 配送的内涵与作用

一 配送的内涵

(一) 配送的概念

"配送"一词来源于英文中的"Delivery",意思是运送、输送和交货。

国家质量技术监督局在2007年开始实施的《中华人民共和国国家标准：物流术语》（以下简称《物流术语》）（GB/T 18354-2006）中，将"配送"定义为"在经济合理区域范围内，根据客户要求，对货物进行拣选、加工、包装、分割、组配等作业，并按时送达指定地点的物流活动"。

为正确理解"配送"的内涵，我们需要了解一些容易与"配送"相混淆的概念。

1. 配送和送货的区别

配送是随着市场发展而诞生的一种市场行为，它是生产和流通发展到一定阶段的必然产物。配送不是一般概念的送货，也不是生产企业推销产品时直接从事的销售性送货，而是从物流节点至客户的一种特殊送货形式。它与送货之间的差异体现在以下几个方面。

（1）目的不同。送货只是推销的一种手段，目的仅在于多销售一些产品。配送则是社会化大生产、专业化分工的产物，它是流通领域内物流专业分工的必然产物。一般送货是一种促销服务形式，配送是一种体制行为。

（2）内容不同。送货一般是有什么就送什么，对客户来说，只能满足其部分需要。而配送则是客户需要什么就送什么，它不单是送货，其业务活动内容还包括"分货""配货""配装"等工作，在市场经济不发达的国家或市场经济的初级阶段，很难实现大范围的高效率的配送。

（3）发展程度不同。配送是一种现代化的物流形式，它是送货、分货、配货等活动的有机结合体，还与订货系统紧密联系。它必须依赖信息处理技术，以使整个系统得以建立和完善，这是送货所不能相比的。

（4）装备不同。配送的全过程有现代化的技术和装备做保证，在规模、水平、效率、速度、质量等方面远远超过传统的送货形式。在这些活动中，大量采用各种传输设备和识码、拣选等机电装备，这与工业生产中广泛应用的流水线作业相似，一部分的流通工作实现了工厂化。配送是技术进步的产物。

2. 配送和输送、运输的区别

配送不是单纯的输送或运输，而是运输与其他活动共同构成的有机体。配送中所包含的那一部分运输活动在整个输送过程中处于"二次输送""支线输送""末端输送"的位置，其起止点是从物流节点至客户。

3. 配送和供应、供给的区别

配送不是广义概念上的组织货物、订货、签约、结算、进货及对货物处理分配的供应形式，而是以供给者送货到户的形式进行供应。从服务形式来看，配送是一种"门到门"的服务，可以将货物从物流节点一直送到客户的仓库、营业所、车间，乃至生产线的起点。

4. 配送和运送、发放、投送的区别

配送是在全面配货基础上，充分按客户要求所进行的运送。因此，除各种"运""送"活动外，还要从事分货、配货、配装等工作，是"配"和"送"的有机结合形式。

延伸阅读

"配送"概念的其他说法

1985年底，日本颁布的《日本工业标准(JIS)物流术语》中将"配送"定义为"将货物从物流节点送交给收货人"。

1998年4月，早稻田大学教授西泽修博士在他的专著《物流ABC指南》中对"配送"进行了较为详细的描述："从发货地到消费地之间，所有进货品、半成品、发货品及库存品都是有计划地、统一地进行管理和实施。配送是费用最低、服务最好的送货形式，为了最有效地将原材料、产品送达，把采购、运输、仓库的功能有机组合在一起。"

《现代物流学》一书对"配送"的定义：配送是以现代送货形式实现资源最终配置的经济活动；按客户订货要求，在配送中心或其他物流节点进行货物配备并以最合理的形式送交客户。

（二）配送的特点

从配送活动的实施过程上看，配送包括两个方面的活动："配"是对货物进行集中、分拣和组配；"送"是以各种不同的形式将货物送达指定地点或客户手中。配送有以下几个特点。

1. 配送是多种活动的有机结合体

配送是以分拣和配货为主要手段，以送货和抵达为目的的一种特殊的、综合的物流活动。其特殊性表现在它包含了装卸、包装、流通加工、保管等活动，但又不是这些活动的全部或全过程。因此，配送不能简单等同于运输或其他类型的单一物流活动。

2. 配送是一种接近客户的活动

配送不仅是在恰当的时间，以恰当的形式，收取恰当的费用，将货物传递给客户，还要为客户提供最优质的服务。配送一头连接着物流系统的业务环节，另一头连接着客户，直接面对服务对象的各种服务要求。配送功能完成的质量及其达到的服务水准，最直接而又具体地反映了配送系统对需求的满足程度。

3. 配送是营销活动的重要手段

准确而又稳定的配送活动可以在保证供给的同时，最大限度地降低生产或者流通企业的货物库存，从而降低总的销售成本。

4. 配送不是消极的送货发货

配送是在全面配货的基础上，"配"和"送"有机地结合起来，完全按照客户的要求进行分货、配货、配装等的工作。

5. 配送是一项有计划的活动

配送应根据客户的需要及从事配送的企业的能力，有计划地进行送货活动。

二 配送的基本要素

配送的基本要素包括货物、客户、配送设施设备、配送人员、配送路线、地点、时间，也称为"配送的七要素"。在制定配送计划时，应对此七项内容加以分析和整理。

（一）货物

此处所说的"货物"要能体现配送货物的种类、形状、重量、包装、材质、装运要求等。物流和配送的关系十分紧密，配送可以看作物流活动的缩影，物流活动处理的货物具有少品种、大批量、少批次等特点，配送则相反，具有多品种、小批量、多批次等特点。

（二）客户

配送的客户包括委托人和收货人两方。配送企业承担的配送业务就是受委托人的要求，把货物送达收货人的过程。要评价配送企业的服务水平，应该以满足双方客户的要求为依据。

（三）配送设施设备

在通常情况下，配送设施设备就是指配送工具。配送时，需要根据货物的特征、数量、配送地点以及配送设施设备自身的特点来选择合适的设施设备。配送设施设备包括车辆、仓库、装卸搬运设备(叉车、起重机等)、信息技术设备(电脑等)。

（四）配送人员

配送人员包括业务经理、司机、仓储人员、包装人员、装卸搬运人员、检验人员、信息技术人员等。因为需要面对不同的客户以及环境，所以对人员配置有一定的要求。例如，某些产品需要送达目的地之后安装并调试，这就需要司机或者配送人员具有一定的专业技能。

（五）配送路线

配送路线是指配送途经的路线。可以根据一定的原则指定配送路线。例如，配送路线最短原则、送货量最大原则、订单时间顺序原则等，并要求司机或者配送人员严格执行。但是，如果配送路途中的道路状况复杂或遇交通拥堵、交通管制等，司机可根据经验适当调整路线。

（六）地点

地点主要是指配送的起点和终点。主要了解地点的之间的距离、周边环境、停车卸货空间以及相关附属设施等。例如，起止点有无卸货月台、叉车等。

（七）时间

时间不仅指在途时间，还包括搬运、装卸时间。因为不一定所有的业务都在配送中心进行，所以需要了解配送起点和终点的装货和收货的时间限制及要求，提前做好安排，避免不必要的装卸等候，避免由于超过客户要求的时间范围而造成的货物拒收。

三、配送的作用

在发达国家，配送不但广为推行，而且成为一般非物流企业经营活动的重要组成部分，对优化经济结构、节约社会劳动及充分发挥物流功能起到了巨大的作用。配送在本质上是运输，创造空间效用自然是它的主要功能。但配送又不同于运输，它是运输在功能上的延伸。相对运输而言，配送除创造空间效用这一主要功能外，其延伸功能可归纳为以下几个方面。

（一）有利于物流运输实现合理化

配送不仅能够把物流推上专业化、社会化道路，还能以其特有的运动形态和优势调整流通结构，从而使物流运输以规模优势降低运输成本。配送减少了车辆的空驶，提高了运输效率和经济效益，并能减少空气污染。

（二）完善了整个物流系统

20世纪下半叶以来，随着科学技术的进步、运输工具的改善，干线运输在多种运输形式中都达到较高的水平，长距离、大批量的运输实现了低成本化。但在干线运输完成之后，需要支线运输来完成末端运输，而支线运输成了物流过程的一个薄弱环节。采用配送形式，将支线运输和干线运输联系起来，发挥支线运输的灵活性和服务性特点，从而使运输过程得以优化和完善。

（三）提高了末端物流的经济效益

采用配送形式，将各种客户的货物集中在一起发货，而不是分别向不同客户小批量发货，这有助于提高末端物流的经济效益。

（四）实现了低库存或零库存

在采用准时化配送形式之后，生产企业可以依靠配送中心的准时化配送进行准时化生产而不需要或较小地保持库存量。这样，生产企业可以实现低库存甚至零库存，从而极大地降低库存所占用资金，改善企业的财务状况。在配送中心实行集中库存后，其库存总量大大低于各企业的分散库存总量，同时增强了调节能力，提高了社会经济效益。此外，集中库存还可以发挥规模经济优势，使单位存货成本下降。

●（五）提高了客户服务水平

采用配送形式，客户往往只需一次订货便能达到在多处采购的目的。因此，极大地减轻了客户的工作量和工作负担，也节省了订货成本。其强大的服务功能受到广大客户的热烈欢迎。

●（六）提高了供应保证程度

由生产企业自己保持库存来维持生产，受库存费用的制约，提高供应的保证程度很难采取配送形式，由于配送中心的集中库存可以调节企业间的供需关系，同时库存量更大，可以降低生产企业因断货、缺货而影响生产的风险。

●（七）支撑了电子商务的发展

电子商务的发展需要具备两个重要条件：一是货款的支付，二是货物的配送。网上购物，无论如何方便快捷，如何减少流通环节，唯一不能减少的就是货物配送，配送服务如不能和信息网络联通，则网上购物就不能发挥其方便快捷的优势。

●（八）促进了物流技术进步

现代大载重量的运输工具，固然可以提高运输效率、降低运输成本，但只适合干线运输。干线运输一般是长距离、大批量的运输。支线运输一般是短距离、小批量的运输，使用大载重量的运输工具是一种浪费。支线运输频次高、服务性强，要求比干线运输具有更强的灵活性和适应性，而配送通过其他物流环节的配合可实现定制化服务，能满足上述要求。因此，配送与运输只有密切结合，使干线运输与支线运输有机结合起来，才能实现运输系统的合理化。

发展配送有利于促进物流设施和装备的技术进步，具体表现在三个方面。一是促进信息处理技术的进步。随着配送业务的开展，需要处理的信息将越来越多，手工信息处理速度慢且容易出差错，已适应不了配送业务的需求，这必然要求大量地应用信息处理技术。二是促进物流处理技术的进步，从而提高物流速度，缩短物流时间，降低物流成本，减少物流损耗，提高物流服务质量。配送业务的发展，必然伴随着自动化立体仓库、自动化分拣装置、无人搬运车、自动托盘等现代化物流技术的应用。三是推动物流规划技术的开发与应用。随着配送业务的开展，客户越来越多，随之而来的就是配送路线的合理选择、配送中心选址、配送车辆的配置、配送效益的技术经济核算等问题。对于这些问题的研究解决，促进了我国物流技术的发展，并使其达到一个新阶段。

（九）实现了商物分离

一般零售企业在未开展配送业务之前，各个商店都有自己的仓库，并各自进行物流活动，此时的商流和物流具有一致性。在开展配送业务以后，配送中心可以充分发挥其网络覆盖面广、信息传播速度快、物流配送手段先进和物流设施齐全的优势，专门从事货物物流活动。在这种情况下，各个商店就可保持较低的库存。这大大改善了零售企业的外部环境，使零售企业有更多的资金和精力来专心从事商流活动，从而实现了商物分离。

延伸阅读

配送的服务特性

配送包含了物流的多项功能，它是物流活动在某一范围内的缩影和体现。配送与物流一样，具有服务性。在社会再生产过程中，物流起着"桥梁"和"纽带"作用，服务于生产和消费。配送作为供应物流和生产物流的一种特殊形式，为生产过程提供服务，配送原材料、零部件等；配送作为销售物流的一种服务形式，为商业部门和客户提供服务，按客户的要求把货物送到指定的地点。

1.配送的综合服务特性

配送的综合服务特性表现在两个方面：一是服务内容的综合性；二是配送作业的综合性。客户购货一般需要经过订货、选货、付款、提货、包装、装车、运输、卸货等过程，而配送则为客户提供综合服务，这大大简化了客户的购货过程。现代配送只需客户下订单，配送中心便可按客户要求把规定的货物送到接收地点，客户验收即可。当然还要按规定的形式结算付款。

配送作业比一般的送货作业更复杂，包括拣选、分货、分割、配装和加工等环节。在这种条件下，配送企业应采用先进的仓储、拣选技术和系统管理方法，以提高配送效率和管理水平。

2.配送的准时服务特性

配送的准时服务特性是现代生产和现代社会生活的需要。例如，现代生产流水装配线是连续运转的，各工位需要准时供应零部件，如果零部件不能准时配送到位，就会使装配作业陷入混乱或瘫痪；再如，接待贵宾需要鲜花和宴席，如鲜花不能准时送到贵宾接待处，食品不能准时送到宴会厅，那就可能造成极坏的影响等。因此，现代配送的准时服务特性是不可缺少的。

3.配送的增值服务特性

一般来说，送货是把货物从一个地点送到另一个地点，这只改变货物的空间位置，而不改变货物的特征和使用价值。客户的需求各种各样，配送中心可以对生产领域中的产品进行深加工，以满足客户多样性需求，这就是增值服务。例如，把水泥加工成混凝土，向建筑工地配送；又如，把金属板材按客户要求进行剪裁加工，配送给客户；再如，根据生产企业的需要，把钢材、木材、平板玻璃等进行集中下料，制成生产所需的毛坯件，向生产企业配送，等等。

第二节 配送的类型

在长期的实践中，配送以不同的运作特点和形式满足不同客户的要求，从而形成了不同的配送类型。这些配送类型是根据不同的标准来划分的。

一 按配送主体不同分类

（一）配送中心配送

这种配送的组织者是专职从事配送业务的配送中心。配送中心专业性强，与客户有固定的配送关系，一般实行计划配送。需配送的货物通常有一定的库存量，在一般情况下不会超过自己的经营范围。配送中心的设施是根据配送需要专门设计的、配送能力强、配送品种多、配送数量大，可以承担主要货物的配送及实行补充性配送等。

配送中心的配送覆盖面广，是一种大规模的配送形式，必须有配套的大规模实施配送的设施，如配送中心建筑、车辆等。这些设施一旦建成就很难改变，机动性较差，投资较高。因此，这种配送形式有一定的局限性。

（二）商店配送

商店配送的组织者是商店或货物的门市网点，主要负责货物的零售，一般经营品种比较齐全。商店配送可以根据客户的要求，将货物经营的品种配齐或代客户外购一部分商店本不经营的货物，从而与商店经营的货物一起运送给客户。

这种配送形式的组织者实力有限，所配送的货物往往只是小批量的零售货物，甚至某些货物只是偶尔需要，很难与配送中心建立计划配送关系。

商店及货物零售网点数量较多、配送半径较小，比较灵活机动，可承担生产企业非主要生产货物的配送以及对客户个人的配送。可以说，商品配送是配送中心配送的辅助及补充形式。商店配送有两种主要形式。

1.兼营配送

在进行一般销售的同时，商店也兼行配送的职能。商店的备货可用于日常销售及配送，有较强的机动性，可以使日常销售与配送相结合，并作为相互补充的形式。在铺面稳定的情况下，这种配送形式往往可以取得更多的销售额。

2.专营配送

商店不进行零售，而是专门进行配送的。在一般情况下，如果商店位置条件不好，不适合门市销售，而又具有某些方面的经营优势及渠道优势，则可采用这种形式。

（三）仓库配送

仓库配送一般以仓库为节点来进行配送。它可以把仓库完全改造成配送中心，也可以在保持仓库原功能的前提下，再增加一部分配送职能。由于其并不是按配送中心专门设计和建立的，仓库配送的规模较小，配送的专业化程度较低。但是，由于可以利用原仓库的储存设施及能力、收发货物地、交通运输路线等，其既是开展中等规模的配送可以选择的类型，同时也是较为容易利用现有条件而不需要大量投资的类型。

（四）生产企业配送

这种配送的组织者是生产企业，尤其是进行多品种生产的生产企业。这些企业可以直接从本企业进行配送，而不需要将产品发送到配送中心进行配送。

因为避免了一次物流中转，所以生产企业配送具有一定的优势。但是由于生产企业，尤其是现代化生产企业，往往进行大批量、低成本生产，品种较为单一，无法像配送中心那样依靠零担运输取得优势。实际上，生产企业配送不是配送的主体，它只是在地方产品生产企业中应用较多。比如，就地生产、就地消费的食品、饮料、百货等。此外，在生产资料方面，某些不适于中转的化工产品及地方建材也常常采用这种类型。

二　按配送的时间及数量不同分类

（一）定时配送

定时配送是指按规定的时间间隔进行的配送，比如，数天或数小时配送一次等。每次配送的产品品种及数量既可以根据计划确定，也可以在配送之前以商定的联络形式（如电话、计算机终端系统等）确定配送的产品品种及数量。

这种配送形式时间固定，易于安排工作，对于客户来讲，也易于安排接货。但是，因为配送货物品种变化多，配货、装货难度较大，所以如果配送产品品种或数量出现较大变化，就会使配送安排出现困难。

（二）定量配送

定量配送是指按照规定的批量，在一个指定的时间范围内进行配送。这种配送形式配送货物量固定、备货工作较为简单，可以根据托盘、集装箱及车辆的装载能力规定配送的批量，能够有效地利用托盘、集装箱等集装形式，也可以做到整车配送，配送效率较高。由于时间不严格限定，它可以将不同客户所需的货物凑成整车运输，运力利用率高。对于客户来讲，每次接货都处理同等数量的货物，有利于接货准备工作的开展。

（三）定时定量配送

定时定量配送是指按照规定的时间和规定的货物品种及数量进行配送。它结合了定时配送和定量配送的特点，对配送企业的服务要求比较严格，管理和作业难度较大。由于其配送的计划性强、准确性高，相对来说比较适合生产和销售稳定、产品批量较大的生产制造企业或大型连锁商场的部分货物配送。

（四）定时定路线配送

定时定路线配送是指通过对客户分布状况的分析，设计出合理的运输配送路线，根据运输配送路线到达站点的时刻表进行配送。这种配送形式一般由客户事先提出货物需求计划，然后按规定的时间在确定的站点接收货物。这易于有计划地安排运送和接货工作，比较适用于客户集中的地区。

（五）即时配送

即时配送是根据客户提出的时间要求和货物品种、数量要求，及时地将货物送达指定的地点。即时配送可以满足客户的临时需求，对配送速度及时间要求严格。因此，通常只有配送设施完备、具有较高管理和服务水平及作业组织能力和应变能力的专业化配送企业才能较广泛地开展即时配送业务。完善和稳定的即时配送服务可以真正实现准时制生产。

三　按配送货物的种类及数量不同分类

（一）少品种、大批量配送

当客户所需要的货物品种较少或对某个品种的货物需求量较大、较稳定时，可以采用这种配送形式。采用这种配送形式的货物配送量大，不必与其他货物配装。这种配送形式的组织者多为生产企业或者专业性很强的配送中心。由于配送量大，货物品种较少，采用这种配送形式可以提高车辆利用率，同时也使配送组织内部的工作简化，配送成本较低。

（二）多品种、小批量配送

现代企业生产除需要少数几种主要货物外，还需要大量次要货物。次要货物品种多，每一品种的需求量不大，如果采取直接运送或大批量配送形式，则必然造成客户库存增加等问题。类似的情况在向零售店补充一般生活消费品的配送中心里也存在。这些情况适合采用多品种、小批量的配送形式。

多品种、小批量配送是指根据客户的要求，将所需要的各种货物(每种货物的需求量不大)配备齐全、凑整装车后从配送节点送达客户。这种配送作业难度大，对配送中心设备要求也很高。因此，需要较高水平的组织工作进行配合。在实际中，多品种、小批量配送往往伴随着多客户、多批次的特点，配送频率一般较高。

配送的特殊作用主要反映在多品种、小批量的配送中。因此，多品种、小批量配送的技术含量较高，是一种高水平的配送形式。另外，这种形式也与现代社会中的"消费多样化""需求多样化"等新观念相符合。这也是许多发达国家推崇的形式。

(三) 配套（成套）配送

配套（成套）配送形式是为了满足生产企业的需要，依照企业生产的进度将装配的各种零配件、部件、设备定时送达企业，生产企业随即可将这些成套的零配件、部件、设备送上生产线进行组装，并生产出产品。在这种装配形式中，配送企业完成了生产企业大部分供应工作，从而使生产企业专门致力于生产，它与多品种、小批量、多批次配送形式效果相同。

四 按加工程度不同分类

(一) 加工配送

加工配送是将配送与流通加工相结合的配送形式，也就是在配送节点中设置流通加工功能，或者将流通加工与配送节点融为一体的配送形式。流通加工与配送相结合，可以使流通加工更具有针对性和增值性。

(二) 集疏配送

集疏配送是一种只改变产品数量的组织形式，而不改变产品本身的物理、化学性质，并与干线运输相结合的配送形式。集疏配送多表现为大批量进货后，小批量多批次发货，或将零星货物集中形成一定批量后再进行送货等。

五 按配送企业专业化程度不同分类

（一）综合配送

综合配送是指配送货物种类较多，在一个配送网点中组织不同专业领域的货物向客户配送。由于综合性较强，其被称为"综合配送"。综合配送可以减轻企业的进货负担，企业只需要和少数配送单位联系便可以解决货物的配送问题。

综合配送的局限性在于，因为产品性能、形状差别很大，在组织配送时技术难度较大，所以一般只有对性状相同或相近的不同产品实行综合配送，而对于差别过大的产品则难以实现。

（二）专业配送

专业配送是指按照产品的性状不同，适当划分专业领域的配送形式。专业配送并非越细分越好，实际上同一性状而类别不同的产品也是可以进行综合配送的。专业配送的重要优势是根据专业的共同要求来优化配送设施，优选配送机械及配送车辆，制定适应性强的配送工艺流程等，从而大大提高配送各环节工作的效率。

六 按经营形式不同分类

（一）销售配送

销售配送是指配送企业本身就是销售型配送企业，或者是指销售企业作为销售战略的一个环节所进行的促销型配送。一般来讲，这种配送的配送对象和客户往往是根据对市场的占有情况而定的，因而具有不固定性，其配送的经营状况也取决于市场状况。这种配送随机性较强，而计划性较差。各种类型的商店配送多属于销售配送。

用配送形式进行销售是扩大销售数量、提高市场占有率、获取更多销售收益的重要形式。由于这是在送货服务前提下进行的活动，一般会受到客户的欢迎。

（二）供给配送

供给配送是指客户为了供应需要所采取的配送形式。在这种配送形式下，一般由客户组建配送节点，集中组织大批量进货（以便取得批量折扣），向本企业或向本企业所属集团下若干企业进行配送。大型企业或企业集团或联合公司，通常采用这种配送形式组织供应。例如，连锁商店就经常采用这种配送形式。供给配送在保证供应水平、提高供应能力、降低供应成本方面有着重要意义。

（三）销售—供应一体化配送

销售—供应一体化配送是指对于基本固定的客户和基本确定的配送产品，配送企业可以在向客户销售货物的同时，承担有计划供应的职能，既是销售者，同时又成为客户代理人。

对客户来说，采用该配送形成能够获得稳定的供应，并可以大大节约人力、物力和财力，甚至不再需要设立自己的供应机构而委托销售代理来供应货物。对销售者而言，采用这种配送形式能够获得稳定的客户和销售渠道，有利于增加销售数量，有利于稳定持续发展。销售—供应一体化配送有利于形成稳定的供需关系，也有利于保持流通渠道的畅通稳定。

（四）代存代供配送

代存代供配送是指客户将自己的货物交给配送企业保存、供应，并由配送企业组织配送的配送形式。这种配送在实施时不发生货物所有权的转移，配送企业只是客户的代理人。货物所有权在配送前后都属于客户，所发生的仅是货物物理位置的转移，配送企业仅从代存代送中获取收益，而不能获得货物销售的经营性收益。在这种配送形式下，货物所有权与经营权是分离的。

（五）代理配送

代理配送的情况与销售配送一致，只是在配送业务的开展过程中组织配送货源时不用配送企业提供货款。配送企业受生产者委托代销货物，对配送货物不拥有所有权，不能取得货物销售的经营性收益，只能按销售额的一定比例获取佣金。这种配送形式对配送企业比较有利。这也是发展现代化物流的一项重要内容，应予以重视。

（六）越库配送

越库配送是指货物不经过入库存放，直接配送给零售店或客户的配送形式，包括任何一种避免在将货物送去零售店或客户之前将其放入仓库的配送方法。仅把货物从卸货码头运到装货码头或将其暂时放在待运区。实施越库配送需要详细的计划和各方面的配合，关键是配送人员周密指导货物何时来、何时去以及何时被运往目的地。

配送活动中实施越库配送，可以减少多余的操作环节，缩短货物操作及储存时间，减少劳动力成本、货损和退货，最终降低存货持有成本。除了可以减少不必要的货物输送和存储工作以及所有与过量存货相关的直接成本，越库配送还为配送中心提供了进一步节约成本的潜在可能。如果需要存储的货物数量较少，那么存储并输送货物所需的空间和设备也会减少。这样，履行订单速度将会提高，货物过期的可能性就会降低。

第三节 配送管理的内涵与目标

一、配送管理的内涵

配送管理指运用现代管理方法对配送活动进行计划、组织、协调与控制，以达到客户满意的服务水平及降低配送成本的目的。

由此可见，配送管理就是根据配送活动的特点和规律，应用管理的基本原理和科学方法，对配送活动的各个要素进行计划、组织、指挥、协调、控制、监督、激励和创新，从而使配送活动各个方面相协调，通过降低配送成本和满足客户需求来提高社会效益和经济效益的过程。

可以从以下几个方面来理解"配送管理"的概念。

首先，配送管理的宗旨是既要提供客户满意的服务，又要大幅度降低配送成本。但二者具有非常明显的"二律背反"特点，因此，配送管理就是寻找二者之间最佳的结合点，并最终达到提高社会效益和经济效益的目的。

其次，对配送活动进行计划、组织、协调和控制，是指对配送活动各要素进行管理。因此，配送管理不仅要对单个构成要素进行管理，还要对所有要素实施动态的、全过程的管理。

最后，配送活动是由多环节构成的整体，配送管理涉及运输管理、仓储管理、作业流程管理、规划管理、信息技术管理等多方面的内容。对这样一个复杂的综合性整体，探求其管理规律，并结合每次配送活动的个性特点，采取科学而又有效的管理方法和途径，这是配送管理的本质要求。

二 配送管理的内容

具体而言，配送管理包含以下几方面内容。

（一）配送模式管理

配送模式是企业对配送所采取的基本战略和方法，企业选择何种配送模式，主要取决于配送对企业的重要性、企业的配送能力、市场规模与地理范围、保证的服务水平及配送成本等因素。

根据国内外的发展经验及我国的配送理论与实践，目前主要形成了以下几种配送模式：自营配送模式、共同配送模式、第三方配送模式。

（二）配送业务管理

配送的对象、产品品种、产品数量等较为复杂，要有条不紊地组织配送活动，管理者需要按照一定的工作程序对配送业务进行安排与管理。一般情况下，配送组织工作的基本程序和内容主要有以下两个方面。

1. 选择配送路线

配送路线是否合理对配送进度、成本、效益影响很大。因此，采用科学合理的方法确定配送路线是非常重要的一项工作。可以采用节约里程法、方案评价法等。

2. 拟订配送计划

配送作业涉及的产品种类繁多，用户需求的多样化也使得配送管理更加复杂，要想提升配送效率，周密的计划是必不可少的。配送管理者需要拟订配送计划，供具体负责配送作业的员工执行，目前一般采用电子信息技术来编制配送计划。

（三）配送作业管理

虽然不同产品的配送可能有其独特之处，但配送作业一般包括进货、存储、分拣、配货、分放、配装、送货等作业活动。配送作业过程中需要对整个作业流程进行合理的计划、组织，以提升配送作业整体的效率。

(四)对配送系统各要素的管理

从系统的角度看,对配送系统各要素的管理主要包括以下内容。

1. 人的管理

"人"是在配送系统和配送活动中最活跃的因素。人的管理包括配送从业人员的选拔与录用;配送人才的培训与提高;配送人才继续教育规划与培养措施的制定等。

2. 物的管理

"物"是配送活动的客体,即物质资料实体。物流资料的种类千千万万,物流资料的物理、化学性能更是千差万别。对物的管理贯穿配送活动的始终,渗入配送活动的流程中,不可忽视。

3. 财的管理

"财"的管理主要是在指配送管理中有关降低配送成本、提高经济效益等方面的管理。它既是配送管理的出发点,也是配送管理的归宿。其主要内容有:配送成本的计算与控制;配送经济效益指标体系的建立;资金的筹措与运用;提高经济效益的方法等。

4. 设备管理

设备管理的主要内容有:各种配送设备的选型与优化配置;各种设备的合理使用和更新改造;各种设备的研制、开发与引进等。

5. 方法管理

方法管理的主要内容有:各种配送技术的研究、推广及普及;配送科学研究工作的组织与开展;新技术的推广普及;现代管理方法的应用等。

6. 信息管理

"信息"是配送系统的神经中枢,有效处理并及时传输配送信息,能对系统内部的人、物、财、设备和方法五个要素进行有效的管理。

(五)对配送活动中具体职能的管理

从职能上划分,配送活动主要包括配送计划管理、配送质量管理、配送技术管理、配送经济管理等。

1. 配送计划管理

配送计划管理是指在系统目标的约束下，对配送过程中的每个环节都进行科学的计划管理。其体现在配送系统内各种计划的编制、执行、修正及监督的全过程中。配送计划管理是配送管理工作最重要的职能。

2. 配送质量管理

配送质量管理包括配送服务质量管理、配送工作质量管理、配送工程质量管理等。配送质量的提高意味着配送管理水平的提高，意味着企业竞争力的提升，因此，配送质量管理是配送管理工作的中心。

3. 配送技术管理

配送技术管理包括配送"硬技术"和配送"软技术"的管理。配送"硬技术"的管理是指对配送基础设施和配送设备的管理，如配送设施的规划、建设、维修、运用，配送设备的购置、安装、使用、维修和更新，设备利用效率的提高，对日常工具的管理等；配送"软技术"的管理主要是指各种配送专业技术的开发、推广和引进，配送作业流程的制定，技术情报和技术文件的管理，配送技术人员的培训等。配送技术管理是配送管理工作的依托。

4. 配送经济管理

配送经济管理包括配送费用的计算和控制，配送劳务价格的确定和管理，配送活动的经济核算、分析等。成本费用的管理是配送经济管理的核心。

（六）配送中心管理

配送中心是专门从事配送活动的场所，应从管理一个企业或者部门的角度出发，对其中涉及的各项工作进行妥善的安排。

三 配送管理的目标

配送管理的目标就是在保证配送服务质量的前提下，最大限度地降低配送成本。

（一）配送合理化目标

配送是物流的一种形式或功能，配送合理化是物流合理化的重要体现和要求。配送合理化表现在以下几个方面：降低总的配送成本；减少配送过程中发生的损失；加快配送速度；发挥各种配送形式的最优功效；有效衔接干线运输；不增加中转次数；采用先进的配送技术手段。

(二) 库存管理目标

库存管理目标是配送管理的主要目标之一，具体表现在以下两个方面。

1. 库存总量

在一个配送系统中，库存量从分散于各个客户转移到配送中心。库存总量是配送中心的库存量与各个客户的库存量之和。库存总量管理目标包括两个方面。

（1）配送后的库存总量应小于配送前的库存总量。

（2）每个客户在实行配送后的库存量应不大于在实行配送前的库存量。

2. 周转库存

在配送系统中，配送中心起到调剂作用，从而以低库存保持较高的供应能力。配送中心的库存周转速度一般总是快于客户的库存周转速度。此外，各个客户在实行配送后的库存周转速度也应快于实行配送前的库存周转速度。

上述库存数量都是以库存储备资金来计算的。

(三) 资源节约目标

配送的重要观念是以配送为客户代劳，运输、仓储的设施设备和人员集中在配送中心，以减少相应的社会物流资源浪费。

1. 节约社会运力

物流末端运输是目前运能、运力使用不合理、浪费较大的领域，也是衡量配送合理化的重要标志。实行配送后，应达到如下目标。

（1）社会车辆总数减少，而承运量不减少，甚至增加。

（2）社会车辆空驶率降低。

（3）自提自运减少，社会化运输增加。

2. 减少各客户的仓库设施、采购与保管人员

实行配送后，各客户的库存量、仓库设施、仓库管理人员以及采购人员应当减少。

(四) 资金管理目标

总的来说，实行配送应有利于降低资金占用量，实现资金的科学管理，具体内容包括：用于资源筹措所占用的流动资金总量随储备总量的下降和供应形式的改变

必然有较大幅度的降低；资金周转速度加快，同样数量的资金能在较短时间内得到利用；资金投向由分散投入转为集中投入，以增强调控作用。

（五）供应保证目标

实行配送，各客户的最大顾虑是因供应迟误而给生产或经营带来风险。因此，配送必须提高对客户的供应保证能力，具体要求为：缺货次数必须降到最低，并有补救措施；必须设有合理、安全的库存量，以保证对客户的供应；必须具备即时配送的能力，以满足出现特殊情况时客户的需求。

第四节 配送的产生与发展

一 配送的产生

配送产生的背景虽然在各个国家不尽相同，但其产生的根本原因却是相同的，即经济利益的驱使。发达国家从20世纪六七十年代开始，经济发展出现了两个显著的特点：一是通过生产过程的物质消耗而获取的利润越来越少，企业竞争的方向由生产领域转向了流通领域；二是货物流通量日益增加市场竞争日趋激烈。通过配送来提高流通中的专业化、集约化经营程度，以进一步满足客户的各种需求，提高服务水平，降低流通成本，从而使产业资本在流通领域中发挥更大的效益，这成为资本扩张的一种内在要求。

在美国，20世纪60年代，仓库主要用于储存货物，离生产厂地很近。当时，美国工业产地主要在东海岸，粮食产地在中部，仓库大多建在东海岸和中部。随着生产的发展，生产厂地开始向西部和南部迁移，从而使西部和南部地区也出现了制造业，仓库也随之建立起来。后来，随着科学技术的发展，为满足越来越多的生产需要，周转速度越来越快，储存期越来越短，从而对物流的要求也发生了变化，并提出了"配送"的概念，原来的仓库也开始由"储备型"向"流通型"转变。有关资料显示，美国组织过一次调查，结果显示：以货物零售价格为基数进行计算，流通费用占总费用的比例达59%，其中，大部分为物流费用。在货物成本中，流通成本确实太大。流通结构分散和物流费用逐年上升严重阻碍了生产的发展和企业利润率的提高。在这种形势下，改变传统的物流形式，采用现代化的物流技术，进一步提高物流合理化程度，自然成了一些国家实业界人士的共同要求，并且就此采取了一系列的改革措施。美国企业界人士受"二战"期间"军事后勤"观念与实践的影响和启发，率先把"军事后勤"的概念引入企业管理，推行新的供货形式，将物流中的装卸、搬运、保管、运输等功能一体化和连贯化，并取得了很大的成效。与此同时，改革不合理的流通体制，改造原有的仓库，统一装卸、搬运等物流作业标准。在此期间，不少公司开创了新型的送货形式，这不仅降低了流通费用，还降低了劳动消耗。美国有30%以上的生产资料是通过流通企业配送中心销售的。

在日本，"二战"后虽然出现了工业的复兴和经济的高速增长，但相伴产生了流通落后的问题，这严重阻碍了生产进一步发展。分散的物流使流通机构庞杂，问题较多。一是物流分散，生产企业自备车辆，出行混乱；二是道路拥挤，运输效率低而流通费用高。当时，日本曾就这方面的情况进行大量的调查，调查的结果表明，社会上自备车辆多、道路拥挤及停车时间长，使得企业收集和发送货物的效率明显下降。但是，如果减少企业自备车辆就意味着企业运输能力的下降。为了保证企业生产和销售的顺利开展，需要依靠社会的运输能力和仓储能力，但这不是单个企业能够解决的问题。因此，日本政府在筹划建立物流中心和"物流团地"（节点）的同时，还积极推行"共同配送制度"。经过不断变革，一种被日本企业界称为"配送"的物流体制便应运而生了。

在英国，企业普遍认识到配送是企业经营活动的组成部分。这种态度和认识的转变，首先发生于企业界的销售行业。客户需求的变化，对服务要求的提高及销售企业向大型化、综合化方向发展，引起了市场结构的变化。过去许多单一品种的销售机构或消失，或被兼并进入一些企业集团。销售企业的大型化、综合化，不仅使得对货物数量的需求猛增，还对货物的花色、品种的要求日趋多样化，而配送正是适应了这一需要而产生的。

作为一种新型的物流手段，配送首先是在变革和发展仓库的基础上开展起来的。从某种意义上说，配送是仓储功能的扩大化和强化。传统的仓储是以储存和保管货物（包括生产资料和生活资料）为主要职能的，其基本功能是保持储存货物的使用价值，为生产的连续运转和正常的生活提供货物保障。然而，生产节奏的逐步加快、社会分工的不断扩大，竞争的日趋激烈，迫切要求缩短流通时间和减少库存资金的占用。因此，急需社会上的流通组织提供系列化、一体化和多项目的后勤服务。正是在这样的形势之下，许多经济发达国家的仓储行业开始调整内部结构、扩大业务范围、转变经营形式，以适应市场变化对仓储功能提出的新要求。其中，不少老式仓库转变成了货物流通中心，其功能由货物"静态储存转变为动态储存"，其业务活动由原来的单纯保管、储存货物变成了向社会提供多种类的后勤服务，并且将保管、储存、加工、分类、拣选、输送等连成了一个整体。从服务形式看，变革以后的仓库可以主动为客户提供"门到门"的服务，可以把货物从仓库一直运送到客户的车间生产线上或营业场所。至此，配送就形成和推广起来了。

二 配送的发展历程

配送是由送货逐渐演变过来的。一般的送货形态在西方发达国家已经有相当长的历史，可以说是随着市场发展而诞生的一种必然的市场行为。尤其是伴随着资本主义经济的生产过剩，在买方市场情况下，必然出现各种各样的推销手段，送货最初便是作为一种推销手段而出现的。

仅将配送作为推销手段而没有认识到它是企业发展的战略手段，这种情况在有些国家持续了很长的时间，甚至在经济发展的高峰时期仍然如此。许多企业直到20世纪70年代仍然将送货看成"无法回避、令人讨厌、费力低效的活动，甚至有碍企业的发展"，这种看法很好地反映了当时的现实。

配送和其他新生事物一样，是伴随着生产的不断发展而发展起来的。回顾历史，可以看到，配送的发展大体上经历了三个阶段，即萌芽阶段、发育阶段和成熟阶段。

（一）配送的萌芽阶段

配送的雏形最早展现于20世纪60年代初期。在这个时期，物流运输中的一般性送货开始向备货、送货一体化方向转化。从形态上看，初期的配送只是一种粗放型、单一性的活动，其活动范围很小，规模也不大。在这个阶段，生产企业开展配送活动的主要目的是促进产品销售和提高市场占有率。因此，在发展初期，配送主要是以促销手段的职能来发挥作用的。

(二)配送的发育阶段

20世纪60年代中期，随着经济发展速度的逐步加快、货物运输量的急剧增加和货物市场竞争的日趋激烈，配送在一些发达国家得到了进一步的发展。在这个时期，欧美一些国家的实业界相继调整了仓库结构，组建或设立了配送组织(配送中心)，普遍开展了货物配装、配载及送货上门活动。在这期间，不但配送的货物种类日渐增多，而且配送活动的范围也在不断扩大。例如，美国已经开展了洲际间的配送。从配送形式和配送组织上看，这个时期试行了"共同配送"，并且建立起了配送体系。

(三)配送的成熟阶段

20世纪80年代以后，受多种因素影响，配送有了长足的发展。在这个阶段，配送已演化成了广泛的、以高新技术为支撑手段的系列化、多功能性的供货活动。其具体表现如下。

1. 配送区域进一步扩大

近几年，实施配送制的国家已不再限于发达国家，许多中等发达国家和发展中国家也按照流通社会化的要求试行了配送制，并且积极开展配送活动。

2. 劳动手段日益先进

技术不断更新、劳动手段日益先进是成熟阶段配送活动的一个重要特征。进入20世纪80年代以后，发达国家在开展配送活动的过程中，普遍采用了诸如自动分拣、光电识别、条形码标识等先进技术，并且建立起了配套的体系和配备了先进的设备，从而大大提高了配送作业效率。

3. 配送的集约化程度明显提高

随着市场竞争的日趋激烈及企业兼并速度的明显加快，虽然配送企业的数量在逐步减少，但是其总体实力和经营规模却与日俱增，配送的集约化程度不断提高。根据有关资料，1986年，美国GPR公司共有送货点3.5万个；1988年，经过合并，送货点减少到了0.18万个，减少幅度为94.85%。日本资生堂配送系统每天可完成4200家商店的货物配送任务，其配送能力已经达到了相当高的水平。

4. 配送形式的日趋多样化

20世纪80年代以后，由于经济发展的外部环境发生了变化，配送规模和配送活动的范围明显扩大，配送作业形式也逐渐多了起来。在配送实践过程中，除了独立配送、直达配送等一般性配送形式，人们还推出了许多新的配送形式，如"共同配送""即时配送""交货代理配送"等。

三 发达国家物流配送的发展

配送业务在发达国家和发展中国家的开展状况可谓大相径庭，它最早产生于发达的资本主义国家，随着经济发展速度的逐步加快而得到进一步发展。而在发展中国家，"配送"这一概念形成较晚。直到20世纪90年代后期，随着国际交往的日益频繁和经济全球化趋势的不断加强，这种先进的物流形式才逐步在发展中国家和地区推行起来，并有了较大规模的发展。

（一）发达国家物流配送的发展现状

在发达国家，配送已经成为制造商和经营商普遍接受和采用的物流形式，并且仍在迅猛发展，主要表现在以下几个方面。

1. 配送的规模日趋扩大

随着经济的迅速发展和产品产量及消费量的急剧增长，在发达国家，配送的规模及其范围也在同步扩大。据统计，在许多产品（包括服装、食品、家电等）的供货总量中，通过配送形式到达经营者或客户手中的比例高达50%~90%。与此同时，配送的产品品种也在不断增加，采用配送形式向客户供货的产品不仅包括一些轻工业产品（如药品、服装、食品等），还包括一些原材料。从配送的活动范围来看，随着道路交通等基础设施的不断改善和日趋完善，一些发达国家的配送服务已经延伸到了省际和国际。比如，荷兰的"国际物流中心"就利用其庞大的配送网络和先进的物流技术、物流设备，能够在很短的时间内将货物运送到欧洲其他国家的客户手中，从而使得配送活动超越了城市和地区的界限。

2. 配送技术和设备更加先进

发达国家物流设备的更新周期比较短，其配送技术和设备非常先进。目前，在发达国家配送业务中，主要采用的新技术有条形码标识技术、自动存货和补货技术、自动分拣技术等，其设备的选用也尽可能考虑到建设自动仓库的要求，具有蓄电池叉车、机械化或半自动化设备、高架仓库增加堆垛高度、扩大发货站台等。同时，发达国家的很多配送中心建立了自动化的配送系统，包括由计算机控制的自动处理系统和数控分拣系统等，这大大提高了配送的效率。

3. 配送服务质量明显提高

按照配送的基本要求，配送服务或业务必须做到准时、准确和快速，不能出差错。具体来讲，要做到拣选、配货准确无误；发货不出现错装；发货时间不能超过规定的期限；发送的目的地准确无误；运输货物要保持货物的完整性，不得污损货物。

在竞争激烈的配送市场中，配送企业必须向客户提供高质量、高水平的服务。因此，发达国家的一些配送中心都把提高配送服务质量视为发展配送业务的重要手段，并有严格的规章制度确保配送作业准确有序地进行，从而真正体现了优质服务。一套严格的规章制度使配送中心的各个环节作业严格按规定时间完成，并能留下详细的作业记录。它们不仅出色地完成配送的基本任务，还使配送货物的准确率、准时率经常保持在100%的水平。

延伸阅读

美国物流配送活动的开展

货物配送的合理化、高效性是配送制的一种理想状态。美国自20世纪60年代起，开始重视对货物配送整个流程进行优化组合和高效配置，并采取了一系列措施，企业层面采取了以下一些具体做法。

（1）将老式仓库改为配送中心。

（2）引进计算机管理网络，对装卸、搬运、分拣等实行标准化操作。

（3）由连锁店共同组建配送中心，促进连锁店效益的增长。

配送中心通过购销功能，可以疏通流通渠道，协调产需矛盾；合理化的配送可以减少重复运输，提高运输工具的利用率；而集中库存可以减少仓库基建费用，压缩社会库存，减少仓储费用和资金积压；引进信息技术可以加快物流速度，提高流通效率。这种统一进货、统一配送的联动操作，不仅可以避免库存分散，还能降低企业的库存水平，降低连锁企业的物流总成本，缩短补货时间，从而为客户提供更好的服务。实践表明，美国提高配送效率的关键除了对流程的改革，还就是利用先进的技术。

（二）发达国家物流配送的发展经验

到20世纪80年代末，发达国家的配送业经过几十年的发展，已达到较高水平。总的来说，发达国家在配送形式和手段上有以下经验可供借鉴。

1. 配送组织共同化

在配送业发展初期，是以单独配送企业为主体的。为满足客户配送要求，出现了配送车辆利用率低，不同配送企业间货物交叉运输、迂回运输等许多不合理现象。经过一段时间的发展，出现了联合配送。配送企业互通信息、共同计划，大大提高了配送车辆的利用率和配送企业的效率。例如，日本于20世纪60年代开始的共同配送，是在各个企业单独配送效率低且难以提高的情况下被采用的，如果某企业能单独建立合理化配送系统，就没有必要考虑共同配送了。近年来的配送已发展到在大范围内考虑配送合理化，并致力于推行整座城市、所有企业的共同配送。

2. 配送计划化

在配送业发展初期，强调即时配送较多，即完全按照客户要求办事，而不是按客户的合理要求办事。也就是说，配送企业并不是仅站在企业经济的角度，而是要制定科学合理的计划；不是完全按客户要求进行配送，而是高水平计划配送。计划配送有效地促进了配送合理化，这不仅降低了配送成本，还提高了企业的配送效益，同时适时地满足了客户的需求，减少了客户配送费用支出，深受客户的欢迎。

3. 配送区域化、网络化

随着交通运输条件的改善，一些发达国家的配送服务已突破了一座城市的范围，延伸到了省际和国际。美国已开展了洲际配送系统，如可口可乐公司、沃尔玛公司在全世界范围内建立起了自己的物流配送体系。日本不少配送中心的业务是在全国范围或在很大区域范围内进行的。如日本三味株式会社配送系统、日本亚洲投资株式会社配送系统等都是全国性的配送系统。

4. 配送形式多样化

因为流通过程、流通对象及流通手段复杂，所以在各自领域出现了多种多样的、经过优化的配送形式。如在日本出现30千克以下货物的"宅急送""宅配便"

配送、小批量货物快速运送、准时供应配送、分销配送等多种形式。一些国家还兴起了"转承包配送"形式，这种配送形式是指配送中心接到订单以后，将销售和配送货物的任务转交给其他专业公司去完成。这种形式在欧洲尤为盛行。对英国制造业的一项调查结果表明，在其用于开展配送业务的价值680亿英镑的货物中，至少有1/3是与企业以外的配送承包人合作完成的。一些大型的配送中心采用这种配送形式的主要原因在于：利用"转承包配送"，可以发挥承包企业专业化程度高的优势，更好地完成供货任务；可以减轻本配送中心的资金压力和经营风险；可以提高大型配送中心的应变能力，为客户提供更好的服务。

5. 配送运输专业化

在欧美和日本，运输的社会化程度相当高，大量的集装箱车和运输专用车辆投入运营，这种专业化运输提高了物流质量。日本的企业一般不配备自营汽车，认为外雇汽车更经济便利。配送中心定期与运输企业签订合同，这样运输企业就可以根据物流量变化灵活调度车辆，最大限度地满足需求。

6. 配送技术装备现代化

配送技术装备作为支撑配送的生产力要素，是迅速发展的领域。发达国家物流设备的更新周期较短，配送技术和设备非常先进。到20世纪80年代，发达国家配送已普遍采用了计算机系统、自动搬运系统、自动存储系统、自动分拣系统、光电识别系统、条形码标识技术、专用搬运车等新技术，这就使得有些领域的工效提高了5~10倍。

有文章认为，配送领域技术条件的核心就是信息系统和建立在该系统上的分拣系统，配送发展的核心条件是信息技术与自动化机械技术的应用。

7. 配送服务信息化

随着计算机技术的发展，物流企业都在加紧开发和采用信息管理系统。配送中心不仅要与生产厂商和客户联系，了解厂商、客户的需求信息，并与厂商、客户双方沟通，还要与运输企业和内部各部门联系，了解各项配送活动的进程，这些都需要信息系统提供支持。随着配送规模的扩大和计算机的微型化，配送服务信息化取得很大进展，突出表现在以下三个方面。

（1）信息传递与处理，如建立EDI(电子数据交换)、GPS(全球定位系统)、GIS(地理信息系统)、ITS系统(智能交通系统)。

（2）计算机辅助决策，如辅助进货决策、辅助配货决策、辅助选址决策等。美国IBM公司率先建立了用于配送车辆计划和配送路线选择的计算机软件系统。目前，各企业广泛应用的有EOS(电子订货系统)、POS(销售时点系统)、ERP(企业资源计划系统)等。

（3）计算机与其他自动化装置的操作与控制，如无人搬运车、分拨配送中心的自动分拣系统等。

四 我国物流配送的发展

（一）我国物流配送的发展现状

经过多年的发展，我国的物流配送已经形成了一定的规模。目前，全国货物配送系统年配送货物额已达200亿元人民币，配送地区遍及全国各地。虽然我国物流配送得到了长足的发展，但主要业务仍停留在传统的储运领域，物流配送企业主要是一些国有大型仓储运输企业和中外合资企业，如中国物资储运总公司、中外运物流有限公司、天地快运、EMS等。已在沪深股市上市的物流企业有26家，募集资金总额约55亿元，涵盖了港口、仓储、管道运输、水路运输、汽车运输等主要传统物流业务领域。加入世界贸易组织意味着中国与国际经济全面接轨，中国放开分销服务业务，包括佣金代理、批发、零售、特许经营等领域，而这些领域的发展都必须依靠现代物流体系的支持。同时，物流业发展也迎来机遇。在此前提下，一些国际著名的第三方物流企业和快递业巨头（如UPS、DHL、FedEx、德国邮政等）对中国的物流市场早已虎视眈眈，它们或结成联盟，或并购股权组成专业化的物流企业，作为专业化的第三方物流供应商进入物流领域，为客户提供全国配送、国际物流服务、多式联运和邮件快递等服务。

近年来，由于电子商务的迅速发展，不少机制灵活、经营规范的第三方物流企业纷纷崛起。目前，初具规模、知名度较高的连锁企业有上海华联超市等，其配送中心已初步建立了较完整的体系，并正发挥着积极的作用。一些连锁企业配送货物比例甚至已经超过企业经营品种的50%。在社会化物流配送方面，一些国有商业批发企业和大型零售企业正在积极地探索和尝试开展社会化物流配送业务，有的企业已经开始建立自己的配送中心，如上海一百集团、大连大商集团等。外资在物流配送服务领域的发展也十分迅速，如天津天保控股有限公司、中国储运总公司与日本冈谷钢机株式会社合资组建了天津天保冈古国际物流有限公司，这是集配送、加工、仓储、寄售、租赁、修理、展销和技术咨询为一体的新型物流组织。像这样的合资物流公司，在北京、天津、上海等地已共有10家。它们主要是为在中国投资的跨国公司提供物流配送服务，并成为跨国公司角逐中国市场的有力竞争武器。此外，这些物流配送中心也开始向社会方向发展，为社会提供配送服务，现已产生良好的经济效益。由此可见，我国物流业近期的发展主要集中在传统储运企业的转型、配送中心的建设、连锁经营的发展及外资的引进上。

（二）我国物流配送存在的主要问题

配送在我国的蓬勃发展，不仅促进了商业业态的转变和发展，还推进了流通科技的进步。虽然我国的物流现代化步伐正在不断加快，但与发达国家相比，仍然存在着较大的差距，其存在的问题主要表现在以下几方面。

1. 观念落后

许多企业缺乏现代物流与配送的观念，如对配送的功能和作用的认识尚不全面，对于配送中心这一现代流通形式在功能、设施设备及管理、技术等方面的认识也不足，这在一定程度上影响了配送活动在全社会的发展。许多配送中心经营者依然受传统的"购销调存"流通观念的束缚，认为配送中心就是"大采购、小批发"，就是"送货上门"，从而忽视了对现代先进技术与管理的投入，而热衷于对大型固定资产的投入。对物流配送中心的建设缺乏规划和管理，配送中心的发展建设基本上是企业行为，在不同程度上存在着"小而全"的资产重置现象，区域配送中心布局存在重复和相互冲突的问题。这不仅是社会资源的浪费，还会给我国流通新格局的形成带来一定的困难。另外，以客户为中心的思想还没有建立。因此，配送企业还不能为客户提供系列化、全过程的物流服务。

2. 人才短缺

从国外物流和配送的发展过程看，配送企业要求从业人员应当具有一定的物流知识水平和实践经验。因此，国外物流和配送的教育和培训非常发达，形成了比较合理的人才教育培训系统。相当多的大学或学院设置了物流管理专业，并为工商管理专业的学生开设物流学相关课程，部分院校还设置了物流方向的研究生课程，形成了一定规模的研究生教育系统，在物流行业协会的领导和倡导下，全面开展了物流和配送的职业教育。值得注意的是，国外的物流企业要求物流从业人员必须接受职业教育，只有获得从业资格后才能从事物流和配送方面的工作。相比较而言，我国在物流和配送方面的教育还非常落后，虽然开设物流专业和课程的高等院校不少，占全国全部高等院校的比例在逐年提高，但总规模依然较小，研究生层次的教育发展时间较短，职业教育则更加贫乏。

3. 制度不完善

物流与配送发展所需的制度环境是企业开展正常经营活动的制度保证，主要是指融资制度、产权转让制度、人才使用制度、市场准入或退出制度、社会保障制度等。目前，制度方面的改革还远远不能适应企业经营的需要，也不能适应市场经济体制改革的要求。企业在提高自身物流效率时，必然要涉及各种物流资源在企业内部和企业与市场之间的重新配置。而由于上述制度改革尚未到位，企业根据经济合理原则对物流资源的再配置就会受到阻碍。进一步深化制度改革是当前中国改革与发展面临的最紧迫的任务，也是物流和配送发展的必要条件。

4. 现代化程度低

目前，我国物流设施虽然数量多，但总体水平不高，在物流领域新技术、新设备的应用也相对较少，绝大多数企业物流方面的技术装备水平还很低。国外连锁商业配送中心普遍采用了机械化和自动化作业，而我国许多连锁企业物流管理不规范，各种编码缺乏标准，配送中心内部基本上是手工辅以叉车和托盘作业，装卸单元化程度低，托盘的利用仅限于企业内部，作业过程中少有电子扫描装置，配送中心内部的数据采集、配送中心与外部的接口系统，如EOS（电子订货系统）、EOL（网上交易平台）、EFT（电子资金转账）等在大多数企业还没有建立起来。配送中心计算机的应用也仅限于配送中心业务、事务管理。对半程序化问题的决策，如货物组配、运输车辆的送货路径规划、多因素的最优库存控制、多配送中心选址决策、配送中心物流成本控制、单品的物流成本控制等核心的决策支持系统还没有建立起来，从而使连锁企业配送系统不完整，反过来又使配送功能低下，尤其在连锁商业的配送中心，管理软件多为自行开发，且偏重于商流业务系统。

5. 经济效益不高

"经济效益"是个综合的概念，我国配送业的经济效益不高，主要体现在以下三个方面。

（1）配送率低。据有关学者对国内16家比较成功的连锁企业的调查，少数企业的统一配送率在50%左右，较好的在80%~90%，多数在60%~70%。这与国外连锁企业平均80%~90%的配送率相比，还是有一些差距的。加之目前城市交通拥挤，货物、容器及有关的运输、搬运、储藏等设备缺乏统一的标准，制造业对条码应用的认识滞后等，这些都严重阻碍了物流配送率的提高。

（2）配送规模小。目前，我国连锁企业的规模一般较小，不能形成规模经营，在价格上的优势也体现不出来，这就严重影响了配送中心优势的发挥。尤其是现行制度已经成为物流产业与零售业双方发展的壁垒，使物流企业的服务对象——零售店的发展跨地区难、跨所有制难，反过来制约了物流业的合理化、集约化经营。

（3）配送效率低。连锁企业设立配送中心的目的就是通过提高服务水平，降低整个连锁企业的物流总成本，实现销售利润的最大化。可采用的做法有实施共同配送和及时配送、从供应链与需求链角度组织物流配送等，然而目前在这些方面还没有形成系统的方案。

◆本章小结◆

配送是物流中一种特殊的、综合的活动形式，是商流与物流的紧密结合。与其他物流活动相比，配送具有自身的特点。配送的基本要素包括货物、客户、配送设施设备、配送人员、路线、地点、时间。配送对优化经济结构、节约社会劳动及充分发挥物流功能起到了巨大的作用，同时它还具有很多延伸功能。配送管理是指运用现代管理方法对配送活动进行计划、组织、协调与控制，以达到为客户提供满意的服务及降低配送成本的目的。配送管理的内容有：配送模式管理、配送业务管理、配送作业管理、配送系统管理、配送职能管理、配送中心管理等。配送管理的主要目标就是在保证服务质量的前提下，最大限度地降低配送成本。配送是在变革和发展仓库业和运输业的基础上形成的，经历了三个发展阶段，即萌芽阶段、发育阶段和成熟阶段。就发展现状而言，中国物流配送业和发达国家还有一定的差距。

■案例分析■

日本物流配送业的经验与启示

现代化物流配送系统是社会化大生产和国民经济发展的客观要求,它的发展状况对经济发展、货物流通和大众消费起着重要的促进或抑制作用。

日本物流配送社会化、系统化、网络化的程度比较高。生产企业、货物流通企业不是自设仓库等流通措施,而是将配送业务交给专业配送企业去做,以达到减少非生产性投资、降低成本的目的。如日本冈山市的一些生产企业就把生产需要的原材料和产成品放在专业物流企业的仓库里,交由他们去保管和运送,自己不设仓库。日本菱食公司的配送中心向1.2万家连锁店、中小型超市和便利店配送食品,这些连锁店、中小型超市和便利店自己不设配送中心,全部交由菱食公司的配送中心实行社会化配送,通过当地的物流配送中心或代理商按需配送,一般只有很小的周转率,仅保持两三天的销售货物库存。许多物流配送企业的运输车辆等也是向社会租用的,同样是出于减少投资、降低成本的考虑。

日本的物流配送企业十分重视提高配送服务质量,降低配送成本,增强市场竞争力,注意研究探索物流配送的新技术、新方法。同时,日本的物流配送企业比较注重在流通中对货物进行加工等增值服务,按照客户的要求对货物进行分拣、包装、拼装,从而使货物更适合客户的要求。流通领域的加工作业一般是在配送过程中或在物流配送企业的仓库里进行的。此外,日本物流配送企业通过降低人工成本来提高劳动效率。

日本是一个国土面积较小的国家,国内资源和市场有限,货物进出口量大,各级政府对货物物流发展都很重视。大中城市、港口、主要公路枢纽都对物流设施用地进行了规划,形成了大大小小比较集中的物流区域,集中了多家物流企业,如日本横滨港货物中心就集中了40多家配送企业。这样便于对物流区域的发展进行统一规划、合理布局,有利于配送业的发展。

由此可见,发展配送产业、建立高效的物流配送系统对经济发展具有重要的意义。物流活动形成物流系统,物流配送活动形成物流配送系统。对物流配送系统的操作是一个系统工程。"系统"和"系统工程"的概念是物流学最基本的概念,只有系统化才能科学化。要让物流配送形成一门科学就必须把它建立在系统基础之上。

问题讨论

1. 谈谈日本物流配送业发展的特点。
2. 日本物流配送业的发展对我国物流配送业有何启示?

复习思考题

1. 怎样理解配送的内涵?
2. 简述配送的作用。
3. 简述配送管理的内涵。
4. 简述配送管理的目标。

实训题

某市商务局为了完善配送业发展规划,探索配送业合理布局以获得明显的社会效益和经济效益,决定开展市区配送业现状调查。特委托某专业物流咨询公司,请其进行本地区配送业现状调查,并提供调查报告。请以该咨询公司名义完成此任务。

第二章
配送中心基本知识

◆学习目标◆

通过本章教学,学生要掌握配送中心的含义和功能;了解配送中心的构成;掌握配送中心的类别及特点;理解配送中心的作业系统;了解我国配送中心的产生与发展;理解并掌握我国配送中心存在的问题与解决对策。

配送是现代物流的主要运作模式,作为配送主体的配送中心在各行各业都得到了广泛应用,成为现代物流的核心与标志。随着专业化生产和多样化需求矛盾的日益加剧,配送中心逐渐成为企业分销和零售物流系统的核心节点,配送中心作为现代物流的标志,其市场需求越来越大,尤其在医药、烟草、图书、机电等行业的应用越来越广。

开篇案例

沃尔玛的高效率配送

沃尔玛是美国零售业务年销售额常年位居第一位的著名企业。目前,沃尔玛已经在美国本土建立了70多个高科技物流配送中心。其拥有自己的车队和仓库,可同时供应700多家商店,向每家分店送货的频率通常是每天一次。配送中心每周作业量达120万箱,每个月自理的货物金额在5000万美元左右。

在配送中心运作时,大宗商品通常经由铁路送达自己的配送中心,再由公司卡车送达商店。每家店一周收到1~3卡车货物。60%的卡车在返回配送中心途中从供应商处运回购买的商品。

沃尔玛的全部配送作业都已实现自动化,其配送中心是当今公认的最先进的配送中心之一,达到了建立高效率、低成本配送中心的目的。

阅读以上案例,请思考沃尔玛凭借什么达到建立高效率、低成本配送中心的目的?我们从中能得到哪些启示?

第一节 配送中心概述

一 配送中心的概念

（一）配送中心的内涵

1. 配送中心的含义

配送中心就是从事货物配备（集货、加工、分货、拣选、配货）和组织对客户的送货，以高水平实现销售或供应服务的场所。

我国《物流术语》将配送中心定义为从事配送业务且具有完善信息网络的场所或组织，配送中心应基本符合下列要求：主要为特定的用户服务，配送功能健全，辐射范围小，特点是多品种、小批量、多批次配送且配送周期短，主要为末端客户提供配送服务。

配送中心是基于物流合理化和发展市场的需要发展起来的，是以组织配送式销售和供应、执行实物配送为主要功能的流通型物流节点。它很好地解决了客户小批量、多样化的需求和企业大批量、专业化生产的矛盾，是现代化物流的标志。

2. 配送中心与传统仓库的区别

仓库是对保管和保养货物的场所的总称，配送中心是从仓库发展而来的。仓库、配送中心都是自营或代客户保管和运输货物的场所，有时它们的业务有明显的交叉性。随着物流业的发展，除季节性储存特点明显的粮食储备库、棉花仓库、水果保鲜库、海鲜冷藏库等，其他仓库已逐渐被物流中心和配送中心所替代。

传统仓库的主要职能是货品的保管和保养，货物在仓库内储存的时间较长，物品的品种也很少。配送中心储存货物的品种很多，储存周期较短，并可以将货物配送给众多零售店（如专卖店、连锁店、超市等）或终端客户。因此，配送中心与传统仓库有着本质区别，主要表现在以下方面。

（1）传统仓库的储存周期较长，库存水平高；配送中心储存周期短，库存水平低。

（2）传统仓库的活动附加值低；配送中心的活动具有高附加值，如最终装配。

（3）传统仓库成批地收集信息数据，配送中心则实时地收集数据。

（4）传统仓库主要是在达到运输要求时实现运营成本最小化，配送中心则主要是在达到客户要求时实现利润最大化。

（5）仓库与配送中心的差异也体现在对储存活动的重视程度和货物储存时间上。储存型仓库内的大部分空间用于货物的半永久性或长期存储，相反，配送中心的绝大部分空间只是暂时储存货物，注重的是物品更快、更流畅流动。

（6）传统仓库以提高商品的保管效率为目标，而配送中心的主要目标是提高拣货和分货等的效率。如果把传统仓库比喻为"蓄水池"，配送中心则可以比喻为"编组站"。

延伸阅读

对配送中心概念的争论

辐射范围只是一个相对的概念，不能将其作为判断配送中心的先决条件。如果作为先决条件，那么我们不禁要问，沃尔玛的配送中心每天要为分布在6个州的100余家连锁店配送货物，它算不算配送中心呢？荷兰的"国际配送中心"几乎要为欧盟所有成员国配送货物，它算不算配送中心呢？随着世界经济全球化大趋势的不断演进，交通运输技术的进步和信息网络技术的发展，跨国公司全球采购、本土生产、世界销售的潮流将不可逆转，大量的原材料、成品、半成品的跨国配送也是不可避免的。我们的地球会显得越来越小，人们把地球喻为"地球村"，在"地球村"的物料配送是大范围的还是小范围的呢？由此看来，辐射范围不是界定配送中心的基本条件。

二 配送中心的作用与功能

（一）配送中心的作用

1. 从供应商和制造商的角度分析

（1）控制物流成本。在供应商和客户之间设置配送中心，将干线部分的大批量、高效率运输与支线部分的小批量、快速配送相结合，从而在保证物流服务水平的前提下有效控制物流成本。

（2）实现库存集约化。将分散在多处仓库的商品集中存放在配送中心，有利于防止过剩库存和缺货情况的发生，提高库存管理水平，维持适当的库存。

（3）提高顾客服务水平，促进产品销售。配送中心设置在接近顾客的地方，在接到顾客的订货需求后及时供货，可以一次性满足多品种货物的订货需求。

（4）有利于掌握销售信息。配送中心作为商品的分销中心、库存中心，可以通过库存变化、出库情况直接掌握各个零售商的销售信息，并将信息及时反馈到相关部门。

（5）有利于实现商物分离。利用配送中心的各项功能，完成商品从制造商到零售商甚至到最终消费者的实体移动。按照物流合理化的原则，要尽可能地减少不必要的中间环节，节约物流成本。

2. 从需求方的角度分析

（1）降低进货成本。集中进货既可以降低进货成本，又可以在价格上享有一定的优惠。

（2）改善店铺的库存水平。由配送中心实现即时配送，这有利于店铺实现零库存经营。

（3）减少店铺的采购、验收、入库等费用。配送中心可以利用计算机技术，实现大批量货物高效检验、登记入库，从而大大简化各个店铺的相应工作程序。

（4）减少交易费用，降低物流总成本。例如，在M个制造商同N个店铺分别交易的情况下，交易次数为M×N次，如果通过配送中心的中介则交易次数仅为M+N次。显而易见，制造商和店铺的数量越多，节约的效果越明显。

（5）促进信息沟通。配送中心连接着供方和需方，扮演着中介的角色，有利于促进供需双方的信息沟通。

● **（二）配送中心的功能**

配送中心既具有一般物流中心的基本功能，又具有自己的独特功能。配送中心是具有集货、理货、加工、送货等多项职能的物流节点。它与传统仓库的不同之处在于其不仅能存储保管，还能进行货物输送。与一般运输的不同之处在于配送中心在运货之前要进行必要的分拣、加工、配货等工作。具体来说，配送中心具有货物集散、储存保管、分拣配货、流通加工、信息交换与处理五项功能。

1. 货物集散功能

配送中心以其特殊的地位和先进的设施设备，可以把分散在各类生产企业的产品集中起来，再经过分拣、配装向众多用户送货。与此同时，它还可以把各个用户所需的多种货物组合在一起，形成经济、合理的货运批量，集中送达分散的用户。这种在流通过程中所展现的功能就是货物集散功能。这种功能有助于提高运输效率，降低物流成本。

2. 储存保管功能

企业为了防止缺货，或多或少都要备有一定的安全库存，以保障生产或满足销售需求。对于配送中心来说，要顺利而有序地完成向用户配送货物的任务，通常建有现代化的仓储系统，存储一定数量的商品，特别是从事货代业务的大型配送中心，其储存的货物数量更大、品种更多。一般国内制造的商品库存较少，而国外制造的商品受运输周期影响而库存较多。另外，生鲜产品的保存期限较短，因此库存量较少；冷冻食品的保存期限较长，因此库存量较多。储存保管功能是配送中心的重要功能之一。

3. 分拣配货功能

配送中心的另一个重要功能就是分拣配货。因为配送中心就是为了满足多品种、小批量的客户需求而发展起来的，所以配送中心必须根据客户的要求进行分拣配货作业，并以最快的速度或者在指定时间内将货物配送到终端客户。

配送中心与传统仓库的最大区别在于配送中心要对所配送的货物进行分拣、加工、分装、配装。作为物流节点的配送中心，其服务对象少则几十家，多达数百家。为数众多的用户，其各自的性质不尽相同，经营规模各异，因而对于货物的种类、规格、数量等要求也千差万别。为了能同时向不同的用户进行有效配送，必须采用现代化的分拣技术，利用科技含量高的分拣设备对货物进行分拣，并在此基础上按配送计划分装和配装货物。

4. 流通加工功能

为了提高服务水平、扩大经营范围、提升竞争力，国内外许多配送中心均配备了一定的加工设备。它们按照用户的要求，将货物加工成必要的规格、尺寸和形状等，为用户提供方便。配送中心的流通加工作业包含分类、称重、大包装拆箱、产品组合包装、标签粘贴作业等。此项功能不仅赢得了用户的信赖，还有利于提高物资资源的利用率，同时为配送中心增加了附加效益。

5. 信息交换与处理功能

配送中心除了具有集散、储存保管、分拣配货、流通加工等功能，还能为配送中心本身及上下游企业提供各式各样的信息，以供配送中心在制定营运管理策略、开发商品路线、制定商品销售推广策略时参考。例如，哪个客户订多少商品，哪种商品比较畅销，在计算机分析系统中一目了然，这些信息可以提供给上游的制造商及下游的零售商当作经营管理的参考。

三 配送中心的构成

配送中心是开展商品配送及相关业务的场所。配送中心通过先进的技术和现代化的信息交流网络，对商品的采购、进货、储存、分拣、加工和配送等业务过程，进行科学、统一、规范的管理，使整个商品运动过程高效、协调、有序，为企业减少损失、节省费用，实现最佳的经济效益和社会效益。

一个完整的配送中心在内部结构和布局上至少应具有以下几部分。

●（一）功能分区

合理的功能分区是配送中心完成各项物流功能的最基本的条件。典型的配送中心功能分区主要包括管理区、进货区、理货区、储存区、加工区、分拣配货区、退货处理区、废弃物处理区、设备存放及维护区等。当然，具体配送中心根据其规模、性质及储存货品的不同还会有一些其他的功能。

表 2-1　配送中心的功能分区

分　区	功　能
管理区	配送中心内部行政业务管理、信息处理、业务洽谈、订单处理以及指令发布的场所。一般位于配送中心的出入口。
进货区	收货、验货、卸货、搬运及货物暂时停留。
理货区	对货物进行简单处理的场所。在这里，货物被区分为直接分拣配送、待加工、入库储存和不合格需要清退的几类，分别送往不同的功能区。在实行条码管理的中心，还要为货物粘贴条码。
储存区	对暂时不必配送或作为安全储备的货物进行保管和养护的场所。通常配有多层货架和用于集装单元化的托盘。
加工区	进行必要的生产性和流通性加工（如分割、剪裁、改包装等）。
分拣配货区	进行发货前的分拣、拣选和按订单配货。
发货区	对物品进行检验、发货。
退货处理区	存放进货时就残损的、不合格的或需要重新确认等待处理的货物。
废弃物处理区	对废弃包装物（塑料袋、纸袋、纸箱等）、破碎货物、变质货物、加工残屑等废料进行清理或回收利用。
设备存放及维护区	存放叉车、托盘等设备及其维护（充电、充气、紧固等）工具。

- （二）物流系统及设备

配送中心物流系统主要由物流设备、管理控制系统两大部分构成。典型的配送中心物流系统的构成如图2-1所示。

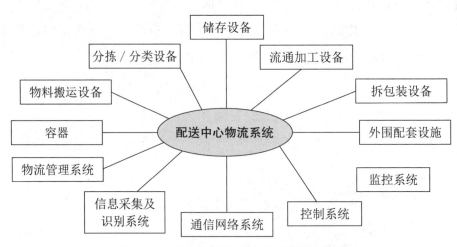

图 2-1　典型的配送中心物流系统构成

物流设备是配送中心物流系统的核心，主要包括容器、储存设备、分拣/分类设备、物料搬运设备、流通加工设备以及一些外围配套设备等。

1. 容器

包括搬运用容器、储存用容器、拣取用容器及配送用容器，如纸箱、托盘、铁箱、塑料箱等。部分以单品出货为主的出货类型，如果货物品项多而体积、长度、外形等差异很大，应考虑利用周转箱等容器将储运单位统一化，以简化储运作业流程。

2. 储存设备

包括自动仓储设备（有单元负载式、水平旋转式、垂直旋转式、轻负荷式等）、大型储存设备（如一般重型货架、驶入式货架、移动式货架、重量型流动货架等）、多种小型储存设备（如轻型货架、轻型流动货架、移动式储柜等）。可由储存区使用的储运单位、容器式样及仓储需求量来选择适用的设备及数量。

3. 分拣/分类设备

包括一般分拣设备、计算机辅助拣取设备（计算机辅助拣货台车）、自动化订单拣取设备（A-frame系统）和自动分拣系统（ASS）等。

4. 物料搬运设备

包括自动化搬运设备（如无人搬运车、有轨搬运台车）、机械化搬运设备（如叉车、油压拖板车）、各类输送设备、垂直搬运设备等。

5. 流通加工设备

包括裹包集包设备、外包装配合设备、印贴条码标签设备、拆箱设备、称重设备等。为配合目前配送中心服务项目的多元化及下游客户的需求，配送中心进行的次包装、裹包或贴标签等加工作业也逐渐增多。配合国际物流的趋势，经由国际物流转运后再分装或进行简易加工的业务也会逐渐产生，以增加物流作业的附加价值。

6. 外围配套设备

包括楼层流通设施、装卸货平台、装卸载设施、容器暂存设施、废料处理设施等，应视配送中心经营者需求特性而异。

配送中心的业务管理系统和信息系统是保障配送中心正常运转所必备的基本条件。业务管理系统包括配送中心的各项规章制度、操作标准及作业流程标准等。信息管理系统包括订货系统、出入库管理系统、分拣系统、订单处理系统、信息反馈系统等。

(三) 建筑设施

除物流设备和管理系统外，配送中心设施主体还包括仓库建筑物、构筑物以及库外道路、停车场、站台和铁路专用线等辅助设施。

第二节 配送中心的分类

配送中心是专门从事货物配送活动的经济实体。随着市场经济的发展，世界经济一体化的形成，商品流通的规模和流通量不断增大，配送中心的服务对象、服务形式、服务范围和服务功能也不尽相同。从国内外已构建的配送中心情况来看，按不同的划分标准，配送中心可分为以下几种类型。

一 按配送中心的服务功能划分

（一）供应型配送中心

供应型配送中心即专门向用户供应货物，行使供应职能的配送中心。其服务对象有两类：一是组装、装配型生产企业，配送中心主要供应零部件、原材料或半成品；二是大型商业超级市场、连锁企业以及配送网点。供应型配送中心的主要特点是，客户有限且稳定，配送范围也比较确定。因此，配送中心集中库存的品种比较固定，进货渠道也比较稳固，大都建有大型现代化仓库，占地面积大，采用高效先进的机械化作业。例如，始建于1987年3月的英国斯温顿Honda汽车配件配送中心，占地面积为150万平方米，总建筑面积为7000平方米，经营配件有6万余种，储存的大型配件占1560多个货格，小型配件为5万箱左右。位于美国洛杉矶的Suzuki汽车配件中心，占地面积为4万平方米，总建筑面积为8200平方米，经营的汽车配件达1万种之多。

（二）销售型配送中心

销售型配送中心即以销售商品为主要目的，以开展配送为手段而组建的配送中心。在竞争激烈的市场环境下，许多生产者和商品经营者为了扩大自己的市场份额，采取了各种降低流通成本和完善服务体系的措施。

这种配送中心按其所有权来划分可分为三种类型。一是生产企业（或制造商）为直接将自己的产品销售给消费者，以提高市场占有率而建的配送中心。如我国的海尔集团所建的配送中心、美国Keebler芝加哥配送中心等。二是专门从事商品销售的流通企业为扩大销售而自建或合建的配送中心。我国目前拟建、在建的配送中心多属此类。三是流通企业和生产企业共建的销售型配送中心，这是一种公用型配送中心。这类配送中心的特点是用户多且不确定，每个用户购买的产品数量少，不易实行计划配送，集中库存的库存结构比较复杂。

●（三）储存型配送中心

储存型配送中心是有很强储存功能的配送中心。一般来讲，在买方市场下，企业产品销售需要有较大库存支持，其配送中心可能有较强储存功能；在卖方市场下，企业原材料、零部件供应需要有较大库存支持，其配送中心也要有较强的储存功能。大范围配送的网络中心，需要有较大库存支持，也可能是储存型配送中心。

配送中心采用集中库存方式，可以将大量采购的商品储存起来，而各个工厂或店铺不再保有库存，根据生产和销售需要由配送中心及时组织配送。这种将分散库存变为集中库存的做法有利于降低库存成本，提高库存周转率。

●（四）流通型配送中心

流通型配送中心重点强调的是配送中心的集运功能，作为产品集中和组合的场所，将同方向、小批量的产品或原料集中起来，及时地分发到各客户指定的地点。它主要以城市区域内各连锁店铺为服务对象，对蔬菜、水果、鲜花等需要及时配送的商品进行配送。流通型配送中心的主要特点是，不设储存仓库，只设周转区，占地面积比较小，可以节省仓库、现代货架的巨额投资，只需要配备分类机械，大量货物整进并按一定批量零出。流通型配送中心通常采用大型分货机，进货时货物直接进入分货机传送带，被分送到备用货位或直接分送到配送汽车上，货物在配送中心短暂停留。流通配送中心是一种只以暂存或随进随出方式进行配货、送货的配送中心。

（五）加工型配送中心

加工型配送中心是流通型配送中心在功能上的延伸，是一种根据用户需要对配送物品进行加工，而后实施配送的配送中心。世界著名的快餐连锁店麦当劳、肯德基的配送中心就是在提供加工服务后向其连锁店配送加工产品的加工型配送中心。在建筑等领域的配送中心同样属于这种类型，如水泥配送中心既提供成品混凝土，又提供各种类型的水泥预制件，直接配送至用户。

二 按服务范围来划分

（一）城市配送中心

向城市范围内的用户提供配送服务的配送中心称为城市配送中心。由于城市范围一般处于汽车运输的经济里程内，因此，多采用汽车运输进行配送。这类配送中心有两个明显的特征：一是用汽车将货物直接送达用户；二是因为汽车运输机动性强，供应速度快，调度灵活，所以可以开展少批量、多批次、多用户、多品种的配送，实行"门到门"式的送货服务。

（二）区域配送中心

以较强的辐射能力和库存储备，向跨市、跨省（自治区、直辖市）范围的用户提供配送服务的配送中心称为区域配送中心。这类配送中心有三个基本特征：一是辐射能力较强，经营规模较大，设施和设备先进；二是配送的货物批量较大；三是配送的对象大多是大型用户，如城市配送中心和大型工商企业。

（三）国际配送中心

这是一种以向国际范围内用户提供配送服务为职能的配送中心。其主要特征是：经营规模大，辐射范围广，配送设施和设备的机械化、自动化程度高；配送方式多采用大批量、少批次和集装单元配送；配送对象主要是超大型用户，如区域配送中心和跨国工商企业集团；存储吞吐能力强。

三 按配送中心的拥有者分类

(一) 制造商型配送中心

制造商型配送中心是以制造商为主体的配送中心。这类配送中心的物品全部是由企业自己生产制造的，用以降低流通费用、提高售后服务质量和及时地将预先配齐的成组元器件运送到规定的加工和装配工位。但此种配送中心不具备社会化的要求。

(二) 批发商型配送中心

批发商型配送中心是由批发商或代理商建立的，以批发商为主体的配送中心。批发是物品从制造者到消费者手中的传统流通环节之一，一般是按部门或物品类别，先把制造商的物品集中起来，然后以单一品种或搭配多品种向消费地的零售商进行配送。这类配送中心的物品来自各个制造商，它所进行的一项重要的活动是对物品进行汇总和再销售，而它的全部进货和出货都是在社会中配送的，社会化程度高。

(三) 零售商型配送中心

零售商型配送中心是由零售商向上整合所成立的配送中心，以零售业为主体。零售商发展到一定规模后，就可以考虑建立自己的配送中心，为专业物品零售店、超级市场、百货商店等提供服务。其社会化程度介于前两者之间。

(四) 专业物流配送中心

专业物流配送中心是以第三方物流企业（包括传统的仓储企业和运输企业）为主体的配送中心。这类配送中心有很强的运输配送能力，可迅速将货物配送给用户。配送中心主要为制造商或供应商提供物流服务，货物仍归制造商或供应商所有，配送中心只是提供仓储管理和运输配送服务。这类配送中心的现代化程度较高。

第三节 配送中心的作业系统

一 配送中心的功能框架

当配送中心的特性或规模不同时，其作业项目和作业内容也不完全相同。配送中心作为物流网络的一个重要节点，具有实物流转和信息服务的功能，其作业包括管理作业和实体作业两个层次。配送中心的管理作业包括采购进货、仓储管理和分销配送三大核心业务，而实体作业包括进货入库、仓库作业和配送出货等业务。各业务和作业的具体内容如图2-2所示。

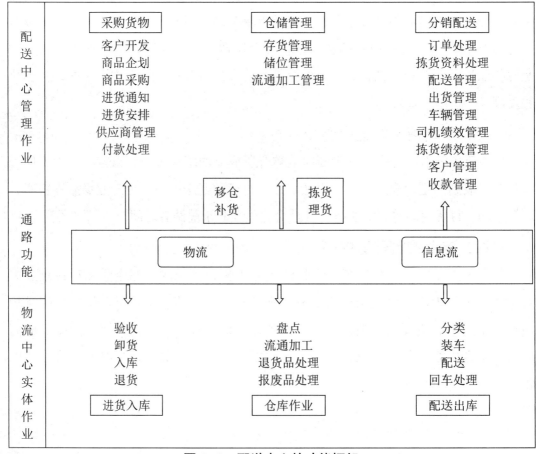

图2-2　配送中心的功能框架

二 配送中心的作业流程

虽然不同的配送中心具体作业环节不尽相同，但其作业流程是基本相同的。配送中心的一般作业流程如图2-3所示。由供应货车到达站台开始，经进货作业确认进货品后，便依次将货品储存入库。为确保在库货品受到良好的保护管理，需要进行定期或不定期的盘点检查。当接到客户订单后，先将订单依性质进行订单处理，之后即可按处理后的订单信息将客户订购货品从仓库中取出进行拣货作业。拣货完成后，一旦发觉拣货区所剩余的库存量过低，则由储存区来补货。若整个储存区的库存量也低于标准，应向上游供应商采购进货。而从仓库拣出的货品经整理后即可准备出货，等到一切出货作业完成后，驾驶员便可将出货货品装上配送车，配送给下游客户。

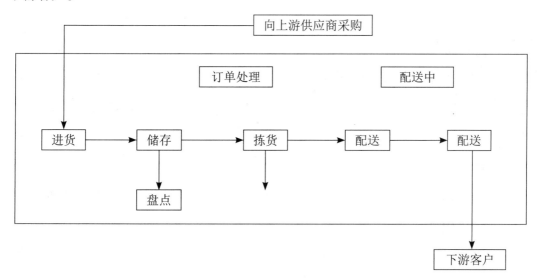

图2-3 配送中心的一般作业流程

配送中心的整个作业流程如下。

（一）进货

进货作业包括对货品做实体上的接收，从货车上将货物卸下，并核对该货品的数量及状态（数量检查、品质检查等），然后人工记录必要信息，将信息输入计算机系统。

（二）搬运

搬运是将不同形态的货品提起、放下或移动，从而使货品能适时、适量移至适当的位置存放。配送中心的每个作业环节都包含搬运作业。

- **（三）储存**

储存的主要任务是对将来要使用或要出货的物料进行保存，且经常进行库存的核查控制。储存时要注意充分利用空间，还要注意存货的管理。

- **（四）盘点**

货品因不断地进出库，库存资料容易与实际情况不符；有些货品因存放过久，致使品质功能受影响，难以满足客户的需求。为了有效地控制货品数量、质量，配送中心需要对储存的货品进行盘点作业。

- **（五）订单处理**

订单处理是从接到客户订货需求开始至准备着手拣货之间的作业环节。该作业环节包括有关客户、订单的资料确认，存货查询，单据处理及出货配发等。

- **（六）拣货**

每张客户订单都至少包含一项商品，将这些不同种类、数量的商品由配送中心取出并集中在一起，即拣货作业。拣货作业的目的就是正确且迅速地集合客户所订购的商品。

- **（七）补货**

补货作业是指将货品从保管区域转移到拣货区域，并进行相应的信息处理。

- **（八）出货**

将拣取分类完成的货品做好出货检查，装入合适的容器，做好标识，根据车辆状况或厂商要求等将物品运至出货准备区，装车准备配送。

- **（九）配送作业**

配送作业是指使用卡车等运输工具，将被订购的物品从配送中心送至客户手中的活动。典型配送中心的布置与作业活动如图2-4所示。

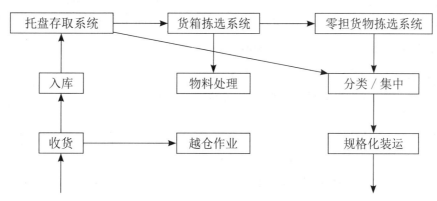

图 2-4　典型配送中心的布置与作业活动图

第四节　我国配送中心

一　我国配送中心的产生与发展

20世纪50年代初，我国对资本主义工商业进行了社会主义改造，没收了官僚资本，接收了旧政府留下来的各类仓库、码头和货站。同时，为了适应经济建设的需要，根据生产布局和经济规划，建设了一批仓库。

20世纪70年代以前，在我国经济研究中几乎没有使用过"物流"一词，直到70年代末才从国外引进"物流"的概念，我国正式研究物流发展问题是从20世纪80年代中期开始的。市场经济体制改革之后，我国开始积极学习借鉴美国、日本等发达国家的经验。经过多方面深入的改革，我国在北京、上海等对外交通便利的城市全方位地开展了配送中心试点工作。之后，国家又相继出台了诸多有关商业性物流配送中心阶段性建设的政策性文件，系统地提出了"转换机制、集约经营、完善功能、发展物流、增加实力"的发展方针，从此我国物流配送中心的发展开始具有计划性、全面性、规模小、组织性等特点。

20世纪90年代以来的实践证明，配送是重要的物流形式。1990年，国家在经济较发达的11个城市开展以发展配送制为重点的物资流通综合改革试点。到1992年年底，已有40多个城市开展了物流配送，签订配送协议的企业超过1000家，连锁经营网点达15000个，并在广州、杭州等地分别进行配送中心试点建设。该时期的配送中心运作呈现出以下特点：各地政府积极培育物流配送业；传统流通企业向现代物流企业转变，物流配送的社会化、专业化趋势日益明显；连锁企业内部的配送中心建设无论是在硬件设施上，还是在管理水平、信息系统应用上都有了长足的进步；现代物流信息技术的研发取得了显著成果。

2001年，国家六部委联合印发的《关于加快我国现代物流发展的若干意见》指出："发展现代物流的总体目标：积极采用先进的物流管理技术和设备，加快建立全国、区域、城镇、企业等多种层次的、符合市场经济规律的、与国际通行规则接轨的，物畅其流、快捷准时、经济合理、用户满意的社会化、专业化现代物流服务网络体系。"

2009年，国务院公布的《物流业调整和振兴规划》（以下简称《规划》）指出："一些制造企业、商贸企业开始采用现代物流管理理念、方法和技术，实施流程再造和服务外包；传统运输、仓储、货代企业实行功能整合和服务延伸，加快向现代物流企业转型；一批新型的物流企业迅速成长，形成了多种所有制、多种服务模式、多层次的物流企业群体。全社会物流总费用与GDP的比率，由2000年的19.4%下降到2008年的18.3%，物流费用成本呈下降趋势，促进了经济运行质量的提高。"《规划》还指出："我国物流业的总体水平仍然偏低，还存在一些突出的问题。一是全社会物流运行效率偏低，社会物流总费用与GDP的比率高出发达国家1倍左右；二是社会化物流需求不足和专业化物流供给能力不足的问题同时存在，"大而全""小而全"的企业物流运作模式还相当普遍；三是物流基础设施能力不足，尚未建立布局合理、衔接顺畅、能力充分、高效便捷的综合交通运输体系，物流园区、物流技术装备等能力有待加强；四是地方封锁和行业垄断对资源整合和一体化运作形成障碍，物流市场还不够规范；五是物流技术、人才培养和物流标准还不能完全满足需要，物流服务的组织化和集约化程度不高。"

2014年，国务院公布的《物流业发展中长期规划（2014—2020年）》指出："物流企业资产重组和资源整合步伐进一步加快，形成了一批所有制多元化、服务网络化和管理现代化的物流企业。传统运输业、仓储业加速向现代物流业转型，制造业物流、商贸物流、电子商务物流和国际物流等领域专业化、社会化服务能力显著增强，服务水平不断提升，现代物流服务体系初步建立。"对于城乡物流配送工程，文件指出："加快完善城乡配送网络体系，统筹规划、合理布局物流园区、配送中心、末端配送网点等三级配送节点，搭建城市配送公共服务平台，积极推进县、乡、村消费品和农资配送网络体系建设。进一步发挥邮政及供销合作社的网络和服务优势，加强农村邮政网点、村邮站、'三农'服务站等邮政终端设施建设，促进农村地区商品的双向流通。推进城市绿色货运配送体系建设，完善城市配送车辆标准和通行管控措施，鼓励节能环保车辆在城市配送中的推广应用。加快现代物流示范城市的配送体系发展，建设服务连锁经营企业和网络销售企业的跨区域配送中心。发展智能物流基础设施，支持农村、社区、学校的物流快递公共取送点建设。鼓励交通、邮政、商贸、供销、出版物销售等开展联盟合作，整合利用现有物流资源，进一步完善存储、转运、停靠、卸货等基础设施，加强服务网络建设，提高共同配送能力。"

二 我国配送中心存在的问题

我国物流配送中心的建设与运营受发展基础、经济条件、宏观环境等多方面的影响，存在多种问题。近些年受到电子商务迅猛发展的影响，配送中心的物流服务职能不能满足社会经济发展的需要，问题更加凸显。

（一）物流配送中心基础设施薄弱，利用率低，发展缓慢

由于物流配送中心基础设施的投资一般比较大，配套设备价值大，项目资金的回收期长，长期以来，我国对物流配送中心基础设施的投资都较少。虽然近几年我国物流配送中心基础设施建设发展迅速，但是总体上还比较薄弱，低端设施较多、设施不配套等问题比较突出，能满足现代社会需求的现代化的流通型物流配送中心还比较少。

（二）条块分割严重，阻碍物流配送业发展的体制障碍仍未打破

企业自营物流配送比重高，物流企业规模小，先进技术难以推广，物流标准难以统一，迂回运输、资源浪费等问题突出。

（三）物流配送中心现代化程度低，信息化水平不高

现代化程度低主要体现在设备上，自动化设备使用少，以人工、半人工作业为

主。信息化水平不高主要体现在信息技术的应用上，没有全面采用信息技术作为管理手段。

●（四）物流配送中心的功能不健全

物流配送中心是多种物流功能要素的组合中心，而我国很多配送中心仅具有仓库和运输中转的功能，功能欠缺，有待进一步开发。

●（五）从业人员素质偏低

经过系统性培训的物流专业人才、高素质的管理人才缺乏，这是配送中心运营水平偏低的主要原因之一。很多从业者仅能做一些体力工作，企业缺乏应用现代化手段管理配送中心作业的高素质人员。

●（六）物流政策运行执行能力受到宏观环境的制约

从国家层面上看，国家制定了若干相关政策法规来鼓励物流行业的发展，但实践结果与预期有一定的差距。例如，行业协会的桥梁和纽带作用发挥得不充分，在调查研究、技术推广、标准制定、信息统计、咨询服务、人才培养、理论研究、国际合作等方面的工作需要进一步加强。地方各级人民政府在加强组织领导、完善协调机制方面，结合本地实际制定具体落实方案方面，及时将实施过程中出现的新情况、新问题报送有关部门方面，都需进一步加大执行力度。

三　主要对策分析

针对我国物流配送中心目前存在的主要问题，必须采取相应的措施，积极地引导物流配送中心建设与运营往正确的方向发展。

●（一）加快现代物流基础设施建设，提高整体物流配送能力

加快开发和引进先进的物流设备，包括各种装卸工具、搬运工具、分拣工具等，从硬件方面升级，为物流配送中心运营水平的提高提供有效的基础支持。但也要注意与之配套的基础设施、软件系统，防止出现"大马拉小车"的情况。

政府应推进综合交通运输体系建设，合理规划布局物流基础设施，完善综合运输通道和交通枢纽节点布局，构建便捷、高效的物流基础设施网络，促进多种运输方式顺畅衔接和高效中转，提升物流体系综合能力。在大中城市和制造业基地周边加强现代化配送中心建设，在城市社区和村镇布局建设共同配送末端网点，优化城

市商业区和大型社区物流基础设施的布局建设，形成层级合理、规模适当、需求匹配的物流仓储配送网络。

（二）提高配送的社会化、网络化程度

鼓励制造企业分离外包物流业务，促进企业内部物流需求社会化。优化制造业、商贸业集聚区物流资源配置，构建中小微企业公共物流服务平台，提供社会化物流服务。着力发展第三方物流，引导传统仓储、运输、国际货代、快递等企业采用现代物流管理理念和技术装备，提高服务能力；支持从制造企业内部剥离出来的物流企业发挥专业化、精益化服务优势，积极为社会提供公共物流服务。鼓励物流企业进行功能整合和业务创新，不断提升专业化服务水平，积极发展定制化物流服务，满足日益增长的个性化物流需求。

提高物流网络化、组织化程度，通过适当方式将物流相关企业组织起来，形成较为完善的物流服务网络。物流企业更要注意网络建设，不断完善网络服务功能。充分利用全社会物流配送设施资源，鼓励兼并、重组、联合，优先进行技术改造，尽量避免物流设施的重复建设和资源浪费。

（三）大力推进"共同配送中心"的发展

企业不愿建配送中心是因为投资大，投资成本回收期长；利用第三方企业的配送中心会分流一部分企业的利润，从战略的角度来考虑不是最优选。因此，采用共同配送的方式，既可以解决投资过大的问题，又可以通过企业间的联合加强企业联盟的集团竞争力，对于中小型投资主体而言是一种非常有效的配送方式。

（四）提高物流配送中心的现代化、信息化技术水平

条形码标识技术、射频识别技术、仓储管理系统、电子数据交换系统、地理信息系统、自动化立体库、自动分拣系统、移动互联网、大数据等在物流配送中心的应用，大大加快了配送中心的物流信息系统建设，同时也是配送中心向机械化、自动化作业模式转变的手段。

（五）强化理论研究和人才培养

加强物流配送领域理论研究，完善我国现代物流配送业理论体系建设，积极推进产学研用相结合。着力完善物流学科体系和专业人才培养体系，以提高实践能力为重点，按照现代职业教育体系建设要求，探索形成高等学校、中等职业学校与相

关部门、科研院所、行业协会和企业联合培养人才的新模式。完善在职人员培训体系，鼓励培养物流业高层次经营管理人才，积极开展职业培训，提高物流业从业人员业务素质。

（六）完善法规制度，规范市场秩序

尽快从国民经济行业分类、产业统计、工商注册及税目设立等方面明确物流业类别，进一步明确物流业的产业地位。健全物流业法律法规体系，抓紧研究制定有关物流业安全监督管理、交通运输管理和仓储管理等方面相关法律法规或部门规章，开展综合性的立法准备工作。

加强对物流市场的监督管理，完善物流企业和从业人员信用记录，纳入国家统一的信用信息平台。增强企业诚信意识，建立跨地区、跨行业的联合惩戒机制，加大对失信行为的惩戒力度。加强物流信息安全管理，禁止泄露转卖客户信息。加强物流服务质量满意度监测，开展安全、诚信、优质服务创建活动。鼓励企业整合资源、加强协作，提高物流市场集中度和集约化运作水平，减少低水平无序竞争。加强对物流业市场竞争行为的监督检查，依法查处不正当竞争和垄断行为。

（七）完善扶持政策

加大政策支持力度，降低物流成本。落实和完善支持物流业发展的用地政策，依法供应物流用地，积极支持利用工业企业旧厂房、仓库和存量土地资源建设物流设施或者提供物流服务，涉及原划拨土地使用权转让或者租赁的，应按规定办理土地有偿使用手续。认真落实物流业相关税收优惠政策。研究完善支持物流企业做强做大的扶持政策，培育一批网络化、规模化发展的大型物流企业。研究配送车辆进入城区作业的相关政策，完善城市配送车辆通行管控措施。完善物流标准化工作体系，建立相关部门、行业组织和标准技术归口单位的协调沟通机制。

实践证明，市场经济发展到一定程度，需要尽快加强建设现代物流配送中心。发展信息化、现代化、社会化的新型物流配送中心是建立和健全社会主义市场经济条件下新型流通体系的重要内容。另外，要积极借鉴发达国家发展物流配送中心的先进经验，从具体国情、地区情况、企业情况出发，发展有中国特色的新型物流配送中心。

◆ 本章小结 ◆

配送中心是从事货物配备（集货、加工、分货、拣选、配货）和组织对客户的送货，以高水平实现销售和供应服务的现代物流场所。配送中心既具有一般物流中心的基本功能，又具有集货、理货、加工、集散、信息交换等多项功能。配送中心内部一般具有详细的功能分区，主要包括进货区、理货区、储存区、加工区、分拣配货区、发货区、退货处理区、废弃物处理区、设备存放及维护区等。本章对配送中心的含义和功能、配送中心的构成、配送中心的类别及特点进行了较为详细的介绍；阐述了配送中心作业系统的功能框架和作业流程；介绍了我国配送中心的产生与发展、存在的问题与解决对策。

■ 案例分析 ■

连邦的配送体系

首创正版软件连锁经营的北京连邦软件股份有限公司（以下简称连邦），其物流配送体系随着整个组织的规模变化不断发展。当企业规模较小时，它采用了总店制；在规模逐渐扩大以后，它成立了储运部乃至配送中心。其配送体系如下。

1. 商品采购

连邦的商品采购分为首批采购和日常采购。首批采购是指对新上市产品进行的第一批采购，日常采购是指除第一批采购外的其他采购行为。对于畅销产品的第一批采购量，由产品经理根据各地专卖店的征订量，考虑其他因素后，凭经验判断确定。日常采购量主要依据订单管理系统决定。对于每种产品，连邦会设置一个最低库存量值和一个最高库存量值，并定期进行调整。最低库存量值与最高库存量值的设置，是根据产品的畅销程度、产品所处的销售生命周期、资金占用量、采购的容易程度（厂商是在北京供货还是在外地供货、厂商是送货上门还是连邦自提等）、货源的紧张程度等情况进行人为设置的。连邦在收到各地专卖店的订货单之后，订单管理系统会自动汇总，将库存数与订货数相减，如果低于最低库存量，就立即安排采购；如果高于最高库存量，说明采购量过大，就采取相关措施尽快减少库存。

库存管理系统包含订单管理系统,其根据库存数和订单数,每天早晨自动生成当天的采购清单,由采购部安排采购事宜。

2.配发货

总部给各地专卖店配发的产品一般分为三类:代销产品、配货产品、订货产品。装箱清单上会明确注明各产品的发货性质。

各地专卖店根据与连邦总部签订的合作协议,需要代销一定数量的产品,总部根据代销总数量,并依据各地专卖店的销售能力和付款信誉来确定给各地专卖店的代销量。代销产品不用预先支付货款,在代销期间内,销售不出去的产品可以通过总部退还厂商,没有任何库存风险。产品的代销期为半年至一年。代销期结束后,总部会发通知要求各地专卖店退回代销产品。

配货产品是总部根据先前与专卖店的约定,主动配发给专卖店的产品。针对市场上一些当时不太畅销的产品,连邦总部事先不会发布通知要求各地专卖店征订,但这些产品仍可能有一定的销售量,为了提高这些产品到达专卖店的速度、促进销售,连邦总部会依据这些产品的销售量和专卖店的销售能力,直接给各专卖店配发一定数量的产品。

订货产品是根据专卖店的订货单配发的产品,包含首批征订的产品和日常订购的产品。订货产品的品种和数量主要由各专卖店负责确定,订货产品先收取货款,由各地专卖店承担库存风险,无特殊情况不允许退回总部。

3.厂商直供

统一进货可以给连锁店带来规模优势,使其供货价格比别人更具竞争力。但是,如果所有商品全部由总部统一供货,就会存在发货速度较慢的问题。为此,连邦总部和厂商签署协议,由厂商直接供货,总部统一和厂商结算。其间,单据的传递是关键。连邦和厂商约定,厂商制作一份发货单,传真一份给专卖店,一份给连邦总部。专卖店收到由厂商直接发来的货物并检验无误后,在发货单上盖章签字后传真给连邦总部,总部根据专卖店的确认单制作专卖店的物流单,并办理产品入库手续,按规定和厂商结算。

这样一来,不仅提高了连邦总部的工作效率,使产品到各专卖店的速度加快,还降低了成本。运输费、包装费由厂商承担,减少了资金占用。

(资料来源:http://www.News.56abc.cn。)

问题思考

1. 结合案例分析,配送经营的首要环节是什么?
2. 连邦的配送体系带来的启示有哪些?

复习思考题

1. 配送中心与传统仓库的区别与联系是什么?
2. 配送中心的基本功能有哪些?
3. 举例说明不同货品的配送中心的特点和差异。
4. 配送中心根据拥有者的不同可分为哪几类?说明各类配送中心的特点。
5. 分析说明配送中心的功能要素和作业流程。
6. 简述我国配送中心存在的问题及主要对策。

实训题

JT东京流通基地的对象零售点有3万个以上,即每天要为上万家零售店准备产品,其需求量需要60辆大型卡车装载。如果按照各店少量多样的订货要求,是不能满足市场需要的。

JT东京流通基地属于哪一类配送中心?请为JT配送中心设计出一套完整的配送作业流程。

第三章

配送中心规划与设计

◆学习目标◆

通过本章教学,学生要掌握配送中心规划的含义与内容;理解配送中心的规划程序;理解配送中心选址的原则与基本条件;掌握配送中心选址必备的数据资料;了解配送中心选址的约束条件与选址方法;了解配送中心设计的时机、规模、投机决策;理解配送中心布局设计的原则;理解并掌握配送中心的内部作业空间设计与设施构造标准。

配送中心是一个复杂的系统,其系统规划与设计包括许多方面的内容。配送中心投资对零售企业来说是一笔巨大投资,具有高风险投资特征。为避免由于规划设计错误而产生的投资风险,规划者与设计者必须遵循一定的原则及程序,对配送中心建设进行项目规划与设计。

开篇案例

大润发的选址

大润发是一家中国台湾的大型连锁量贩超市,成立于1996年,由润泰集团总裁尹衍梁所创设。随着改革开放的深入,大润发开始进入大陆市场。目前大润发在台湾有24个服务据点,在台湾的主要竞争对手为家乐福及爱买,在台湾的发展规模仅次于家乐福。

大润发的选址理念:谨慎选址,宁缺毋滥。"与其开得不好,还不如不开,我们在选址方面特别重视",大润发董事长助理洪万康说。

从区域选址来看,大润发门店集中于东部发达地区,特别是东部沿海的二三线城市,更是布局的重点城市。大润发在华东地区的门店数量占据其在大陆市场门店总数的61.5%。发达地区商业发展成熟,无论是客流量还是居民消费能力,都能够支撑运营。而布局中小城市,则有效控制了租金成本。

另外,大润发的选址一般避开核心商圈,但靠近居民区,核心范围内居民数量成为选址关键。以大润发上海大宁店为例，此店紧邻地铁一号线马戏城站，与大宁国际商业广场互为依托，周边3千米范围内有效消费人口超过20万。而该商圈距市中心超过6千米，远离上海中心城区任何一个次中心商圈。此举既保证了门店租金能控制在合理范围，也保证了客流量。

阅读以上案例思考：大润发的选址理念会给其带来哪些好处？

第一节 配送中心规划

一 配送中心规划的含义和内容

（一）配送中心规划的含义

配送中心规划是对拟建的配送中心制定的长远的、总体的发展计划。"配送中心规划"与"配送中心设计"是两个容易混淆的概念，二者联系密切，也存在区别。

在配送中心建设的过程中，如果将规划工作与设计工作相混淆，必然会给实际工作带来许多困难。因此，比较配送中心规划与配送中心设计的异同，阐明二者的相互关系，对于正确理解配送中心规划，在理论和实践上都具有重要意义。

（二）配送中心规划的内容

1. 配送中心的设立时机

配送中心设立的时机是指在什么时候建立配送中心。建立配送中心的最佳时机，需要根据实际情况进行决策，既要保证配送中心能及时为企业提供服务，又要尽可能减少资源浪费。建设时机过早，易造成资源闲置、浪费；建设时机过晚，不能满足企业配送业务的需要，不利于优质服务的提供。同时，应积极借鉴国外经验，广开思路，以构建符合我国国情的配送体系。

2. 配送中心的类型选择

配送中心的类型选择是指建什么样的配送中心。目的是选择更好、更合适的配送中心，从而为客户服务。在具体选择上，既要把握各类配送中心的特征，又要使各类配送中心与企业特征相符。

一般来说，配送中心的类型选择包括三个方面：确定是何种功能的配送中心；确定配送何种商品；确定辐射的范围与区域。

3. 配送中心的所有者决策

配送中心的所有者决策主要解决配送中心是自建还是他建的问题。配送中心的建立应从实际出发，根据配送业务量决定。按照所有者的不同，配送中心分为他有型配送中心、共有型配送中心和自有型配送中心三种类型。对三种类型的选择，需要依据配送环境和配送条件考虑，选择他有型配送中心需要对现有配送中心进行评估，选择自有型或共有型配送中心需要对企业自身财力进行评估，最终进行效益比较分析，以决定使用的类型。

4. 配送中心的选址

配送中心拥有众多建筑物、构筑物以及固定机械设备。因此，其一旦建成就很难搬迁，如果选址不当，则将付出长远代价。对于配送中心的选址规划需要给予高度重视。优秀的配送中心选址方案应是商品通过配送中心汇集、中转、分发，直至输送到需求点的全过程的总体效益最好的方案。配送中心的选址，一要靠近商业网点集中的市中心，以达到靠近市场、缩短运距、降低运费、迅速配送的目的。二要靠近交通主干道出入口。公路配送是配送中心供配货的主要货运形式，靠近交通便捷的干道进出口便成为配送中心布局的主要考虑因素之一。三要追求较低的地价区位。配送中心一般占地面积较大，地价对其地址的选择有重要影响。

5. 配送中心的规模

服务能力的高低是衡量配送中心规模是否恰当的重要指标。配送中心的规模与服务能力具有正相关性，即配送中心的规模越大，其配送能力也就越强。

6. 配送中心设施的规划

配送中心的设施设备是配送中心正常运作的必要条件，设施设备规划涉及建筑模式、空间布局、设备安置等多方面问题，需要运用系统分析的方法求得整体优化，最大限度地减少物料搬运浪费、简化作业流程，以创造良好、舒适的工作环境。据资料介绍，在制造企业的总成本中，用于物料搬运的占20%~50%，如果合理地进行设施规划可以降低10%~30%。配送中心的设施设备规划布局一般包括原有设施设备分析、配送中心的功能分区、设施内部作业区域布局、设备规划布局、公用设施规划布局等。

7. 作业流程的规划

作业流程的规划是配送中心规划的重要步骤，决定了配送中心作业的详细要求，如设施配备、场所分区等，这对后续的建设具有重要的影响。对传统物流企业进行作业流程重组、提高物流作业效率、降低物流成本，是传统物流企业向现代配送中心转型的重要途径。不同类型的配送中心，其作业流程也有很大的不同，在实际规划设计中，应该根据配送中心的功能，结合货物特性与客户需求对作业流程进行必要的调整。

8. 信息系统的规划

信息化、网络化、自动化是配送中心的发展趋势，信息系统规划是配送中心规划的重要组成部分。配送中心的信息系统规划，既要考虑满足配送中心内部作业的要求，提高物流作业的效率，又要考虑同配送中心外的信息系统相连，方便配送中心及时获取和处理各种经营信息。一般来讲，信息系统规划设计包括配送中心内部的管理信息系统分析、设计与配送中心的网络平台构筑两部分。

二 配送中心规划的程序

（一）筹建准备阶段

在配送中心建设的筹建准备阶段，要先设立配送中心筹建委员会。为避免片面性，筹建委员会应该吸收多方面成员参加，包括物流咨询公司、物流工程技术公司、建筑公司人员以及一些经验丰富的专家或顾问等。该委员会主要完成两项工作：一是要对配送中心的必要性和可行性进行分析和论证；二是确定配送中心的规模及配送中心的服务水平基本标准。

（二）总体规划阶段

配送中心的总体规划包括配送中心的设立时机规划、配送中心的类型选择、配送中心的所有者选择、配送中心的地址选择、规模选择、设施选择，配送作业流程规划等内容。

进行配送中心的总体规划，应注意配送中心的几个要素：配送的对象、配送种类、配送商品的数量或库存量、配送路线、服务品质、交货时间、配送成本等，力求规划合理、实用。

（三）方案评估阶段

配送中心的建设，尤其是大型配送中心的建设，需要较大规模的投资，在配送中心方案确定以后，需要对方案进行评估，测算方案的投资效果，以便作出决策。

（四）详细设计阶段

详细设计阶段是对所使用的设备类型、能力等作出规定以及决定作业场所详细配置办公及信息系统的设施规格与数量，制定设计施工计划等。在详细设计阶段，需在对总体方案进行完善设计的基础上，决定作业场所的详细配置；对配送中心所使用的各种设备、能力等进行详细设计，并对办公及信息系统、运营系统进行详细设计等。

（五）系统实施阶段

为了保证系统的统一性和配送系统目标与功能的完整性，应对参与设计、施工各方所涉及的内容从可操作性、安全性、可靠性、可维护性等方面进行评价和审查。在确定承建商前应深入现场，对该厂生产环境、质量管理体制等进行考察，如发现问题应提出改善要求。对于配送中心所需购置的各种设备，在其设备制造期间也需进行现场了解，对质量和交货日期等进行检查。

第二节 配送中心选址

配送中心选址是指在一个具有若干供应网点及若干需求网点的经济区域内，选定一个地址设置配送中心的规划过程。较佳的配送中心选址方案是使货物通过配送中心的汇集、中转、分发，直至输送到需求网点的全过程的效益最好。

配送中心拥有众多建筑物、构筑物及固定机械设备,如果选址不当,将产生极大的负面影响并付出长远代价。在配送中心的选址规划中,应对配送中心的选址原则、影响因素等进行综合分析,提出缜密的决策建议是非常必要的。

一 配送中心选址的原则与基本条件

(一)选址的原则

1. 适应性原则

配送中心的选址应与国家或地区的经济发展方针、政策相适应,与我国物流资源分布和需求分布相适应,与国民经济和社会发展相适应。

2. 协调性原则

配送中心的选址应将国家或地区的物流网络作为一个大系统来考虑,从而使物流配送中心的设施设备在地域分布、物流作业生产力、技术水平等方面与整个物流系统协调发展。

3. 经济性原则

在配送中心的发展过程中,有关选址的费用主要包括建设费用及物流费用(经营费用)两部分。物流配送中心的选址定在市区、近郊或远郊,其未来物流活动辅助设施的建设规模、建设费用以及运费等物流费用是不同的,选址时应以总费用最低作为配送中心选址的经济性原则。

4. 战略性原则

物流配送中心的选址应具有战略眼光。一要考虑全局,二要考虑长远。局部要服从全局,眼前利益要服从长远利益,既要考虑目前的实际需要,又要考虑日后发展的可能。

(二)选址的基本条件

配送中心在选址时,企业要根据建设配送中心的目的、方针,明确以下各项条件,逐步筛选候选地。

1. 必要条件

必要条件包括客户的分布状况、预期业务量增长率、配送中心辐射范围等。

2. 运输条件

配送中心应靠近铁路货运站、港口等运输节点。

3. 配送服务条件

根据供货时间的要求,配送中心应及时通知客户货物到达时间、配送频率、订发货周期、配送距离及范围。

4. 用地条件

应确定是利用配送中心现有土地还是要重新取得土地。若要重新取得土地,则要明确地价及允许范围的用地分布情况等。

5. 法规制度

在指定用地区域内,是否有不允许建设仓库和配送中心等设施的土地。

6. 管理与信息职能条件

配送中心与业务主管部门是否要求在距离上靠近;明确企业的管理人员、计算机设施情况。

7. 流通职能条件

商流与物流是否要分开,在配送中心中是否要进行加工、包装等作业。

8. 其他条件

不同的货物类别需要不同的物流设施。例如,为了保证货物质量,对选择地址方面有哪些特殊要求,是否有满足这些条件的地区。

在选择地址时,要将上述各种条件进行比较,经反复论证后再圈定选址范围和备选地址。

配送中心的设计者对上述各项条件必须进行充分详尽的研究,根据这些条件决定设施规模和选址。

二、配送中心选址必备的数据资料

选择地址的方法,一般是通过成本计算,也就是将运输费用、配送费用及物流设施费用模型化,根据约束条件及目标函数建立数学模型,从中寻求费用最小的方案。但是,采用这种方法寻求最优选址时,必须对业务量和费用进行正确的分析和判断。

（一）业务量

选址时，应掌握的业务量包括：工厂到配送中心之间的运输量；向顾客配送的货物数量；配送中心保管的数量；配送路线上的业务量。因为这些数量在不同时期会有种种波动，所以要对所采用的数据水平进行研究。另外，除了对现有的各项数据进行分析，还必须确定设施使用后的预测数值。

（二）费用

选址时，应掌握的费用包括：工厂至配送中心之间的运输费；配送中心到客户之间的配送费；与设施、土地有关的费用及人工费、业务费等。

因为上述前两项费用会随着业务量和运送距离的变化而变动，所以必须对每吨、每千米的费用进行分析（成本分析）；最后一项包括可变费用和固定费用，最好根据费用之和进行费用分析。

（三）其他

用缩尺地图表示客户的位置、现有设施的配置方位及工厂的位置，并整理各候选地址的配送路线及距离等资料，必备车辆数、作业人数、装卸方式、装卸机械费用等要与费用分析结合起来考虑。

三 配送中心选址的约束条件与选址方法

（一）选址约束条件分析

物流配送中心选址应考虑的约束条件见表3-1。

表 3-1　物流配送中心选址应考虑的约束条件

约束条件	具体内容
土地	面积与使用的约束条件。
储存物品的性质	危险品、环境污染物质管制规定； 防温、防湿、气密性的作业成本。
竞争条件 （即影响服务水准、营运成本的条件）	与供应商及顾客的距离；交通便利性（包括配送中心与交通网的距离、附近交通是否顺畅、周围道路的宽度）等。 土地成本：各地地价不同，土地租金或税款都会影响运营成本。
基础条件	劳动力是否充足，招聘是否容易，上班条件是否具备； 基础建设如水电、道路、电信设施、排水系统是否完备； 电脑系统的软、硬件支援是否充分。
自然条件	考虑设置配送中心地域的温湿度、风向、地质条件等。
行政条件	包括当地政府效率、产业政策与奖励优惠措施等。

●（二）配送中心选址的方法

1. 重心法

重心法是布置单个设施的方法，该种方法要考虑现有设施之间的距离和要运输的货物量。该方法经常用于中间仓库的选择。在最简单的情况下，这种方法假设运入和运出成本是相等的，未考虑在不满载的情况下增加的特殊运输费用。重心法也称网格法或精确重心法，它能利用物理学中对一个二维封闭图形求解重心的原理来解决物流设施的选址问题。

重心法要在坐标系中标出各个地点的位置，确定各点的相对距离。在国际选址中，经常采用经度和纬度建立坐标系，然后根据各点在坐标系中的横纵坐标值求出成本运输最低的位置坐标（C_x，C_y）。重心法使用的公式为：

$$C_x = \sum D_{ix} Q_i / \sum Q_i$$

$$C_y = \sum D_{iy} Q_i / \sum Q_i$$

C_x 为中心的X坐标；C_y 为中心的Y坐标；D_{ix} 为第 i 个地点的x坐标；D_{iy} 为第 j 个地点的y坐标；Q_i 为运到第 j 个地点或从第 j 个地点运出的货物量。运用此公式即可求出最佳厂址。

【例题】某公司拟在某城市建一配送中心，该配送中心每年要往A、B、C、D 4个销售点配送产品。各地与城市中心的距离和年运输量见表3-2。假定各种材料运输费率相同，试用重心法确定该厂的合理位置。

表 3-2 各设施位置和需要产品数量

各设施	位置坐标／千米	需要产品数量级
A	(40, 50)	1 800
B	(70, 70)	1 400
C	(15, 18)	1 500
D	(68, 32)	700

解：根据已知条件

C_x=（40×1 800+70×1 400+15×1 500+68×700）÷（1 800+1 400+1 500+700）=44.5（千米）

C_y=（50×1 800+70×1 400+18×1 500+32×700）÷（1 800+1 400+1 500+700）=44.0（千米）

2. 成本—利润—产量定址分析

成本—利润—产量定址分析也称"量本利"分析，它有利于对可供选择的地点在经济上进行对比，一般常用图表法求解。其分析过程包括以下步骤。

（1）确定每一备选地址的固定成本和可变成本。

（2）在同一张图表上绘出各地点的总成本线。

（3）确定在某一预定的产量水平上，哪一地点的成本最少或者哪种方法需要以下几点假设：可变成本与一定范围内的产出成正比；所需的产出水平能近似估计；只包括一种产品；产出在一定范围时，固定成本不变，地点的利润最高。

在成本分析中，计算每一地点的总成本TC，公式如下：

$$TC = C_F + C_U Q$$

式中：C_F为固定成本；C_U为单位的可变成本；Q为产出产品的数量或体积。

【例题】某企业拟在国内新建一条生产线，确定了3个备选厂址。由于各厂址征地费用、建设费用、原材料成本、员工工资等不尽相同，从而生产成本也不相同。3个厂址的生产成本见表3-3，试确定不同生产规模的最佳场址。

解：先求A、B两厂址方案的交点产量，再求B、C两厂址方案的交点产量，就可以决定不同生产规模的最优选址。设C_F表示固定费用，C_U表示单件可变费用，Q为产量，则总费用为$C_F + C_U Q$。

表 3-3　备选厂址费用表

费用项目＼备选厂址	A	B	C
固定费用（元）	600 000	1 200 000	2 400 000
单位可变费用（元）	50	24	11

在M点A、B两方案生产成本相同，该点产量为QM，则

$QM=(C_{FB}-C_{FA})/(C_{UA}-C_{UB})=(1\,200\,000-600\,000)/(50-24)=2.31$（万件）

在N点B、C两方案生产成本相同，该点产量为Qn，则

$QN=(C_{FC}-C_{FB})/(C_{UB}-C_{UC})=(2\,400\,000-1\,200\,000)/(24-11)=9.23$（万件）

结论：以生产成本最低为标准，当产量Q低于2.31万件时，选A厂址为最佳；产量Q介于2.31万～9.23万件时，选B厂址成本最低；当Q大于9.23万件时，应选择C厂址。

第三节 配送中心设计

一、配送中心的设立

（一）配送中心设立的准备

决策者在投资建立配送中心之前，应做好以下几方面准备。

1. 摸清家底

必须明确的情况包括：配送中心设立前应明确目前企业物流设施设备的情况（有多少仓库，库房状况如何，有多少货运汽车、冷藏车、叉车、货架、托盘等）；专业人员及技术状况（有多少物流专业人员，以前是否从事过配送业务或相关业务）；上家情况（目前有业务往来的生产厂家有多少，交易和结算方式是什么，固定供货的货物种类有多少，买断与代理货物的比率多大，有进一步合作的意向的厂家有多少）；下家情况（目前提供配送服务的零售店铺或生产企业及直接客户有多少，需要继续提供配送服务的客户占多大比例，有望形成契约关系的占多少，需要配送的生产资料或生活资料的品类、数量构成如何）。

2. 准确定位

根据自身条件、业务开展情况及上、下家情况，合理设立配送中心，选择可行的配送模式，制定可持续发展的配送战略目标。

3. 逐步配套发展

配送中心的建设过程应分阶段进行，在建设过程中应不断改进配送设施、管理技术，开展从业人员的专业培训，完善信息系统功能，提高信息处理水平。

（二）配送中心设立的时机

配送中心设立的时机，视企业类型的不同而有所不同。这里以典型的连锁企业为例进行说明。在连锁企业的发展实践中，困扰业内人士的一个问题就是：是否应该建立配送中心。倘若不建立，那么连锁经营就流于形式，难以实现规模效应，有悖于连锁企业发展的初衷；倘若建立，则又受资金、实力等因素的制约，而且如果配送业务量相对较少，势必带来一定程度的浪费。

要解决上述问题，首先应明确的是：配送中心的建立应由连锁企业的发展需要而决定，而不是要发展连锁企业就必须要配套建立配送中心。也就是说，发展连锁店一定要有配送中心，但却不一定要自建配送中心，这是因为连锁企业毕竟不是以建立配送中心为目的的。

除了自建配送中心，连锁企业还可以采取共建配送中心方式及利用社会化配送中心等。对于一些新建的连锁企业来说，配送业务问题是可以通过多种途径来解决的。更进一步来说，先采取共建及社会化配送中心的方式，随着连锁企业规模的扩大，再独立建设配送中心，这无疑是一种较为明智的选择。从世界连锁业发展的实践来看，一家连锁便利店，在拥有20家门店，总面积达到4 000平方米时，就可以考虑建立配送中心；一家连锁超市，在拥有10家门店，总面积达到5 000平方米时，就有建立配送中心的必要；一家连锁特级市场，在开店的同时，就应考虑与之配套的配送体系。

通过上述分析，可以得出以下结论：强调配送中心建设宜"一步到位"的观点，在理论上是欠妥的，在实践中也是行不通的。与实际情况相联系，连锁企业的配送中心建设宜走一条"共同配送——社会配送——自行配送"的渐进之路。当然，上述理论只是一个总体概括，对于单个企业而言，何时是建立配送中心的最佳时机，应根据各自的实际情况进行决策。

二 配送中心的规模决策

配送中心的规模包括三层含义：一是与店铺规模相适应的总规模，即需要总量为多少平方米的配送中心；二是要建立几个配送中心，即如何布局配送中心；三是每个配送中心的规模。配送中心的规模决策也包含上述三个层次。

配送中心是连锁企业的"后勤部队"，其主要功能是为连锁企业的各店铺提供货物配送服务，因此，服务能力高低便成为衡量配送中心总规模是否适当的一个指标。一般而言，配送中心总规模与服务能力呈正相关，即配送中心总规模越大，配送服务能力就越高，反之亦然。

虽然配送中心是服务性机构，应注意其服务能力，但是进行"成本—收益"分析也是必要的。一般来说，配送规模与单位配送成本之间的关系，在开始的某一时段内，随着配送规模的不断扩大，配送成本也随之不断降低，其原因在于规模经济性，当配送规模达到一定程度之后再进一步扩大，配送成本则开始随配送规模的扩大而上升，此时规模不经济性开始发生作用。

根据以上论述可以看出，服务能力和单位配送成本下降阶段的交点就是配送中心的最小规模，此时进一步扩大规模有助于获得规模经济，理论上的最大配送中心规模应是在服务能力和单位配送成本上升阶段的交点上，此时若再进一步扩大规模则可能引起规模不经济。也就是说，过分强调配送服务能力而不注意单位配送成本，认为配送中心规模越大越好的观点是不正确的；相反，过分偏重单位配送成本的降低而忽视配送服务能力的观点，也是不可取的。

在明确了配送中心总规模的基本原则之后，需要进一步探讨确定配送中心总规模的具体方法。配送中心总规模的确定方法，可以参照运输及仓库规模的确定方法，因为储存和配送是配送中心的两大基本功能。具体包括以下步骤。

（一）测定配送及储存货物总量

配送中心的配送量和货物储存量直接受连锁企业各店铺货物经营总量的影响，货物经营量越大，所需要的配送中心规模就越大，而货物经营量又与店铺面积呈正相关，连锁店铺总面积与配送中心总规模也呈正相关。例如，法国家乐福集团的一个2万平方米的配送中心负责20家特级市场的货物配送任务。这20家特级市场的店铺总面积为20万平方米左右，即配送中心总店铺总面积的规模比约为1：10。连锁店铺总面积与配送中心规模的比例，因业态、流转速度不同而不同。因此，在借鉴已有经验数据的同时，也必须充分考虑企业的特性，以确保决策无误。此外，在测定货物配送及储存总量的同时，还需要掌握配送储存的具体品种及相应的数量和包装情况等。

（二）推算平均配送量

平均配送量既包括平均吨千米数，也包括平均储存量，前者决定运输规模，后者决定仓储规模。货物周转速度直接影响货物在配送中心停留的时间，若周转速度慢，则意味着占据配送中心空间的时间长，配送中心的规模就大；反之，则需要相对较小的配送中心。同时，从厂商直达店铺的货物越多，就要求配送中心的面积越小。在推算平均配送量时，应引入货物平均周转速度。计算公式如下。

$$\overline{Q}=Q/T \text{ 或 } \overline{Q}=QD/360$$

式中：$\overline{Q}$ 为平均货物储存量；Q 为货物总储存量；T 为平均周转次数；D 为平均货物储存天数。

对于某些季节性货物，各段时期的储存量将有非常大的变动。在这种情况下，平均储存量将不能反映其正常的储存空间需要量，必须进一步分析货物储存量在全年各期的分布情况，特别是储存高峰时期货物储存空间需要量情况。

（三）计算储存空间需要量

由于不同货物的容量及包装不同，在储存过程中所占配送中心的空间也不同。这样就使得储存的货物和其所占用的空间这二者之间有一个换算关系，该换算关系用"仓容占用系数"来表示。有些货物的储存量按重量计算，有些货物的储存量按金额计算，仓容占用系数可表示单位重量或单位金额货物所占用的空间。计算公式如下。

$$P=Qq$$

式中：P 为储存空间需要量；q 为平均仓容占用系数。

（四）计算配送中心的储存面积

在储存空间一定的条件下，所需储存面积取决于配送中心允许的货物堆码高度。影响配送中心允许堆码高度的因素有货物性能、包装、配送中心的建筑构造和设施设备等。根据配送中心存放货物的特点和配送中心设计等方面的条件，应合理地确定堆码高度、配送中心的储存面积。计算公式如下。

$$S=P/H$$

式中：S为配送中心储存面积；H为货物平均堆码高度。

（五）计算配送中心的实际面积

配送中心的实际面积应大于上述计算的储存面积。这是因为配送中心不可能都用以储存货物，为了保证货物储存安全和满足库内作业的要求，需要留有一定的墙距、垛距、作业通道以及作业区域等。配送中心库房面积的利用率是储存面积与实际使用面积之比，这取决于货物保管要求、配送中心建筑结构、仓储机械化水平、库房布置和配送中心管理水平等多种因素。因此，应根据新建配送中心的具体条件，确定配送中心面积利用系数，并根据系数对配送中心面积作最后的调整。计算公式如下。

$$S=S/u$$

式中：S为配送中心的实际面积；u为配送中心面积利用系数。

（六）确定配送中心的面积

配送中心的全部面积为配送中心实际面积与辅助面积之和。根据配送中心本身的性质及实际的需要确定辅助面积所占比重，进而确定配送中心的全部面积。

三、配送中心的投资决策

配送中心的投资决策是通过可行性研究与分析，计算出投资额及效益，从而对配送中心的建设提供科学依据的重要一环，本书主要从定性的角度对投资决策中的几个主要问题进行阐述，至于相应的量化分析方法，可参阅有关的投资学、财务管理等文献。

（一）配送中心投资额的确定

配送中心投资额的确定主要包括以下几项内容。

1. 预备性投资

由于配送中心是占地较大的项目，且处于与客户接近的最优位置，因此在主体建设投资之前，需有征地、拆迁、市政、交通等预备性投资，这是一笔相对较大的投资，尤其是在一些黄金地段，这项投资甚至可超过总投资的50%。

2. 直接投资

即用于配送中心项目主体的投资，如配送中心各主要建筑物的建设费用，配送中心的货架、叉车、分拣设备的购置及安装费，信息系统的购置安装费，配送中心自有车辆的购置费等。

3. 相关投资

与基本建设及未来经营活动有关的项目，诸如燃料、水、电、环境保护等都需要有一定的投资，在有些地区，相关投资可能很大，如果只考虑直接投资而忽视相关投资，极容易导致投资估算失误。

4. 运营费用

包括在配送过程中发生的人力、物力费用。由于配送中心的投资效果不仅取决于事前的投资费用，还取决于事后的运营费用，特别是在有些情况下，事前的投资费用很低，但事后的运营费用却很高，如远离市区的配送中心，配送效率显然不会高，因而企业对此必须有充分估计。

（二）投资效果的分析

投资效果问题，归根结底是对投资收益的估算问题。由于配送中心不像一般产品生产企业那样生产一定数量、一定质量、一定价格的有形产品，而是向各客户提供配送服务，它是一种无形产品，因而其收益计量具有一定的模糊性。同时，由于配送中心的各个作业环节也不像生产企业那样明确，进一步加大了对投资效果进行分析的困难。较为合适的方法是比较企业有与没有配送中心、自建与租赁配送中心所产生的利益差，并且利益差是通过店铺效益反映出来的，诸如统一配送能使进货价格降低多少，增加多少销售额，取得多少利润。或者说，有多少利润是由于自建配送中心取得的。

（三）投资与效益的比较

如果效益是理想的，则可进行投资，否则只有放弃。至于理想效益的界定则与企业的整体发展战略有关，例如，目标是取得什么样的效果，经过多少年能收回投资成本等。

由于效益是投资与收益的差额，在实际工作中，若仅仅使用上述几项确定投资额是不完善的。因为上述内容仅是投资配送中心的会计成本，而在效益衡量中，应使用完全成本的概念，即"在会计成本上再加上因之发生的机会成本，也就是因自建配送中心该笔资金不能他用而带来的最大损失"。只有这样，才能真正计量出效益。

四 配送中心布局设计的原则

（一）整体和谐原则

配送中心的层次、性质、规模与区域经济发展、消费布局等密切相关，互相交织、互相促进、互相制约。建立一个布局合理的配送中心，必须将区域作为一个整体统一考虑，依据该区域的自然地理条件，结合行政区域划分，统筹兼顾，全面安排。既要作微观的考虑，又要作宏观的考虑。

（二）经济性原则

建设配送中心涉及的项目很多，各项投入也很多，特别是仓储设施耗资巨大，一旦建成就不可再随意地变更地址。因此，必须对建设项目进行可行性研究，并进行多个方案的综合比较，以求实现最大化的经济效益。经济性原则就是要看是否有利于各个参与方的利益，不仅要分析仓储、设施的建设对本企业的作用和效益，还要考虑设施功能对其他企业所发挥的作用，以求多方受益。

（三）因地制宜原则

建设配送中心应该特别重视因地制宜原则，充分利用原有资源并进行有效整合，避免过多地建设新的仓储配送资源。仓储配送设施的建设是投资大、建设周期长和回收周期长的项目，拆迁和更新设施会带来巨大的再投资。因此，设施建设必须考虑自身的财力、土地成本、建筑成本和设备成本等条件，应尽可能地利用本地现有的基础设施、仓储设施、人力资源等条件。

（四）环境保护与社会可持续发展原则

在规划配送中心时，应考虑各项作业可能导致的环境问题。规划应尽量使占地面积较大、噪声废气污染严重、对周围景观有破坏性作用的设施远离交通拥挤、人口密集的城市中心，从而为人们创造良好的工作和生活环境，实现经济、社会的可持续发展。

（五）动态性原则

配送中心的规划设计要将动态性融入其中。这是因为影响仓储配送规划决策的众多因素并不是静态的，而是动态的，服务对象、需求量、经营成本、交通状况等都是动态因素。货物流通相对于生产而言具有一定的被动性，如果企业在对配送中心进行决策时，不考虑这些因素的变化，就会导致配送中心的适用性降低。

（六）便利性原则

配送中心的主要活动，一方面，在配送中心内部，这依赖配送中心的设计及工艺装备；另一方面，配送中心的配送活动远在中心之外的一个辐射地区，该活动依赖交通条件。这也是配送中心布局的一个特殊原则。便利性原则的贯彻有两方面：一方面，在布局时要考虑现有交通条件；另一方面，在布局配送中心时，交通应同时作为布局的内容，只布局配送中心而不布局交通，则有可能会使配送中心的布局失败。

第四节 配送中心的内部作业空间设计与设施构造标准

一、通道设计

通道设计在一定程度上决定了厂房内的区域分割、空间利用以及物流作业效率，通道设计应提供正确的物品存取、装卸货设备进出路径以及必要的服务空间。

（一）设计原则

1. 流向原则

在厂房通道内，人员与物品的移动方向要形成固定的流通线。

2. 空间经济原则

以功能与流量为设计依据，提高空间利用率，使通道的效益最大化。

3. 安全原则

通道必须随时保持通畅，遇到紧急情况时，便于人员的撤离和逃生。

4. 交通互利原则

各类通道不能相互干扰，如楼层间的电梯位置不能妨碍主要通道的通行。

表3-4　配送中心规模与通道占用面积的关系

配送中心规模	通道数量	占有效地板面积的百分比(%)
小规模（6米宽）	至少有一条1.2~2米的通道	25~35
大规模（180米宽）	需设计至少三条3.6米宽的通道及一些次要通道	10~12

● **（二）影响因素**

影响通道布置和宽度设计的因素众多，主要有：搬运设备的尺寸和旋转半径；搬运货物的尺寸；人流量；储存区到进出口及装卸区的距离；通道形式（水平、斜道、垂直）；工作区到设备的位置；电梯、斜道位置以及出入方便性等。

● **（三）通道类型**

1. 工作通道

（1）主要通道：沿仓库的长度方向设计，连接仓库出入口，通道宽约为3.5~6米，允许双向通行。

（2）辅助通道：沿仓库的宽度方向设计，一般与主要通道垂直，是连接主要通道和各作业区的通道，以叉车通行为主，人员通行为辅。

2. 员工通道

只用于员工进出的特殊区域的人行道，应维持最小必要数目。

3. 电梯通道

提供出入电梯的通道，此通道宽度至少与电梯相同，一般距主通道3~4.5米。

4. 服务通道

为存货和检验提供大量货物进出的通道，应尽量限制。

5. 其他通道

公共设施、防火设备、紧急逃生所需要的通道。

(四) 通道的设计

通道布置即为通道而作的位置设计,配送中心通常采用中枢通道式设计。

图 3-1　中枢通道设计示意图

通道布置的主要形式如下。

表 3-5　长方形仓库通道形式说明表

长方形仓库通道形式	说明
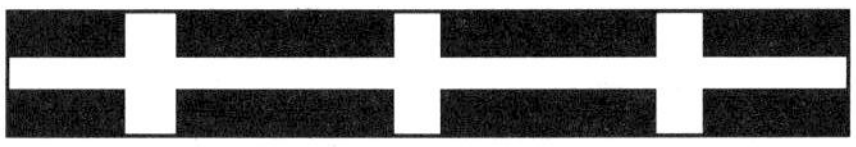	通道的面积占用率为 40%,最好的通道形式是中枢通道,主要通道经配送中心中央,尽可能直穿,开始及结束在出入口,且连接主要交叉通道。
	通道的面积占用率为 20%,通常用于堆垛储存方式。
	通道的面积占用率为 40%,通常用来划分作业区。

表 3-6　正方形仓库通道形式说明表

正方形仓库通道形式	说明
	通道的面积占用率为 19%,是正方形仓库常用的通道设施的方式。主要用于托盘地面存放的形式。
	通道的面积占用率为 28%。
	通道的面积占用率为 36%。
	通道的面积占用率为 51%,占用面积较大,直接影响仓库空间利用率。

表 3-7　主要通道宽度参考值

通道种类或设备类型	宽度/米	通道种类或设备类型	宽度/米
中枢主通道	3.5~6	侧面叉车	1.7~2
辅助通道	3	堆垛机（直线单行）	1.5~2
人行道	0.75~1	堆垛机（直角转弯）	2~2.5
小型台车	0.5~0.7	堆垛机（转叉窄道）	1.6~2
手动叉车	1.5~2.5（视载重而定）	窄巷道式堆高机	2~2.5
重型平衡叉车	3.5~4		
前移式叉车	2.5~3		

二　进出货区（平台）设计

进出货区设计主要是进出货平台设计，进出货平台也称月台，又称码头。进出货平台是配送中心货物的进出口。

（一）进出货平台的位置关系

可根据作业的性质、配送中心平面布置及仓库内货物流动线来决定进出货平台的位置关系。

1. 装卸货作业区域共用同一平台

传统仓库使用较多。

优点：空间和设备利用率高。

缺点：作业管理困难，容易造成货物的混乱。

适用：进出货频率较低或进出货时间错开的库房。

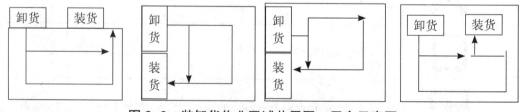

图 3-2　装卸货作业区域共用同一平台示意图

2. 装卸货作业区域相邻于仓库同侧

优点：进出货作业分离，可以避免作业混乱。

缺点：空间利用率低，但可以相互借用。

适用：仓库空间大，进出货作业容易出现相互影响的仓库。

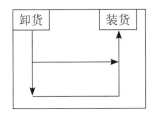 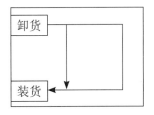

图 3-3　装卸货作业区域相邻于仓库同侧示意图

3. 装卸货作业区域位于仓库相邻边

优点：进出货作业分离，可以避免作业混乱。

缺点：仓库空间大，动线复杂。

适用：较大的仓库或物流中心。

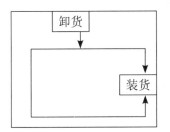 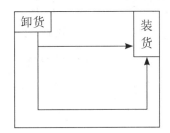

图 3-4　装卸货作业区域位于仓库相邻边示意图

4. 装卸货作业区域位于仓库的两侧

优点：进出货动线顺畅。

缺点：设备利用率低。

适用：较大的仓库或物流中心。

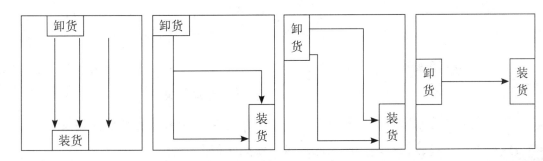

图 3-5　装卸货作业区域位于仓库的两侧示意图

5. 进出货作业区域位于仓库的两侧

拥有多个进货、出货口，适合较大的仓库或物流中心。

优点：配送中心空间足够且货品进出频繁复杂，则可规划多个码头以满足及时存货需求的管理方式。

缺点：设备利用率低。

图3-6　进出货作业区域位于仓库的两侧示意图

（二）进出货平台的车位形式

进出货平台的车位形式有锯齿形和直线形两种形式。

锯齿形：其优点是车辆回旋纵深较浅，缺点是占用仓库内部空间较大。

直线形：其优点在于占用仓库内部空间较小，装卸作业自由度大，装卸货布置简单。缺点是车辆回旋纵深较深，外部空间需求较大。

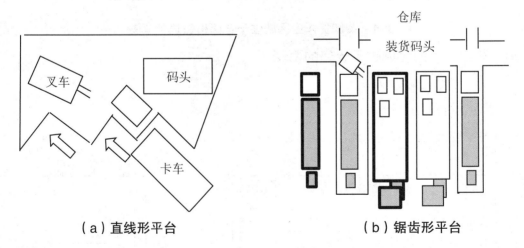

（a）直线形平台　　　　　　　　（b）锯齿形平台

图3-7　进出货平台的车位形式示意图

锯齿形平台适用于货车回转空间较小的情形，且货车可从尾端或侧端装卸货，与直线形平台相比较，车辆回旋纵深较浅，外部面积占用较小。

直线形比锯齿形平台占用更少的配送中心内部面积，但外部面积占用较大。

三 仓储区作业空间设计

仓储区作业空间设计的原则有以下几点：适应储存的作业流程；合理利用空间，因地制宜；符合安全卫生要求。仓储区作业空间设计考虑因素有：货品尺寸、数量；设备型号、尺寸、能力、作业半径；柱间距；走廊宽度和位置。

一般不论仓储区如何布置，都应首先根据货品尺寸及数量、堆放方式、托盘尺寸和货架储存空间等计算存货所占空间大小。

（一）托盘平置堆放

设托盘尺寸为P×P，通过货品尺寸和托盘尺寸计算每个托盘平均可堆放N箱货品，若平均存货量为Q，则托盘占地面积D为：

$$D = \frac{Q}{N} \times (P \times P)$$

考虑叉车存取作业所需，（中枢型通道）通道占全部面积的30%~35%，则实际仓储空间A为：

$$A = \frac{D}{(1-35\%)} \approx 1.5D$$

（二）托盘多层叠堆

托盘堆码存放要考虑堆码层数，设堆码层数为L层，则存货占用面积D为：

$$D = \frac{Q}{L \times N}(P \times P)$$

储存区域面积再需考虑叉车存取作业所需通道面积即可。

（三）料筐就地堆放

设料筐（周转箱/货筐）尺寸为P×P，由货品尺寸和料筐尺寸算出每个料筐平均可以堆放N箱货，料筐可堆放L层，平均存货量为Q，则料筐占地面积D为：

$$D = \frac{Q}{L \times N}(P \times P)$$

考虑通道34%~40%的占地因素，实际仓储所需面积A为：

$$A = \frac{D}{(1-40\%)} \approx 1.67D$$

（四）托盘货架储存

当使用托盘货架储存物品时，计算存货占地面积除了要考虑货品尺寸和数量、托盘尺寸、货架形式和层数，还要考虑通道空间。

设货架为L层，每个托盘可堆放N箱货品，平均存货量为Q，则存货需要的占地托盘数P为：

$$P = \frac{Q}{L \times N}$$

（五）轻型货架储存

对于尺寸不大、小量、多品种的货物采用轻型货架储存，在计算空间时应考虑货品尺寸、数量、货架形式及层数、货架的储存空间等因素。

以箱为储存单位，设货架为L层，每个货位面积为a×b，每货位堆放M箱，平均存货量Q，则存货需货架总面积为：

$$D = \frac{Q}{L \times M} (a \times b)$$

所需轻型货架数为：$\dfrac{Q}{L \times M}$

四 集货区设计

当物品经过拣选和分拣作业，就会被搬运到发货区。由于拣货方式和装载容器不同，发货区要有待发物品和发货准备空间，以便进行货物清点、检查和准备装车等作业，这一区域称为集货区。其任务是发货暂存、清点、检查和准备装车。设计主要考虑：发货物品订单数、时序安排、车次、区域、路线等因素。集货区域的划分以单排为主、按列排队为原则。发货单元包括：托盘、储运箱、笼车、台车。

（一）订单拣货（一单一拣），订单发货

适合订货量大、车辆能满载的客户。

集货区设置方式：以单一客户为集货区的货区单位。

集货区设计：单排按列设计集货区域。

（二）订单拣货（一单一拣），区域发货

适用于订户量中等、任何单一客户都不能满载的情况。

集货区设置方式：以发往地区为集货区的货区单位。

集货区设计：可区分主要客户和次要客户的集货区。

（三）批次拣货（批量拣货），区域发货

以多张订单批量拣取的集货方式。这种方式在拣取后需要进行分货作业，因此需要分拣运输设备或人工分拣的作业空间。

适合订货量中等、任何单一用户都不能使车辆满载的情况。

集货区货区设计：一般以发往地区为货区单位进行堆放，同时考虑发货装载顺序和动线流畅，在空间允许的情况下以单排为宜，将主要和次要用户分开。

（四）批次拣货，车次发货

适合订货量小，必须配载装车的情况，在批次拣货后，也需要进行分货作业。

集货区货位设计：以行车路线为货区单位进行堆放，按客户集中，远距离靠前，近距离靠后，在空间条件允许的条件下以单排为宜。

对于规模较小的物流配送中心，也可以把发货暂存区放在发货平台。

五 配送中心内部的设施构造标准

（一）建筑物

从装卸货物的效率看，建筑物最好是平房建筑，而在城市，由于土地紧张和受地价的限制，采用多层建筑的情况较多。

（二）地面负荷强度

地面负荷强度是由保管货物的种类、比重、货物码垛高度和使用的装卸机械等决定的。一般地面负荷强度有以下规定。

平房建筑物：平均负荷为2.5~3.0吨/平方米。

多层建筑物：一层，平均负荷为2.5~3.0吨/平方米；

二、三层，平均负荷为1.5~2.0吨/平方米；

三层以上，平均负荷为2.0~2.5吨/平方米。

在多层建筑物中，二层以上的地面负荷是指通过建筑物墙体而由地面总支撑的负荷，因此随着建筑物层数的增多，各层地面所承载的能力是逐渐减小的。当然，在确定地面承受能力时，不仅要考虑地面上货物的重量，还要考虑所用机器工具的重量。例如，用叉车装卸作业时，也必须考虑叉车的重量。这时，在钢筋混凝土地面作业时，地面上平均每平方米的承载能力，应增加按下式计算的车轮荷重。

叉车的最大车轮荷重=（货叉自重+装载货物重量）×A×B

式中：A指装载货物时，平衡重型或伸长型叉车前面两个轮子所承受货物重量的比例，其差别不大，以货叉自重加载货物重量的0.85~0.88为宜；B指另外加上1.3~1.5倍的货物短时间冲击力。

(三) 天花板高度

天花板高度指在全部装满货物时，货物的计划堆放高度，或者说，在考虑最下层货物所能承受的压力时，堆放货物的高度加上剩余空间的总高度。在有托盘作业时，还要考虑叉车的扬程及装卸货物的剩余高度。一般情况下，托盘货物的高度为1 200~1 700毫米，其中1 300~1 400毫米的高度最多。总之，天花板高度不能一概而论。通常平房建筑的天花板高度为5.5~7米；多层建筑物的天花板高度多数情况是一层5.5~6.5米，二层5~6米，三层5~5.5米。

天花板高度对于建筑费用的影响很大，因此，事先要充分研究作业的种类和内容，确定合理的天花板高度。

(四) 立柱间隔距离

立柱间隔不当，会使配送中心的作业效率和保管能力下降，因此，要充分研究建筑物的构造及经济性，以求出适宜的立柱间隔距离。一般立柱间隔距离为7~10米（在建筑物前面可停放大型卡车2辆、小型卡车3辆）。

(五) 建筑物的通道

配送中心的通道可分为库区外通道和库内通道。库区外通道将影响车辆、人员的进出，车辆的回转，装卸货物等动线；库内通道主要影响配送中心的作业能力和效率。

通道是根据搬运方法、车辆出入频率和作业路线等确定的。建筑物内部通道的设置与内部设施的功能、效率以及空间使用费等因素有关，因此，应根据货物的品种和批量以及所选定机器的出入频率和时间间隔等因素来决定通道的宽度和条数（有单向通道和往返通道两种）。通道配置的方案应在充分比较研究的基础上确定。

另外，日常装卸货物时，所占用的停车空间与上述车辆处于静止状态时不同。为了确保卡车装卸作业，应留有必要的侧面通道，或者在卡车前方留有一定宽度的通道，使卡车在作业时可以前进和后退。图3-8为配送中心通道布置示意图。

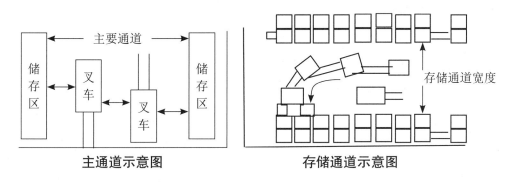

图3-8　配送中心通道布置示意图

（六）卡车停车场

通常，各种车辆都必须有停车场。车辆停止时占用的面积：15吨重拖挂车约为60平方米；10~115吨卡车约为45平方米；6~8吨卡车约为35平方米；3~4吨卡车约为25平方米。

◆本章小结◆

配送中心规划是对拟建配送中心而制定的长远的、总体的发展计划。"配送中心规划"与"配送中心设计"是两个不同但是容易混淆的概念，二者有密切的联系，但也存在区别。本章对配送中心规划的含义和内容、配送中心规划的程序进行了较为详细的介绍；介绍了配送中心选址方法与配送中心设立的时机、规模、投资决策等；介绍了我国配送中心的产生与发展、存在的问题与解决对策；介绍了配送中心的内部作业空间设计与设施构造标准。

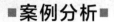

■ 案例分析 ■

家乐福的选址

家乐福经过45年的不断发展、整合与创新，现在已成为全球第二大零售商，是仅次于沃尔玛的著名连锁超市集团。

家乐福进入中国市场前，进行了大量的调查。调查报告显示，中国的消费市场潜力很大。

1995年进入中国大陆市场后，家乐福用了5年在中国14个城市开了26家分店。除了已有的上海、广东、浙江、福建等地的采购网络，家乐福还在2004年年底分别在北京、天津、大连、青岛、武汉、宁波、厦门、广州及深圳开设了区域化采购网络。从1995年落户北京国际展览中心至今，家乐福犹如一位不知疲倦的巨人，一直在不停地忙着开设新店。

家乐福的选址一般是在城市边缘的城乡结合部，为了靠近中心城区和大型居住区，通常都开在十字路口。

家乐福每开一家分店，首先会对当地商圈进行详细而严格的调查与论证，历时都在一年以上，调查范围包括文化、气候、居民素质、生活习惯、购买力水平、市场竞争状况等诸多方面。它会根据小区的远近程度和居民可支配收入，再划定重要销售区域和普通销售区域。

未来潜在销售区域会受到很多竞争对手的挤压，因此，家乐福也会将未来所有的竞争对手都考虑进去。在传统的商圈分析中，需要计算所有竞争对手的销售情况、产品线组成和单位面积销售额等情况，然后将这些估计的数字从总的区域潜力中减去，这样未来的销售潜力就产生了。但是这样做并没有考虑到不同对手的竞争实力，有些商店在开业前索性把其他商店的短板摸透彻，以打分的方法发现它们的不足之处，如环境是否清洁，哪类产品的价格比较高，生鲜产品的新鲜程度如何等，依据精确的调研结果实行具有杀伤力的竞争策略。

家乐福在管理方面最有影响力的就是它以门店为中心的管理体系。家乐福的使命：“我们所有的努力是为了让顾客满意。我们的零售活动是通过对商品及品质的选择和提供最佳价格，来满足顾客的多变需求。”

资料来源：http1//www.mywoo.cn/bbsAndex.php.

问题思考

1. 家乐福的选址策略有哪些?
2. 结合案例谈谈选址的意义。

复习思考题

1. 简述配送中心规划的基本程序和内容。
2. 配送中心规模决策的依据有哪些?
3. 配送中心投资额由哪几部分组成?
4. 配送中心选址的主要影响因素有哪些?
5. 什么是重心法?
6. 简述设施选址的重要性。
7. 配送中心内部的设施构造标准有哪些?
8. 配送中心的作业区主要由哪几部分组成?存储区的布局方法有哪些?

实训题

某连锁超市的物流配送中心占地约6 000平方米,土地形状呈梯形。其中上底边长约90米,下底边长约110米,宽度约54米。其服务范围主要是为本公司的超市门店及市区范围内的网购客户提供上门送货服务和部分品牌的批发业务。该土地北侧和西侧与外部交通道路连接,交通便利;东侧与南侧的道路正在建设中,建成后也可与配送中心相连接。因而,工程位置出入口可以选择在北侧和西侧区域,首先进行这部分区域的功能规划。

在物流配送中心规划设计时,需要结合实际土地的形状与面积,考虑周边环境的影响、仓容量、道路交通情况、作业流程、安全管理等方面的要求。该物流配送中心货品的运输与配送主要以厢式货车和面包车为主,车辆往来较为频繁,在设计道路时可按8米宽度计算,月台按4米宽度计算,装卸区亦按8米宽度计算,在一辆车装卸货时,不影响另一辆车的转弯通过。

方案一：可设置配送中心的西侧开门处为进货区，北侧开门处为出货区，进货区与出货区前方装卸场地按宽20～22米计算。根据场地的实际大小，可规划配送中心库房长约66米，宽约28米，总建筑面积约为1 850平方米。该方案为库房东面、南面留出8米宽的道路，以方便车辆通行。平面布置如图3-9所示。

方案二：如果在库房北侧开门处同时设立进货区与出货区，规划库房长度约为82米，宽度约为28米，总建筑面积约为2 300平方米，其他条件不变。

方案三：如果在库房北侧开门处同时设立进货区与出货区，规划库房长度约为85米，宽度约为38米，总建筑面积约为3 200平方米。该方案在库房南面留出2米宽的道路，不做通行用，为以后市政道路拓宽留有余地。

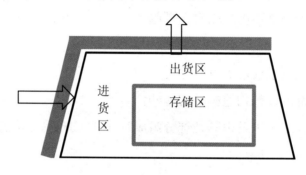

图 3-9

请根据方案二和方案三的描述，参照方案一的布置，绘出简单的功能区布置图。

第四章 配送作业管理

◆学习目标◆

通过本章的学习,学生要了解配送作业的基本环节,掌握配送作业的流程,熟悉进货作业管理,熟悉储存及保管保养作业管理,熟悉补货作业管理,熟悉配送信息管理,了解其他配送作业管理。

配送作业是配送中心工作的核心业务。在现代物流配送中心的运转中,无论是机械化的物流系统,还是自动化或智能化的物流系统,如果没有正确有效的作业方式相配合,就无法取得最佳经济效益。因此,配送作业流程的合理性及配送作业的效率都会直接影响整个物流系统的正常运行。

开篇案例

香港嘉里物流公司

随着全球经济一体化,香港作为国际性进出口口岸的重要性日显重要,由此也推动着香港物流业的高速发展。嘉里物流公司已成为香港大型现代化、社会化和国际化的第三方物流企业。

嘉里物流公司是跨国企业郭氏集团的成员,以香港为基地,业务面向亚太地区。嘉里物流公司拥有香港首家第三方物流电子配送中心,它能够为客户提供订货处理、库存管理、货物分流管理、配送管理、网上物流服务及电子配送等服务,功能比较齐全。

库存管理:嘉里物流公司拥有61.4万平方米的仓库,仓库分为普通、保税、危险品、冷冻及控温控湿等仓库,实行计算机管理,设立互联网网上查询业务,为客户提供库存量查询、物流动态报告、订单现状追踪及分析服务等。

配送管理:可提供国内及跨境的货物运输服务、全球性海空货运服务,在香港有100多辆0.6~16吨的货车,可以实行B2B和B2C的送货服务,包括装配、货物检验及回程物流。

网上物流服务:客户可在互联网上下订单、查询库存状况及索取管理报告,可以和供应链伙伴建立即时互动的网上资讯联系。

电子配送服务：采用条码及射频识别技术管理资讯传递，建立客户提货站和采用流动销售点付款服务。

（资料来源：中国物流与采购网）

阅读以上案例，请说明香港嘉里物流公司是如何开展配送作业的。

第一节 配送作业的基本环节和作业流程

一 配送作业的基本环节

配送是指根据客户的订货要求，在配送中心或物流节点进行货物的集结与组配，以最适合的形式将货物送达客户的全过程。配送作业包括以下几个基本环节。

（一）备货

备货是将分散的或小批量的物品集中起来，以便进行运输、配送的作业。备货是配送的准备工作或基础工作，专业化流通机构组织货源时，通常由配送机构负责进货、储存、保管等。其中进货包括集货、卸货、验收、结算、堆垛等作业，储存活动除了进行存储作业之外，还要进行盘点作业管理，这也就是要求在配送机构实现商流与物流合一。例如，商业性批发配送机构的连锁超市配送中心，也可以由配送机构只代理供方或需方商品的集货、卸货、验收、储存等物流活动，而采购、结算等物流活动由供需双方直接完成，即商流与物流分离的模式。由传统仓库发展而来的仓储配送中心就属于这一类。

（二）理货

理货是配送的一项重要内容，也是配送区别于一般送货的重要标志。理货包括货物分拣、配货、配装、配送加工等活动。分拣是将货物按品名、规格、出入库先后顺序进行分门别类的作业。分拣是配送不同于一般形式的送货及不同于其他物流活动的重要的功能要素，也是配送活动的一项重要的支持性工作。配货是指使用各种搬运和传输装置将分拣出来的货物按照客户的要求或货物自身的特点配备齐全以备装运。配装是指在单个客户配送数量不能达到车辆的有效载运负荷时进行搭配装载，以便充分利用车辆的运能、运力。配送有别于一般性的送货还在于，通过配装可以大大提高送货水平及降低送货成本。同时，能缓解交通流量过大所造成的交通堵塞、减少运次、减少空气污染。配装也是配送系统中具有现代特点的功能要素之一。配送加工是按照客户的要求进行的流通加工。在配送活动中，有时需要根据客户的要求或配送对象，为便于流通和消费、提高货物质量、促进货物销售，对货物进行套裁、组装、分装、贴标、包装等加工活动，其主要目的是提高客户的满意程度。

（三）送货

送货是将配好的货物按照配送计划确定的配送路线送达客户指定地点，并与客户进行交接。如何确定最佳配送路线，如何使配装和路线有效地结合起来，这是体现配送运输特点的地方，也是难度较大的工作。送货活动又可具体分为配送运输和送达服务两个方面。

配送活动除了以上几个基本环节，一般还包括订单处理、分放、车辆回程等活动环节。

二、配送作业的流程

（一）配送作业的一般流程

配送作业的一般流程是：备货—存储—分拣—配货—配装—送货—送达。在市场经济条件下，客户所需要的货物大部分由销售企业或供需企业某一方委托专业配送企业进行配送服务，但货物特性多样，配送服务形态也多种多样。一般认为，随着货物的日益丰富，消费需求个性化、多样化，多品种、少批量、多批次、多客户的配送服务形式最能有效地通过配送服务实现流通终端的资源配置，这是当今最具时代特色的典型配送活动形式。这种形式的配送活动服务对象繁多，配送作业流程复杂。配送作业的一般流程如图4-1所示。

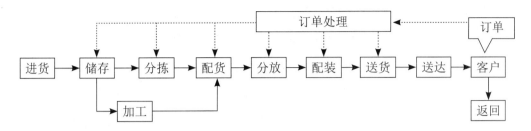

图 4-1　配送作业的一般流程

(二) 典型的货物配送流程

1. 生产资料的配送流程

生产资料是劳动手段和劳动对象的总称。在管理运作过程中，人们常常把生产资料分成两大类：工业品生产资料和农产品生产资料。

一般来说，生产资料的消费量比较大，运输量也比较大。从物流的角度看，有些生产资料是以散装或裸露形式流转的（如煤炭、水泥、木材等），有些则是以捆装和集装形式流转的（如金属材料、机电产品等），有些货物是经过初加工后供应给客户使用的（如木方、配煤、型煤等），也有些直接进入消费领域而不经过初加工过程。由于货物的性质和消费情况各异，其配送流程也迥然不同。从形式上看，生产资料配送流程大体上可分为两种。

第一种流程：在配送过程中，作业内容和工序比较简单，除有进货（备货）、储存、装货和送货等作业外，基本上不存在其他工序。这种配送的流程如下所示。

进货（备货）—储存—装卸—送货

在这种配送流程中，装卸运输作业通常要使用专业的工具或设备，车辆可直接开到储货场地进行作业（直接发送）。在流通实践中，按照这种流程进行配送的生产资料主要有煤炭、水泥、成品油等。

第二种流程：在配送活动中包含着加工（产品的初级加工）。换言之，加工作业成了配送流程中的一道重要工序。由于货物种类和客户需求不同，在加工工序之后续接的作业不尽一致，具体如下所示。

进货—储存—加工—装货—送货
或
进货—储存—加工—储存—分拣—配货—送货

很明显，第二种流程要比第一种流程复杂。不但作业工序多，而且同样的工序会重复出现（如储存）。在货物供应活动中，采用第二种流程的生产资料主要有钢材、木材等。下面仅选出几种有代表性的生产资料来具体说明其配送流程。

（1）金属材料的配送流程。作为配送对象的金属材料主要包括：黑色金属材料（包括各种型材、板材、线材等）、有色金属材料（有色金属及其型材）和各种金属制品（如铸件、管件坯料）。金属材料有如下特点：重量大、强度高、规格品种繁多，但运输时可以混装。这类货物的产需关系比较稳定，但是需求结构比较复杂。因此，金属材料配送多数都包含加工工序。对于一些需求量不太大但需要品种较多的客户，金属材料的配送流程又常常包含着分拣、配货和配装等作业。就加工工序而言，主要有这样几项作业：集中下料；材料剪切、定尺和整形；除锈、剔除毛刺。金属材料的配送流程如图4-2所示。

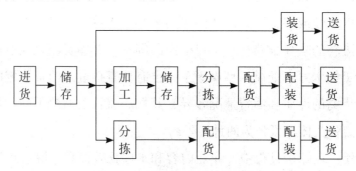

图4-2　金属材料的配送流程

从图4-2可以看出，金属材料配送存在着一种特殊情况：若配送品种单一且数量较多的货物，则流程中没有也不需要安排分拣、配装等作业（或工序），配送车辆可以直接开到储货场进行装货、送货。由于金属材料的需求相对稳定，在实践过程中适宜采用计划配送的形式供货；同时，因金属材料的需求量大并且带有连续性，也适宜采用集团配送和定时、定量配送的形式向客户供货。

（2）煤炭的配送流程。作为配送对象的煤炭主要有原煤、型煤、配煤（混配煤炭）。这类货物需求有这样一些共同特点：需求量大、需求范围广、消耗稳定、客户较固定。由于此类货物储运是以散堆为主，很难与其他货物配装。

鉴于煤炭有其特殊的物理性能和化学性质，在实际操作中形成了两种不同的配送流程。一是从储存场地直接装货、直接送货；二是在储货场地设置加工环节，将煤炭加工成配煤和型煤，然后进行装货和送货，具体配送流程如图4-3所示。

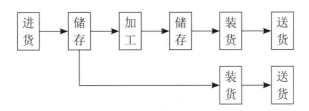

图 4-3 煤炭的配送流程

煤炭配送流程是单品种散装生产资料配送的典型模式。按照此流程运作，其基本要求如下：配送企业要有集中库存的能力和设施，配送主体必须有较强的加工能力，需配置专用的设备和采用专门的技术。煤炭配送的特点是配送量大和发货频繁。有些不需要加工的煤炭，在满足整车装运要求的前提下进行配送时，运输车辆可以直接到储煤场地去装车和发货。另外，因配送的煤炭品种单一，故在配送流程中不需要进行分拣、配货等作业。

由于煤炭的配送量比较大，加上需求稳定（客户比较固定），在实际操作时常采用计划配送和定量配送等形式向客户供货。

（3）化工材料的配送流程。这是特殊生产资料配送的典型模式。化工材料种类繁多，有些无毒无害，有些有毒有害。化工材料配送的特点：活性强，不同种类的化工材料不能混装、混存，其装载运输和储存需使用特制的容器、设备和设施。

由于化工材料形态较为复杂，进货情况不同，其配送流程也不一致。从总体上看，基本上有两种形式，即散装或大包装配送流程和小包装配送流程。

①散装或大包装配送流程。配送企业（配送中心）集中进货后，通常按照要求进行分装加工（变大包装为小包装），然后采取一般配送流程进行配送作业。散装化工材料的配送流程如图4-4所示。

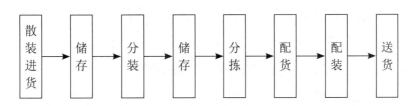

图 4-4 散装化工材料的配送流程

②小包装配送流程。有些化工货物在出厂前就已包装成小单元（客户可以接受的单元标准）。对于这类货物，配送企业集中进货后不需要再进行分装加工就可以直接按照一般的配送流程安排作业。小包装化工材料的配送流程如图4-5所示。

图 4-5　小包装化工材料的配送流程

因为很多用于工业生产的化工货物系有毒、有害物，所以配送这类货物须配备专用的设施和设备（储存和运输设备）。此外，化工货物的配送只适宜由专业生产企业（化工企业）和专业流通企业（化轻公司）来组织。因客户不宜过多储存有毒、有害、有危险的货物，故定点、定量配送形式供货和计划配送形式供货是化工货物的主要配送流程形式。

2. 生活资料的配送流程

生活资料是用来满足人们生活需要的劳动产品，它包括各种食品、衣物、用具等。生活资料的品种、规格较之生产资料更为复杂，其需求变化也比生产资料要快。因此，生活资料的配送不但必须安排分拣、配货和配装等工艺（或工序），而且其作业难度也比较大。此外，生活资料中的食品有保鲜期、保质期等质量要求，一部分生活资料的配送流程也包含着加工工序。关于生活资料配送的作业程序和具体内容，以日用小杂品的配送流程和食品的配送流程为例来进行说明。

（1）日用小杂品的配送流程。日用小杂品主要指这样几类产品：小百货（如服装、日用品），小机电产品（如家用电器、仪器仪表和电工产品、轴承及小五金），图书和其他印刷品，无毒无害的化工产品和其他杂品。日用小杂品的共同特点如下：有确定的包装，可以集装、混装和混载，货物的尺寸不大，可以成批存放在设有单元货格的现代化仓库中。

由于日用小杂品的品种、规格繁多，其市场需求又呈多品种、小批量状态，其配送流程必然要求有理货和配货等工序。由于每一个客户每次对日用小杂品的需求量有限，而这类货物又能够进行储存、配装，为了进行合理运输，在配送流程中，要安排配装工序。就整个配送流程来看，日用小杂品配送是一种标准化的配送模式，其配送流程如图4-6所示。

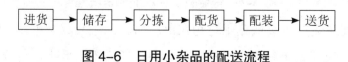

图 4-6　日用小杂品的配送流程

日用小杂品的配送作业工序比较齐全，但流程中一般没有加工工序。这是因为日用小杂品多为有包装的货物,并且包装内的货物数量一般都不太多(即为小包装货物),故在这类货物的配送过程中,很少有流通加工环节出现。

日用小杂品的配送常常要根据客户的临时需要来安排和组织。因而,其配送量、配送路线和配送时间等很难固定下来。在现实生活中,往往采用即时配送形式和多品种、小批量、多批次配送的方法来向客户供货和发送货物。

(2)食品的配送流程。食品的种类很多,且形状各异,又都有保质期、保鲜期。根据这些特点,食品的配送有三种流程形式。

第一种流程:食品组织到货以后基本上不储存,很快进行分拣、配货,然后快速送货。中间不存在储存工序。通常,保质期较短的和保鲜要求较高的食品(如点心类食品、肉制品、水产品)基本上都按照上述流程进行配送,其配送流程如图4-7所示。

进货 → 分拣 → 配货 → 配装 → 送货

图4-7 没有储存工序的食品配送流程

第二种流程:在备货作业后安插储存工序,然后依次进行配货和配装等作业。通常保质期较长的食品按照这样的流程配送。操作程序:大量食品组织进货后,先进行储存、保管,然后根据客户订单进行分拣、配货、配装,待车辆满载后,随即向各个客户送货,其配送流程如图4-8所示。

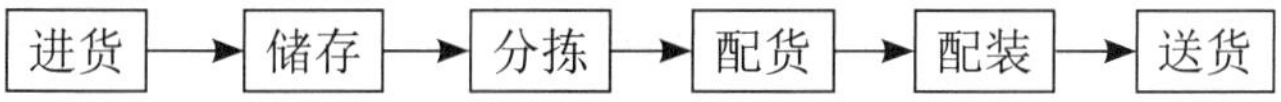

进货 → 储存 → 分拣 → 配货 → 配装 → 送货

图4-8 带有储存工序的食品配送流程

第三种流程:带有加工工序的配送流程。实际操作情况大体上是将大量食品集中到仓库或场地后,先进行粗加工,然后依次衔接储存、分拣、配货、配装和送货工序,其配送流程如图4-9所示。

图4-9 带有加工工序的食品配送流程

蔬菜、鲜果、鲜肉和水产品等需要进行粗加工的货物配送经常选用第三种流程。加工工序的作业内容包括:分装货物(将大包装改为小包装),货物分级分等,去杂质(如部分蔬菜去根、鱼类去内脏),配置半成品等。

食品配送要特别强调速度和质量。因此，在物流实践过程中，一般采用定时配送、即时配送等形式向客户供货。

第二节 进货作业管理

进货作业是货物从生产领域进入流通领域的第一步，是实现货物配送的前置工作。而商业配送活动中的进货工作涉及货物所有权的转移，货物一旦收下，配送代理人就承担保证货物完好的全部责任。因此，进货作业质量至关重要。进货作业的内容包括：先从供应商处取得货物并将货物集中起来，再运到代理商处，从送货车上将货物卸下，进入验收环节，即核对该货物的数量及状态（数量检查、质量检查等），并将必要信息以书面形式记录下来，把货物搬运到指定的储存场所，最后在相应的储位上对货物进行堆垛。

一 集货作业管理

集货是配送的首要环节，是配送的准备工作，是将分散的和需要配送的货物集中起来以便进行集货。为了满足特定客户的配送要求，有时需要把客户从几家甚至数十家供应商处预订的货物集中到一处。配送的优势之一就是通过集货形成规模效益。如中海物流（深圳）有限公司为IBM进行配送时，先将IBM遍布世界各地的10多个供应商提供的料件集中到香港中转站，然后运到深圳福田保税区配送中心，这是一个很复杂的集货过程。

仓库接到提货通知时，应及时进行集货工作，以保证提货人可以按时完整地提取货物。集货时，要认真核对货物信息，核实货物，避免出错。集货工作主要有以下几项。

● （一）包装整理、重刷标志

仓库应清理原包装，清除积尘、污物。对包装已残损的货物要求重新包装或者需要灌包的要及时安排包装作业。对原包装上标志脱落、标志不清的地方要进行补贴、补刷；提货人要求标注新标志的，应在提货日之前进行。

（二）零星货物组合

为了作业方便和提高搬运灵活性，应当对零星货物进行整理配装，并使用大型容器收集或者堆装在托盘上以免提货时遗漏。同时，这也能提高劳动作业效率。

（三）根据要求装托盘或成组

托盘是一种用于机械化装卸搬运和堆存货物的集装工具，它的使用大大提高了物流的效率，现在也已经用于储存、运输以及售货等。在集货的时候，按提货人要求，通过装托盘或者成组，可以及时进行相应作业，以保证作业质量。

（四）转到备货区备运

将要出库的货物预先搬运到备货区，以便能及时装运，这样能做到调节整个进货量的均衡，同时，保证进货节奏的稳定和防止出现忙闲不均的现象。

二 卸货作业管理

在配送活动中，卸货一般在收货站台上进行。送货方到指定地点卸货，并将抽样货物送货，凭增值税发票交货验货，卸货形式通常有人工卸货、输送机卸货和叉车托盘卸货等。

三 验收作业管理

（一）验收的目的

收货检验是配送工作的一个重要环节，验收的目的是保证货物能及时、准确、安全地发运到目的地。货物在运输过程中，可能产生损失，供需双方应当面查点交接，以分清责任。

（二）收货检验的内容

收货检验工作在货物配送工作中具有相当重要的地位，它是一项细致复杂的工作。每一个收货员在工作中一定要做到忙而不乱、认真核对，一定要熟悉货物知识，做到眼快手勤，机动灵活地选择验收方法。通常有"三核对"和"全核对"两种核对方法。

"三核对"即核对货物条形码（或物流条形码），核对货物的件数，核对货物包装上品名、规格、明细。只有做到"三核对"，才能达到品类相符、件数准确。由于用托盘收货时要做到"三核对"有一定难度，一般在收货时采取边收货边检验的方法。有的货物即使进行了"三核对"，也会产生规格和等级上的差错，如品种繁多的小货物。对这类货物就要采取全核对的方法，即要以单对货，核对所有项目，即品名、规格、颜色、等级、标准等，以保证单货相符、准确无误。若发现货物有项目不符，则必须查明原因，按照实际情况纠正差错，绝不含糊。

● (三) 验收前的准备工作

在配送中心的货物集中待运过程中，往往情况变化很大，有时货物大量集中到达，有时货物零星分散到达。收货工作只有根据具体情况做好各项准备工作，才能保证现场作业顺利进行。收货前的准备工作一般有如下几个方面。

第一，根据供应商的送货预报，在计算机终端输入货物的条形码及到货的所有预报信息。

第二，备好收货所需的空托盘，让货物直接卸在托盘上。

第三，预备好有关用具，避免临时忙乱。

● (四) 货物验收的要求和方法

货物验收是指交接双方划分责任的界限，把完好的货物收进来，然后通过配送把完好的货物送给客户。为此，必须经过货物条形码标识、数量、质量、包装四个方面的验收。

1. 货物条形码标识验收

在作业时，要抓住两个关键，一是检验该货物是不是送货预报的货物；二是检验该货物的条形码与货物数据库内已录入的资料是否相符。

2. 数量验收

由于配送中心的收货工作非常繁忙，通常几辆卡车会接连到达。为了节约时间，一般采取"先卸后验"的办法，几辆卡车同时卸货，先卸毕的先验收，交叉进行。这样既可节省人力，又可加快验收速度；既便于点验，又利于防止出现差错。

3. 质量验收

由于交接时间短促和现场码盘等条件的限制，在收货点验时，一般采用"看""闻""听""摇""拍""摸"等感官检验方法，检查范围也只是外包装。

对于流质货物的验收，应检验包装外表有无污渍（包括干渍和湿渍），若有污渍，则必须拆箱检验并调换包装；对于玻璃制品的验收（包括部分是玻璃制作的制品），要件件摇动或倾斜细听声响；对于香水、花露水等货物的验收，除了"听声响"，还可以在箱子封口处"闻"一下，如果气味刺鼻，则可以判定内部货物有异常状况；对于针棉织品等怕湿货物的验收，要注意包装外表有无水渍；对于有有效期的货物的验收，必须严格注意货物的出厂日期，并按规定把关，从而防止货物失效和变质。

4. 包装验收

包装验收的目的是保证货物在运行途中的安全。物流包装一般在正常的保管、装卸和运送途中，经得起颠簸、挤压、摩擦、污染等影响。在包装验收时，应具体检查纸箱封条是否破裂、箱盖（底）是否粘牢、纸箱内包装或货物是否外露、纸箱是否受过潮湿等。

四 搬运作业管理

（一）搬运作业的主要目的和内容

搬运就是将不同形态的散装、包装或整体的原料、半成品或成品等货物在平面或垂直方向提起、放下或移动，该过程可能要运送作业，也可能要重新摆置物料，从而使货物能适时、适量移至适当的位置或场所存放。搬运活动的主要目的和内容见表4-1。

表 4-1　搬运活动的主要目的和内容

目的	内容
提高生产力	运行顺畅的搬运系统能够维持及确保生产水准，使人力有效利用，设备减少闲置。
降低搬运成本	减少每位劳工及每单位货品之搬运成本，并减少延迟、损坏及浪费。
提高库存周转率，以降低存货成本	有效率的搬运活动，可加快货品移动速度及缩短搬运距离，进而减少总作业时间，使得货物存置成本及其他相关成本皆得以降低。
改善工作环境，保证人员货品搬运安全	运行顺畅的搬运系统，能使工作环境大为改善，不但能保证物品搬运的安全，降低保险费率，而且能改善员工的工作情绪。
提高产品品质	运行顺畅的搬运可以减少产品的毁损，使产品品质提升，减少客户抱怨。
有助于提高配销成效	运行顺畅的搬运系统可以提高系统作业效率，不但能缩短产品总配销时间，提升客户服务水准，而且能提高土地劳动生产力，对公司营运成效提高帮助很大。

就配送系统而言，自运输车辆上卸下货物，从卸货点搬运至储存区、在配送中心内的搬运、从配送中心内取出货物等作业均属搬运作业。在配送过程中，搬运活动发生的时机如图4-10所示。

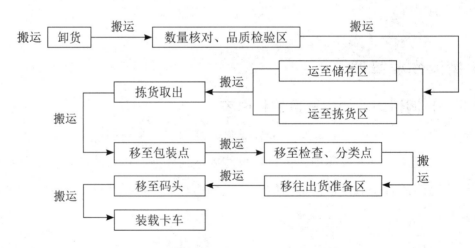

图 4-10　配送过程中搬运活动发生的时机

上述配送中心的搬运活动不一定包括所有的搬运作业，但货物搬运除增加成本外，无法增加产品的价值。因此，我们必须尽可能减少货物搬运次数，以降低成本。

（二）搬运形式

搬运形式直接影响配送中心的作业效率，是否重复行走、货物是否应合并运送，都是管理者做决策时必须考虑的因素。因此，应配合设备的使用及搬运路线的规划来决定货物究竟采用何种搬运形式。

1. 搬运移动形式——移动系统

移动系统根据货物搬运的移动形态划分成两种不同的运行体系：不同货物各自由原点直接向终点移动，称为"直流体系"；综合不同区域的各类货物共同搬运，为这些货物运用相同的设备、依照相同的路线移动，称为"间接移动体系"，而间接移动体系因其移动特性不同又可分为"通路体系"及"中间转运体系"。

（1）直流体系。该体系的运行形式为：货物由起点到终点以较短的距离移动。体系适用情况：若物料流程密度较高且移动距离较短或适中，则用此法较为经济，尤其在处理紧急订单时最有效。

（2）通路体系。该体系的运行形式为：物料经事先确定的路线到达目的地，而路径相关的不同物料都能共同使用这条路线。体系适用情况：当搬运密度不高、距离较长且厂房布置不规则或扩散时，这是最经济的搬运形式。

（3）中间转运体系。该体系的运行形式为：物料由起点至终点往往要经由中间转运站加以分类或指派，而后送达目的地。此形式也就是由原点移动到中心点再移往终点的形式。体系适用情况：当流量不大、距离很长、厂房区域是方型或者控制功能特别重要时，这是较经济的搬运形式。

2. 搬运单位

货物移动的基本单位有三种形式：散装、个装和整装。散装是最简单且最廉价的货物搬运形式，每次的运送量较大，但散装搬运较容易破坏货物，应特别注意。个装往往是体积很大的货物，大部分的移动需要大型搬运机械或辅助设施来移运。个装也可累积到某些单元数量后再搬运，如托盘、笼车、盒子、篮子等都是单元载重。单元载重的好处在于可以保护货物并降低每单位的移动成本及装卸成本，从而让搬运作业运行更加完善、经济。而多数量的单元包装即整装是标准化的形式，其大小、形态与设计都要一致，只有这样才能节省成本。

（三）搬运的改善

货物搬运成本有两个重要的基本原则：一是距离原则，距离越短，单位距离成本越经济；二是数量原则，移动数量越多，单位移动成本越低。因此，搬运工作的改善可针对下列五项因素考虑。

1. 搬运的对象

搬运的对象是指搬运货物的数量、重量、形态。要保证在整个作业过程中各点都要不断收到正确且适量、完好的货物。同时，要使搬运设备能对应搬运的货物量，以免徒增设备的产能耗费。

2. 搬运的距离

搬运的距离指搬运的位移及长度。搬运的位移包括水平、垂直、倾斜方向的移动，而长度则指位移的大小。因此，合理的搬运作业即要设法运用最低成本、最有效方法克服搬运位移困难，将物件送到指定的场所。

3. 搬运的空间

物料、搬运设备皆有其所占空间，在系统规划时，必须预留足够且适当的搬运空间以达到搬运目的。

4. 搬运的时间

时间的意义包括两种：搬运过程所需的总耗费时间及完成任务的预期时间。要使这两项时间控制在规划范围之内，就必须配合适当的机具及运作形式，使物件在恰好的时间到达确定的地点，以避免搬运时间过长（影响后续作业效率）或搬运时间过短（往往增加仓储成本）的情形发生。

5. 搬运的手段

针对搬运的对象，要使货物在规定的时间内发生有效移动，就必须采用适当的搬运手段。对于手段的运用，应遵循经济、效率两大原则，并在其中谋求平衡点，满足对内、对外的需求。

五 堆垛作业管理

（一）货物堆垛作业的要求

货物一经验收就进入入库堆垛程序。货物的堆码与苫垫工作是货物入库管理的一个重要环节，它会直接影响货物的储存质量。堆码与苫垫是指根据货物的包装形状、重量和性能特点，结合地坪负荷、储存时间，将货物按一定的要求集中堆放在指定的货位，并进行苫盖、垫底或密封。合理科学的货物堆码与苫垫能够使储存的货物保持使用价值，同时，可以提高仓库的利用率等。

货物的堆垛一定要从保证货物安全和方便点验、复查出发，要进行规范化操作。在货物码盘时应注意，货物标志必须朝上，货物摆放不超过托盘的宽度，每样货物高度不得超过规定高度，货物重量不得超过托盘规定的载重量。托盘上的货物应尽量堆放平稳，以便于堆高叠放。每盘货物件数必须标明，上端用行李松紧带捆扎牢固，防止跌落。

1. 堆垛货物的要求

货物在正式堆垛前，必须达到以下要求。

（1）货物的名称、规格、数量、质量已全部查清。

（2）货物已根据物流的需要进行编码。

（3）货物外包装完好、干净，标志清楚。

（4）对受潮、锈蚀以及质量发生变化的不合格货物，已进行加工恢复或已剔除。

（5）为便于机械化各环节的操作，准备堆垛的货物已进行集装单元化处理。

2. 堆码场地的要求

堆码场地可以分为三种，分别是库房内堆码场地、货棚内堆码场地、露天堆码场地。具体要求如下。

（1）库房内堆码场地。用于承受货物堆码的库房地坪要平坦、坚固、耐摩擦。货垛应在地基线和柱基线以外，垛底须垫高。

（2）货棚内堆码场地。为防止雨雪渗漏、积聚，货棚内堆码场地四周必须有良好的排水沟、排水管道等排水系统。货棚内堆码的地坪应高于货棚地面，货垛一般应垫高20～40厘米。

（3）露天堆码场地。露天货场的地坪材料要根据堆存货物对地面的承载要求使地坪平坦、干燥、无积水、无杂草和坚实，并有良好的排水设施。堆码场地必须高于四周地面，货垛必须垫高40厘米。

3. 货物堆垛的操作要求

（1）牢固。操作工人必须严格遵守安全操作规程，防止建筑物超过安全负荷

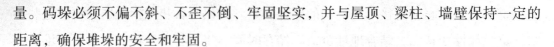

量。码垛必须不偏不斜、不歪不倒、牢固坚实，并与屋顶、梁柱、墙壁保持一定的距离，确保堆垛的安全和牢固。

（2）合理。不同货物的性能、规格、尺寸不相同，应采用各种不同的垛形。不同品种、产地、等级、批次、单价的货物应分开堆垛，以便收发和保管。货垛的高度要适宜，不能压坏底层货物和地坪，并与屋顶、照明灯保持一定距离；货垛的间距、走道的宽度、货垛与墙面及梁柱的距离等都要合理。垛距一般为0.5～0.8米，主要通道宽度为2.5～4米。

（3）整齐。货垛应按一定的规格、尺寸叠放，排列要整齐、规范。货物包装标识应一律向外，以便于查找。

（4）定量。货物储存量不应超过仓储定额，即应储存在仓库的有效面积、地坪承压能力和可用高度的范围内。同时，应尽量采用"五五化"堆码方法，便于记数和盘点。

（5）节约。堆垛时应注意节省空间位置，适当、合理地安排货位，从而提高仓容利用率。

延伸阅读

货垛"五距"要求

货垛"五距"指的是垛距、墙距、柱距、顶距和灯距。货垛"五距"应符合安全规范要求。在堆垛时，货垛不能"依墙、靠柱、碰顶、贴灯"，不能紧挨旁边的货垛，必须留有一定的间距。不论采用哪一种垛型，库房内都必须留出相应的走道，以方便货物进出和保证消防安全。

1. 垛距

货垛与货垛之间的必要距离称为"垛距"，常以支道作为垛距。垛距能方便存取作业，起通风、散热的作用，方便消防工作。库房垛距一般为0.3～0.5米，货场垛距一般不少于0.5米。

2. 墙距

为了防止库房墙壁和货场围墙上的潮气对货物的影响，也为了散热通风、消防安全、建筑安全、收发作业方便，货垛必须留有墙距。墙距可分为库房墙距和货场墙距，其中，库房墙距又分为内墙距和外墙距。内墙距是指货物离没有窗户墙体的距离，此处潮气相对少些，一般距离为0.1～0.3米；外墙距是指货物离有窗户的墙体的距离，这里湿度相对大些，一般距离为0.1～0.5米。

3.柱距

为了防止库房柱子的潮气影响货物，也为了保护仓库建筑物的安全，必须留有柱距。柱距一般为0.1～0.3米。

4.顶距

货垛堆放的最大高度与库房、货棚屋顶横梁间的距离称为"顶距"。留有顶距能便于装卸、搬运作业，有利于通风散热，有利于消防工作，有利于货物收发作业。顶距一般为0.5～0.9米，具体视情况而定。

5.灯距

货垛与照明灯之间的必要距离称为"灯距"。为了确保储存货物的安全，防止照明灯发出的热量引起靠近货物燃烧而发生火灾，货垛必须留有足够的安全灯距。灯距按规定应有不少于0.5米的安全距离。

●（二）堆垛的基本形式

堆垛形式主要根据货物的基本性能、外形等进行选择，主要有重叠式、纵横交错式、仰伏相间式、压缝式、宝塔式、通风式、栽柱式、衬垫式、"五五化"和集装式等。主要要求库房内整齐，方便作业和储存保管货物等，一般常用的堆垛形式如下。

1. 重叠式堆垛

重叠式堆垛是一件货物压一件货物的堆垛形式。堆垛时，逐件逐层向上重叠码高而成货垛。此垛形是机械化作业的主要垛形之一，为了保证货垛的稳定和计数方便，在堆到一定层数后改变方向继续堆高。此形式较适用于中厚钢板、集装箱等货物。堆码板材时，可逢十行交错，以便记数。

2. 纵横交错式堆垛

纵横交错式堆垛是每层都改变方向的堆垛形式。将长短一致、宽度排列能够与长度相等的货物，一层横放，一层竖放，纵横交错堆码以形成方型垛。此形式较适于长短一致的锭材、管材、棒材以及狭长的箱装材料等。

3. 仰伏相间式堆垛

对于钢轨、槽钢、角钢等货物，可以一层仰放、一层伏放，仰伏相间相扣，以使堆垛稳固。也可以伏放几层，再仰放几层，或者仰伏相间组成小组再码成垛。如果露天存放，则应该一头稍高、一头稍低，以利于排水。但该形式堆垛的操作有些不便。

4. 压缝式堆垛

将堆垛底层排列成正方形、长方形或环行，然后上层压在下层的两件货物之上，类似于纵横交错式堆垛。

5. 宝塔式堆垛

宝塔式堆垛与压缝式堆垛类似，但压缝式堆垛是在两件货物之间的压缝上堆码，宝塔式堆垛则在四件货物之中心上堆码，并逐层减小堆货，其适用于电线或电缆堆垛。

6. 通风式堆垛

根据储存要求，在堆垛时，需要防潮湿、通风保管的货物，每件货物和另一件货物之间都要留有一定的空隙，以利于通风。

7. 栽柱式堆垛

在货垛的两旁栽上2~3根木柱或者钢棒，然后将材料平铺在木柱或钢棒之间，每层或间隔几层在两侧相对应的木柱或钢棒上用铁丝将货物拉紧，以防倒塌。这种形式多用于金属材料中的长条形材料堆垛，例如，圆钢、中空钢的堆码，且适用于机械堆码，应用较为普遍。

8. 衬垫式堆垛

在每层或每间隔几层货物之间夹进衬垫物，利用衬垫物使货垛的横断面平整，货物之间互相牵制，以加强货垛的稳固性。衬垫物需要视货物的形状而定。这种堆垛形式适用于形状规则的裸装货物，例如，无包装的电动机、水泵等。

9. "五五化"堆垛

"五五化"堆垛就是以五为基本计算单位，堆码成各种总数为五的倍数的货垛。以五或五的倍数在固定区域内堆放，从而使货物堆放整齐，"五五成行、五五成方、五五成包、五五成堆、五五成层"。货物流动后，零头尾数要及时合并，以便于货物的数量控制、清点、盘存。

10. 集装式堆垛

集装式堆垛是指采用托盘、集装箱等可以反复使用的集装工具进行货物堆码的一种形式。此形式减少了货物的中转环节、简化了货物的操作手续，不但降低了货物的货损率，而且大大提高了操作效率。如托盘堆垛是近年来得到迅速发展的一种堆垛形式，它的特点是将货物直接放在托盘上存放，货物从装卸、搬运入库直到出库运输，始终不离开托盘。集装式堆垛具有较广阔的发展前景。

第三节 储存及保管保养作业管理

储存，一是为了解决货物生产与销售不同步的时间差问题，二是为了解决生产与消费之间的平衡问题。为保证正常配送的需要，并满足客户的随机需求，不仅应保持一定量的货物储备，还要做好储备货物的保管保养工作，以保证储备货物的数量、质量。

储存保管作业的主要任务是把将来要使用或者要出货的物料保存起来，且经常做库存货物的核检控制。不仅要善于利用储存空间，还要注意存货管理，尤其是配送中心的储存与传统仓库的储存营运形态不同，要注意空间运用的弹性及存量的有效控制。

一、储存保管的目标

（一）空间使用的最大化

要能够有效地利用空间，减少出现厂房闲置或不够用的情况。

（二）劳力及设备的有效使用

要求物尽其用，追求运营成本的最小化。

(三) 所有货物都能随时存取

因为储存会影响货物的时间价值，所以一旦有需求，储存保管系统可实现有计划的储存及合理的厂房布置。

(四) 货物的有效移动

在存储区内进行的大部分活动是货物的搬运，需要多数的人力及设备来完成货物的搬进与搬出。因此，人力与机械设备操作应经济和安全。

(五) 货物得到良好的保护

因为储存要求保存货物直到出库，所以货物在储存时必须保持在良好的条件下。

(六) 有效的管理

畅通的通道、干净的地板、适当且有秩序的储存及安全的运行将使工作变得有效率并促使工作士气（生产率）提高。

二、储存策略

储存策略主要是确定储位的指派原则。良好的储存策略可以减少出入库移动距离，缩短作业时间，充分利用储存空间。常见的储存策略如下。

(一) 定位储放

每一件储存货物都有固定储位，货物不能互用储位，必须使每一件货物的储位容量不小于其可能的最大在库量。定位储放的优缺点如下。

1. 优点

（1）每项货物都有固定储放位置，拣货人员容易熟悉货物储位。

（2）货物的储位可按周转率（畅销程度）安排，以缩短出入库的搬运距离。

（3）可针对各种货物的特性进行储位的安排调整，将不同特性货物间的相互影响减至最小。

2. 缺点

储位必须按各项货物之最大在库量设计。因此，储区空间平时的使用效率较低。总的来说，定位储放容易管理，总搬运时间较少，但较多地占用储存空间。此策略较适用于以下两种情况。

（1）厂房空间大。

（2）多种少量货物的储放。

（二）随机储放

每一个货物被指派储存的位置都是随机产生的，可经常改变。也就是说，任何货物都可以被存放在任何可利用的位置。一般由储存人员按习惯来储放，且通常与靠近出入口法则联用，按货物入库的时间顺序储放于靠近出入口的储位。

随机储放的优缺点如下。

1. 优点

由于储位可公用，只需按所有库存货物最大在库量设计即可，储区空间的使用效率较高。

2. 缺点

货物的出入库管理及盘点工作的难度较大；周转率高的货物可能被储放在离出入口较远的位置，从而增加了出入库的搬运距离；具有相互影响特性的货物可能相邻储放，从而造成货物损坏或发生危险。

3. 适用

随机储放能使料架空间得到最有效的利用，因此，能使储位数目得以减少。模拟研究显示，随机储放与定位储放相比较，可节省35%的移动储存时间及增加30%的储存空间，但较不利于货物的拣取作业。随机储放较适用于下列两种情况。

（1）厂房空间有限。

（2）种类少或体积较大的货物。

（三）分类储放

所有的储存货物按照一定特性加以分类，每一类货物都有固定的存放位置，而同属一类的不同货物又按一定的法则来指派储位。分类储放通常按以下几点来分类：货物相关性；流动性；产品尺寸、重量；货物特性。分类储放的优缺点如下。

1. 优点

（1）便于畅销品的存取，具有定位储放的各项优点。

（2）各分类的储存区域可根据货物特性再作设计，有助于货物的储存管理。

2.缺点

储位必须按各项货物最大在库量设计,因此,储区空间平均使用效率低。分类储放较定位储放具有弹性,但也有与定位储放同样的缺点。分类储放较适用于以下三种情况。

(1) 货物相关性大,经常被同时订购。

(2) 货物周转率差别大。

(3) 货物尺寸相差大。

(四) 分类随机储放

每一类货物都有固定存放的储存区,但在各类存储区内,每个储位的指派都是随机的。分类随机储放的优缺点如下。

1.优点

有分类储放的部分优点,又可节省储位数量,提高存储区的利用率。

2.缺点

货物出入库管理及盘点工作的难度较高。

分类随机储放兼具分类储放及随机储放的特色,需要的存储空间介于两者之间。

(五) 共同储放

如果确定知道各货物的进出仓库时间,则不同的货物可共用相同储位,这被称为"共同储放"。共同储放在管理上虽然较复杂,但所用的存储空间及搬运时间更经济。

三 储位管理

(一) 储位指派法则

储存策略是储存规划的总体原则,但只有配合储位指派法才能决定储存作业实际运作的模式。而伴随储存策略产生的储位指派法则可归纳为如下几项。

1.可与随机储放策略、共同储放策略相配合

例如,利用靠近出入口法则,将刚到达的货物指派到离出入口最近的空储位上。

2. 可与定位储放策略、分类（随机）储放策略相配合

例如，以周转率为基础，按照货物在仓库的周转率来排定储位。先依周转率由大到小排列，再将此序列分为若干段，通常分为3~5段。将同属一段的货物列为同一级，依照定位或分类储存的策略指定储存区域给每一级的货物。周转率愈高应离出入口愈近。

3. 货物相关性法则

相关性大的货物经常被同时订购，应尽可能存放在相邻位置。

4. 货物同一性法则

同一性法则是指把同一货物储放于同一保管位置的法则。

5. 货物类似性法则

类似性法则是指将类似的货物比邻保管的法则。

6. 货物互补性法则

互补性高的货物也应存放于邻近位置，以便在缺料时可以迅速替代。

7. 货物相容性法则

相容性低的产品绝不可放置在一起，以免损害货物的品质。

8. 叠高法则

叠高法则就是像堆积木般将货物叠高。

（二）储位规划评价指标

1. 仓储成本指标

仓储成本即"保管金额÷保管货物量"。以1立方米的保管费用来估算，该费用包括固定保管费用与设备费用。

2. 空间效率指标

空间效率即"（实际仓储可利用容积÷储位容积）×100%"。空间效率的评估可由实际的保管容积率来判别。

3. 作业时间指标

作业时间即"拣货时间+移动时间"。作业时间是拣货时间加上在保管时因储位空间的调整而移动货物的时间。

4. 流量指标

流量即"（入库货量+出库货量）÷（入库货量+出库货量+存货量）"。流量

的评估基准以月为单位，即以每月的入库量、出库量、存货量三项数值来运算，其值在0~1之间，若越接近1，则说明库存的流通效率越高。

5. 作业感觉指标

作业感觉指标可以先自行定义级数，如宽的、窄的、大的、小的、舒服的、不舒服的、整齐的、杂乱的、亮的、暗的，再采用问卷形式调查作业人员对作业空间的感觉。

● (三) 储位分配形式

根据计算机化的应用程度，储位分配形式可分为三种：人工分配形式、计算机辅助分配形式及计算机全自动分配形式。

1. 人工分配形式

人工分配形式是指以人工进行储位分配，所凭借的是管理者的知识和经验，它要求分配决策者必须熟记储位分配原则，并且灵活运用。对于货物的分配，其一，必须经过一番规划，以便制定出一套保存货物特性的需求规则表。其二，仓储人员必须严格遵守分配决策者的指示，将货物存放于指定的储位上，并及时更新储位信息。

2. 计算机辅助分配形式

在配送中心储位管理中，以计算机来分配储位依靠的是现代信息技术。利用自动读取设备来读取资料，再通过无线电或网络配合储位监控或储位管理软件来控制储位分配。这种方式错误率低，不会有太多的主观因素影响，因此在执行上，效率高于人工分配形式。它提供实时查询功能，为储位分配提供参考。但因为最终还是由人工下达储位分配指示，所以仍需要调仓作业。

3. 计算机全自动分配形式

利用图形监控及储位管理软件，收集在库储位信息及其他入库指示后，经计算机运算来下达储位分配指示。由计算机自动下达储位分配指示，任何时段都可以保持储位处于合理分配状态，不需要调仓。

四 保管保养作业管理

（一）保管保养的含义

货物的保管保养是指仓库针对入库货物的特性，结合仓库的具体条件，采取各种科学手段对货物进行养护，以防止和延缓货物质量发生变化的行为。

对库存货物进行保管保养不仅是一个技术问题，更是一个综合管理问题。仓储保管人有绝对的义务对仓储货物进行妥善保管，这也是仓储合同赋予仓储保管人的责任。由于保管不善所造成的损失，保管人要承担赔偿责任。

（二）保管保养的意义

由于准时制观念的广泛运用，库存的时间在不断缩短，现代仓库管理的重点也从静态管理转变为动态管理。由于现代物流技术不断进步，货物养护技术也在不断简单化，制定必要的管理制度和操作规程，保持库存货物的使用价值，最大限度地减少货物自然耗损，杜绝因保管不善而造成的货物损害，防止造成货物损失，这些具有重要而深远的意义。

（三）货物的保管保养措施

仓库应高度重视货物的保管保养工作，以制度、规范的形式来确定保管保养的责任；针对各种货物的特性，制定保管保养方法和程序，充分利用现有的技术手段开展针对性保管保养。

仓库保管遵循"以防为主、防治结合"的保管原则。要特别重视货物损害的预防，及时发现和消除事故隐患，防止损害事故的发生。特别要预防发生爆炸、火灾、水浸、污染等恶性事故和大规模损害事故。在发生、发现损害现象时，要及时采取有效措施，防止损害扩大，以减少损失。

仓库货物保管的手段主要有：经常对货物进行检查、测试，及时发现异常情况；合理地对货物进行通风；控制阳光照射；防止雨雪浸湿货物，及时排水除湿；除虫灭鼠，消除虫害、鼠害；妥善进行湿度控制、温度控制，防止货垛倒塌；防霉除霉，剔除变质货物；对特殊货物采取针对性保管措施等。这些措施具体体现在仓库管理以下几个方面的工作中。

1. 严格验收入库货物

要防止货物在储存期间发生各种不应有的变化，首先在货物入库时要严格验收，弄清货物及其包装的质量状况。对吸湿性货物要检测其含水量是否超过安全水平，对其他有异常情况的货物要查清原因，针对具体情况进行处理和采取救治措施，以做到防微杜渐。

2. 适当安排储存场所

由于不同货物性能不同，对保管条件的要求也不同，分区分类、合理安排存储场所是货物养护工作的一个重要环节。如怕潮湿和易霉变、易生锈的货物应存放在较干燥的库房里；怕热易溶化、发黏、挥发、变质或易发生燃烧、爆炸的货物应存放在温度较低的阴凉场所；一些既怕热又怕冻且储存环境要求有较大湿度的货物应存放在冬暖夏凉的库房或地窖里。此外，性能相互抵触或易串味的货物不能存放在同一库房，以免相互产生不良影响。尤其对于化学危险货物要严格按照有关部门的规定，分区分类安排储存地点。

3. 科学进行堆码、苫垫

光照、雨雪、地面潮气对货物质量影响很大，要切实做好货垛遮苫和货垛垛下苫垫隔潮工作，如利用石块、枕木、垫板、苇席、油毡苫垫或采用其他防潮措施。货场四周要有排水沟，以防积水流入货垛下，货垛周围要遮盖严密，以防雨淋日晒。

货垛的垛形与高度应根据各种货物的性能和包装材料，结合季节气候等情况确定。

4. 控制仓库温湿度

应根据库存货物的保管保养要求，适时采取密封、通风、吸潮或其他控制与调节温湿度的办法，力求把仓库温湿度保持在适应货物储存的范围内。

5. 定期进行货物在库检查

仓库中保管的货物性质各异、品种繁多、规格型号复杂、进出库业务活动频繁，而每一次货物进出库作业都要检验质量或清点件数，加之受周围环境影响，货物可能会发生数量或质量上的损失。因此，对库存货物进行定期或不定期的盘点和检查是非常必要的。

6. 做好仓库清洁卫生工作

储存环境不清洁卫生，易引起微生物、寄生虫等繁殖，从而危害货物。因此，对仓库内外环境应经常清扫，彻底铲除仓库周围的杂草、垃圾等。必要时，应使用药剂杀灭微生物和潜伏的害虫。对容易遭受虫蛀、鼠咬的货物,要根据货物性能和虫、鼠生活习性及危害途径,及时采取有效的防治措施。

第四节 补货作业管理

补货作业是从保管区把货物运到拣货区的工作。补货作业通常以托盘为移动单位,其主要作业流程如图4-11所示。

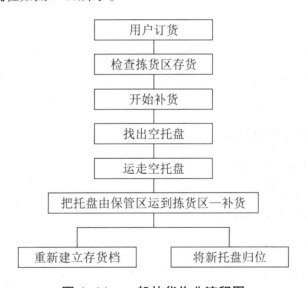

图4-11 一般补货作业流程图

一 补货形式

补货作业与拣货作业息息相关。补货作业必须小心地计划,不仅要确保存量,还要将货物安置于方便存取的位置。下面即针对一般拣货安排给出一些可能的补货形式。

- (一)整箱补货

此补货形式的保管区为料架,动管拣货区为两面开放式的流动棚架。拣货时,拣货员于流动棚架拣取区拣取单品放入浅箱（篮）中，而后放至输送机运至出货区。货物拣取后，如果动管区的存货已低于水准之下，则要进行补货。其补货形式：拣货员至料架保管区取货箱，以手推车载箱至拣货区，由流动棚架之后方（非拣取面）补货。此保管区、动管区储放形态的补货形式较适合小体积、少批量且多品种出货的货物。

●（二）托盘补货

1. 由地板堆叠保管区补货至地板堆叠动管区

此补货形式的保管区及动管区都将货物平置堆叠储放在以托盘为单位的地板上，不同之处在于保管区面积较大，储放货物量较大，而动管区面积较小，储放货物量较小。拣货时，拣货员于拣取区拣取托盘上的货箱放至中央输送机出货，或者使用堆垛机将整个托盘送至出货区（当拣取大量货品时）。拣货后，如果动管区的存货低于水准之下，则要进行补货。其补货形式：拣货员用堆垛机将货物由托盘平置堆叠的保管区搬运至同样是托盘平置堆叠的拣货动管区。此保管区、动管区储放形态的补货形式较适合体积大或出货量大的货物。

2. 由地板堆叠保管区补货至托盘料架动管区

此补货形式的保管区将货物平置堆叠储放在以托盘为单位的地板上，动管区则用托盘料架储放。拣货时，拣货员在拣取区搭乘牵引车拉着推车移动拣货。拣取后，再将推车送至输送机轨道出货。拣取后，如果动管区的库存不足，就要进行补货。其补货形式：拣货员使用堆垛机很快地到保管区搬回托盘，送至动管区托盘料架上储放。此保管区、动管区储放形态的补货形式较适合体积中等或中量（以箱为单位）出货的货物。

●（三）料架上层至料架下层的补货

此补货形式为保管区与动管区属于同一料架，也就是将架上的两手方便取货之处（中下层）作为动管区，不容易取货之处（上层）作为保管区。进货时，将动管区放不下的多余货箱放至上层保管区。在动管区拣货时，如果动管区的存货低于水准之下，则可利用堆垛机将上层保管区的货物搬至下层动管区补货。此保管区、动管区储放形态的补货形式较适合体积不大、存货量不大，且出货多属中小量（以箱为单位）的货物。

二 补货时机

补货作业的发生与否主要看动管拣货区的货物存量是否符合要求。因此，究竟何时补货要看动管拣货区的存量，以避免出现在拣货中途发觉动管区的货量不够，要临时补货而影响出货时间的情形。

（一）批次补货

在每一批次货物拣取前，经由计算机计算所需货物的总拣取量，再查看动管拣货区的货物量，计算差额并在拣取前特定时点补足货物。此法要一次补足货，较适合一日内作业量变化不大、紧急追加订货不多的情况，或是每批次拣取量大、需事先掌握的情况。

（二）定时补货

将每天划分为数个时点，补货人员在时段内检查动管拣货区货架上的货物存量，若不足则马上将货架补满。此法较适合分批拣货时间固定且订货时间也固定的情况。

（三）随机补货

随机补货即指定专门的补货人员，随时巡视动管拣货区的货物存量，当货物存量不足时随时补货。此法较适合每批次拣取量不大、紧急追加订货较多，以至于一日内作业量不易事前掌握的情况。

第五节 分拣作业管理

一 分拣作业概述

（一）分拣的概念

分拣作业是根据配送要求，迅速准确地将货物从储位中拣选出来，进行分类、集中，等待装配送货的作业过程。分拣作业是整个仓储配送活动中的核心部分。分

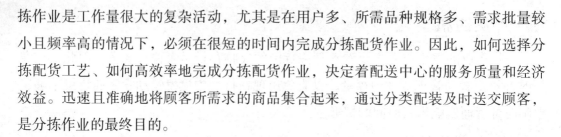

拣作业是工作量很大的复杂活动，尤其是在用户多、所需品种规格多、需求批量较小且频率高的情况下，必须在很短的时间内完成分拣配货作业。因此，如何选择分拣配货工艺、如何高效率地完成分拣配货作业，决定着配送中心的服务质量和经济效益。迅速且准确地将顾客所需求的商品集合起来，通过分类配装及时送交顾客，是分拣作业的最终目的。

（二）分拣配送技术

分拣配送技术是指配送活动所采取的各种技术，是实现配送规模作业的手段和技术保证，是衡量配送中心现代化水平的重要标志。开展大规模的配送活动需要根据配送作业的实际情况，遵循技术成熟先进、经济合理、安全可靠、方便操作和满足需求的原则，从配送机械设备的适应性、效率、采购成本、可靠性、灵活性、环保性以及维修的难度等方面科学合理地配置和选择配送技术与设备。

分拣配送技术与分拣配送活动的诸多要素密切相关，涉及内容较多。分拣配送技术在发展过程中形成了物流硬技术与物流软技术两个既相互关联又相互区别的技术领域。硬技术是企业组织配送活动所涉及的各种机械设备、运输工具、信息设备等；软技术是为提高物流配送活动效益而应用的物流预测技术、物流质量管理技术等。物流硬技术是软技术强有力的支撑，而物流软技术是最能发挥硬技术潜力、获得最佳物流效果的技术。

二 分拣作业流程

分拣是将需要配送的货物准确迅速地集中起来，主要包括行走、搬运、拣取和分类四个重要过程。

（一）行走和搬运

行走是指工作人员或机械设备进行运动的过程。搬运是指对要分拣的货物进行装卸、运送的过程。缩短行走和运送距离，节约行走和搬运时间，是提高分拣作业效率的关键之一。

（二）拣取

在核对拣货信息后，利用人力或分拣设备准确地找到储位，并对所需要的货物进行拣取作业。

(三) 分类

分拣作业可以分为两种：一是按照每个货物的拣货信息进行分拣操作的单一分拣；二是先汇总多个分拣信息，再按不同客户分货的批量分拣。当进行批量分拣或两种分拣方法组合操作时，就需要对货物进行分类。货物分类集中的时间快慢也是决定分拣作业效率高低的因素之一。

分拣作业不仅工作量大、工艺过程复杂，还要求作业时间短、准确度高、服务质量好，因此，对分拣作业的管理至关重要。分拣作业的基本流程如图4-12所示。

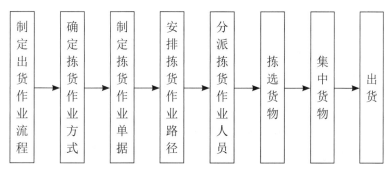

图 4-12 分拣作业的基本流程

三 分拣方法

(一) 播种式拣货方法

播种式拣货方法指为每张订单准备一个分拣箱置于分货场，作业人员汇总所有订单所需货物的总数量，并按此数量取来货物，再按照每张订单所需的数量投入分拣箱内，同种货物数量多的订单拣货效率高。

播种式拣货的优点：适合订单数量庞大的系统，可以缩短拣货时行走、搬运的距离，增加单位时间的拣货量。

播种式拣货的缺点：无法对订单作出及时反应，尤其是对紧急出货单的处理速度较慢，必须等订单达到一定数量后才能作出处理，会产生停滞时间。

播种式拣货的适用条件通常是在系统化、自动化设施建成之后，适合订单变化较小、订单数量稳定的配送中心。

(二) 摘取式拣货方法

摘取式拣货方法是指像从树上摘取水果一样，作业人员将客户每张订单上的货物从货架上取走后汇总。按照这种方式进行拣货可以填制分户拣货单。

摘取式拣货的优点：作业方法简单；前置时间短；作业人员责任分明，派工公平；拣货后不用再进行分类作业，适用于大量订单的处理。

摘取式拣货的缺点：当商品品项较多时，拣货行走的路径较长，拣取效率降低；拣货区域较大时，搬运系统设计困难；小批量、多批次拣选时，会造成拣选路线重复费时，效率降低。

摘取式拣货的作业处理弹性比较大，临时性的生产能力调整较为容易，适合订单内容差异较大、订单数量变化频繁、季节性较强的商品配送，如化妆品、家具、电器和服饰等。

（三）总量拣货方法

总量拣货方法是指将一天（或半天）的订单货物由作业人员汇总起来进行拣货，然后将不同订单的货物分开作业的方法。

（四）配合拣货方法

配合拣货方法是指将批量分拣的货物分给客户的方法，也叫批量拣货方法。批量拣货的货物在用高速自动分类运输机分给各个客户时，也可以使用播种式拣货方法。

（五）分区、不分区拣货方法

无论是采用订单式拣货还是批量式拣货方法，从效率上考虑皆可配合采用分区、不分区的作业策略。分区拣货就是指将拣货作业场地进行区域划分，每一个作业人员负责拣取固定区域内的商品。分区形式又可以分为拣货单位分区、拣货方式分区及工作分区。实际操作时，拣货分区还要考虑存储分区，必须对存储分区进行了解、规划，从而使得系统整体的配合趋于完善。所谓不分区拣货即与之相反，不划分任何区域，当然采用这种方法会使整体效率大大降低。

（六）接力拣货方法

接力拣货方法是工作分区的产物，其订单不作分割或不分割至各工作分区，拣货人员以接力的方式来完成所有的拣货作业。

（七）订单分割拣货方法

当一张订单所订购的商品项目较多，或设计一个快速处理的拣货系统时，为了能够在短时间内完成拣货处理，可利用此方法将订单切分成若干子订单，交由不同的拣货人员同时进行拣货作业以加速拣货的完成。订单分割方法只有与分区方法联合应用才能有效地发挥长处。

四 拣货策略

拣货策略是影响拣货作业效率的关键，它主要包括分区、订单分割、订单分批、分类四大策略。

（一）分区策略

分区就是将拣货作业场地作区域划分。根据分区原则的不同来分类，分区策略有以下四种。

1. 按货品特性分区

按货品特性分区就是根据货品原有的性质，将需要特别储存搬运或分离储存的货品进行分隔，以保证货品的品质在储存期间良好。此分区往往与商品储存分区相一致。

2. 按拣货单位分区

将拣货作业按拣货单位划分，如箱装拣货区、单件拣货区、冷冻品拣货区等，这一分区基本上与储存单位分区是相对应的。其目的在于使储存单位与拣货单位分类统一，以方便分拣与搬运作业单元化，使分拣作业简单化。

3. 按拣货方式分区

在不同的拣货单位分区中，依拣货方法及设备的不同，又可划分为若干个分区。分区的原则通常根据商品的ABC分类法，按各品类的出货量及拣取次数，各作A、B、C群组划分。再根据各群组的特征，决定合适的拣货设备及拣货方法。这种方式可将作业区单纯化、一致化，以减少不必要的重复行走所耗费的时间。

4. 由固定的拣货员负责拣取区域内的货物

这一策略的优点在于能减少拣货员的移动距离，缩短拣货时间。同时也可配合订单分割策略，让多组拣货员在更短时间内共同完成订单货物的拣取。但需要注意工作平衡的问题。

(二)订单分割策略

当订单上所购的商品种类较多,或是拣货系统要求及时快速处理时,为了能在短时间内完成拣货处理,可利用订单分割策略将订单切分成若干个子订单,交由不同的拣货区同时进行拣货作业,以加速拣货的完成。将订单按拣货区域进行分解的过程叫订单分割。

订单分割一般是与分区策略配合运用的,对于采用拣货分区的配送中心而言,订单处理过程的第一步就是要按区域进行订单分割,各个拣货区根据分割后的子订单进行分拣作业,各拣货区子订单拣货完成后,再进行订单的汇总。

(三)订单分批策略

订单分批是为了提高拣货作业效率,把多张订单集合成一批进行批次提取的作业。若再将每批次订单中的同一种类商品汇总拣取,然后把货品分类至每一顾客订单,则形成批量拣取,这样不仅缩短了拣取时平均行走搬运的距离,也减少了重复寻找储位的时间,进而提高了拣货效率。订单分批方式有以下四种。

1. 总合计量分批

总合计量拣货作业,先要将所有累积的订单中每一商品项目的总量计算出来,再按这一总量进行拣取。这样可将拣取路径缩至最短,同时储存区功能也较单纯,但此方法需要功能强大的分类系统来支持。此方法适合于周期性配送,例如,可将所有的订单在中午前搜集,在下午作合计处理,隔日一早再进行拣取、分类工作。

2. 时窗分批

当订单要求紧急发货时,可利用此策略,开启短暂而固定的时窗,如5~10分钟,再将这一时窗中所到达的订单做成一批,进行批量拣取。这一方式常与分区及分割订单联合运用,特别适合到达时间间隔短而均匀的订单形态,同时货物订购量及种类不宜太多。各拣货分区利用时窗分批同步作业时,会因分区工作量不平衡和时窗分批拣货量的不平衡产生作业等待问题。因此,如果能将作业等待时间缩短,这将大幅度提高拣货的产出效率。时窗分批方式较适合密集频繁的订单作业,且能应付紧急插单的需求。

3. 固定订单量分批

订单分批按先到先处理的原则,当订单量累计达到设定的固定量时,开始进行拣货作业。这种订单分批方式与时窗分批类似，但更注重维持较稳定的作业效率，在处理速度上比时窗分批慢。

4. 智慧型分批

将订单输入计算机汇总并经计算处理后，将拣货路径相近的订单分成一批同时处理，从而大量缩短拣货行走搬运距离。采用这种分批方式的配送中心通常将前一天的订单汇总后，经过计算机处理，在当日产生拣货单据，作业速度较快。

● **（四）分类策略**

若采用分批拣货策略，货物拣选完成后或在拣货过程中必须进行分类，即将集中批量拣出的商品分至各订单或用户项下，因此需要相配合的分类策略。分类策略大致可分为两类。

1. 拣货时分类

在拣取的同时将货物按订单分类，这种分类方式常与固定订单量分批方式或智慧型分批方式配合，因此须使用计算机辅助台车作为拣货设备，以加快拣货速度，避免错误发生。这种方式较适用于货物量少品种多的场合，由于拣选台车不大，每批次的客户订单量不宜过多。

2. 拣取后集中分类

先分批按合计总量拣取，再进行集中分类。实际的做法一般有两种：一种是以人工作业为主，将货物总量搬运到空地上进行分发，而每批次订单量及货物数量不宜过多，不得超过人员负荷；另一种是利用分类输送系统进行集中分类，这是较自动化的作业方式。当订单分割较细、分批品种较多时，常使用后一种方式来完成集中分类工作。

以上四大类拣货策略可单独或联合运用，也可不采用任何策略，直接按订单拣取。

五　自动分拣系统

自动分拣系统可以在最短的时间内，从庞大的储存系统中准确地找到所要出库货物的储位，并按所需配送货物的数量、品种、规格分类集中货物。

(一)自动分拣系统作业描述

自动分拣系统是一开始在美国、日本的配送中心广泛采用的一种分拣系统,目前已经成为发达国家大中型物流中心不可或缺的一部分。该系统的作业过程可以简单地描述如下:物流中心每天接收成百上千家供应商或货主通过各种运输工具送来的成千上万种商品,在最短的时间内将这些商品卸下并按商品品种、货主、储位或发送地点进行快速准确的分类,然后将其运送到指定地点(如指定的货架、加工区域、出货站台等)。同时,当供应商或货主通知物流中心按配送指示发货时,自动分拣系统会在最短的时间内从庞大的高层货架存储系统中准确找到要出库商品的所在位置,并按所需数量出库,再将从不同储位上取出的不同数量的商品,按配送地点的不同运送到不同的理货区域或配送站台集中,以便装车配送。

(二)自动分拣系统的主要特点

1. 能连续、大批量地分拣货物

由于采用大生产中使用的流水线自动作业方式,自动分拣系统不受气候、时间、人的体力等限制,可以连续运行10个小时以上。同时由于自动分拣系统单位时间分拣件数多,其分拣能力是人工分拣系统的数倍。

2. 分拣误差率极低

自动分拣系统的分拣误差率主要取决于所输入分拣信息的准确性,而准确性又取决于分拣信息的输入机制。如果采用人工键盘或语音识别方式输入,则误差率在3%以上;如果采用条形码扫描输入,除非条形码的印刷本身有差错,否则不会出错。因此,目前自动分拣系统主要采用条形码识别技术来识别货物。

3. 分拣系统基本是无人化的

国外建立自动分拣系统的目的之一就是减少人员的使用,减轻员工的劳动强度,提高工作效率,因此,自动分拣系统能够最大限度地减少工作人员的使用,基本做到无人化。分拣作业本身并不需要人工,人员的使用仅用于以下工作:送货车辆抵达自动分拣线的进货端时,由人工接货;由人工控制分拣系统的运行;分拣线末端由人工将分拣出来的货物进行集载、装车;自动分拣系统的经营、管理与维护。

(三)自动分拣系统的组成

自动分拣系统是由硬件设备、软件设备和计算机网络连接在一起,同时配合人

工操作的一个完整的系统。一般分拣系统由控制装置、分类装置、输送装置和分拣道四个主要装置组成，具体包括输入输送带、喂料输送机、钢带输送机、刮板式分流器、送出辊道、分拣道口、信号给定器、激光读码器、通过检出器、磁信号发生器、控制器、磁信号读取器、满量检出器等。

（四）自动分拣系统的适用条件

第二次世界大战后，自动分拣系统逐渐开始在西方发达国家投入使用，成为发达国家先进的物流中心、配送中心或流通中心所必需的设施条件之一。但因其要求使用者必须具备一定的技术经济条件，发达国家物流中心、配送中心或流通中心未采用自动分拣系统的情况也很普遍。在引进和建设自动分拣系统时，一定要考虑以下两个条件。

第一，一次性投资巨大。自动分拣系统本身需要建设机械传输线以及配套的机电一体化控制系统、计算机网络及通信系统等。这些占地面积大，至少需2万平方米。一般自动分拣系统都建在自动化立体仓库中，而要建三四层楼高的立体仓库，库内需要配备各种自动化的搬运设施，这项投资相当于建立一个现代化工厂所需要的硬件投资。巨额的先期投入要10~20年才能收回成本，如果没有可靠的货源作为保证，企业无力进行此项投资。

第二，对商品外包装要求高。自动分拣机只适于分拣底部平坦且具有刚性包装的商品。袋装商品、包装底部柔软且凹凸不平的商品，包装容易变形、破损及超长、超薄、超重、超高、不能倒置的商品，都不能使用普通的自动分拣机进行分拣。为了使大部分商品都能够用机械进行自动分拣，以下两条措施可以被采用：一是推行标准化包装，使大部分商品的包装符合标准；二是根据所分拣的大部分商品的包装特性，定制特定的分拣机。要让所有商品的供应商都执行统一的包装标准是很困难的，定制特定的分拣机又会使硬件成本上升。因此，公司要根据经营商品的包装情况来确定是否建设或建设什么样的自动分拣系统。

第六节 配送信息管理

一 配送信息管理系统的作用

(一) 实现物流、资金流和信息流的统一

目前，国外企业的各种单据中有90%是由配送部门接受、处理，并将有关信息通过网络传输到仓储、运输、报关和生产等其他业务部门的。由此可见，配送是整个物流过程的核心环节。特别是随着全球经济一体化和电子商务的发展，国与国、企业与企业之间的业务往来越来越多，整个商务活动的物流、资金流和信息流都可以通过互联网实现，唯一需要现实完成的就是配送环节。因此，配送效率直接关系国民经济的运行状况。通过配送管理信息系统对数量庞大、种类繁多、要求各异的送货需求进行管理，可以做到配送的精确、快捷和高效。

(二) 实现配送各项功能的基础工作

一个现代化的物流配送系统除了具备自动化的物流设备和物流技术，还应具备现代化的物流管理信息系统，从而取得高效率和高收益。建立配送系统的根本意义在于提高服务水平和营业额，降低成本和增加效益。为了达到这一目的，要从物流配送的供货时间、错误率、畅销与滞销商品以及新品的信息等方面进行调查、研究和分析。现代化的物流配送管理信息系统的作用体现在：缩短订单处理周期；保证库存水平适量；提高仓储作业效率；提高运输配送效率；接受订货和发出订货更为简便；提高接受订货和发出订货的精准度；提高发货、配送准确率；调整需求和供给。

(三) 为管理者提供各种信息

物流配送管理信息系统能为配送中心提供各种信息，为配送业务经营管理政策的制定、货物路线的开发、货物销售促销政策的制定提供参考。

1. 提供绩效管理信息

绩效管理信息主要是为经营业务绩效管理与各项管理政策的制定提供参考。绩效的评估包括：货物销售绩效管理、作业处理绩效管理、仓库保管效率管理、配送效率管理、机具设备使用效率管理等。

2. 提供经营规划信息

经营规划信息主要为配送中心经营规划提供参考。由各种实体配送活动及作业所产生的各项信息足以为经营规划人员提供参考，包括由现有组织结构、作业内容、机器设备使用率及使用需求比率来考虑使用自动化机具设备的可能性、租用分析及其使用的成本效益；由现有货物销售量分析或客户反映的货物需求来调节货物品种或分析新货物开发的可能性；由现有人力分配及使用状况来拟订未来的人力资源计划；参考自有车、租赁车公司的各项费用及可用车数、可调派人力及其他外雇车辆条件来衡量自有车、租赁车比率及所需费用并制定租赁管理条例；统计分析现有各项活动所需费用，作为运费、仓库保管费、支出预算等成本控制的依据。

3. 提供配送资源计划信息

配送资源计划信息为多库配送中心的配送资源规划提供参考，包括多库配送中心的产品线规划分析、多库调货计划及执行、人力资源的规划配置、机具设备的需求分析、实际配送的运作规划。

二 配送信息系统的功能结构

配送信息系统最主要的功能就是客户资料的录入，按客户的要求进行资料预处理，生成所需的单据，如订车单、选货单、装车单、加工单等，将单据传送到各有关部门进行具体操作。此外，配送信息系统还可以查询货物所处的状态。配送信息系统功能结构如图4-12所示。

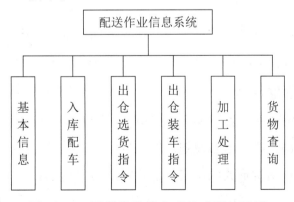

图 4-12 配送作业信息系统功能结构图

三 配送信息管理系统的基本业务

（一）订单处理作业

订单是现代企业运作的重要驱动力，采购、设计、制造、销售等一系列工作都围绕订单展开。因此，订单处理对于物流配送活动而言至关重要。

配送中心的交易始于客户的询价、业务部门的报价，然后是订单的接收。业务部门需查询出货日的库存状况、装卸货能力、流通加工负荷、包装能力、配送负荷等是否能满足客户需求。当无法按客户要求交货时，业务部门需进行协调。由于配送中心不随货收款，在订单处理时需对客户的信用状况进行查核。另外，需统计各时段的订货数量，并调货、分配出货，退货数据也在此阶段处理。此外，业务部门还需制定报价计算形式，进行报价历史管理，确定客户订货最小批量、订货形式或订货结账截止日等。

（二）采购作业

接受订单后，配送中心需向供货商或制造商订购货物。采购作业包括货物数量需求统计，向供货商查询交易条件，然后根据所需数量及供货商提供的经济订购批量制定出采购单。采购单发出后，进行入库进货的跟踪。

（三）入库进货作业

开出采购单后，入库进货管理员即可根据采购单上的预订入库日期进行入库作业调度、入库月台调度；在货物入库当日，进行入库资料查核、入库质检，当质量或数量不符时，立即进行适当修正或处理，并输入入库数据。入库管理员可按一定形式指定卸货及托盘堆叠。退回货物的入库还需经过质检、分类处理，然后登记入库。

（四）库存管理作业

库存管理作业包括库区管理及库存控制。库区管理包括：货物在仓库区域内的摆放形式、区域范围、区域分布规划；货物进出仓库形式的选择，如先进先出形式或后进先出形式；进出货形式的制定，如货物所需搬运工具、搬运形式，仓储区货位的调整及变动；包装容器的使用与保管维修等。库存控制需要按照货物出库数量、入库时间等来确定采购数量及采购时间，并设立采购时间预警系统；制定库存盘点方法，定期打印盘点清单，并根据盘点清单内容清查库存数量、修正库存账目并制作盘盈盘亏报表。

(五)补货及拣货作业

统计客户订单即可知道货物真正的需求量。在出库日,当库存数量满足出货需求量时,即可根据需求量打印出库拣货单及各项拣货指示,进行拣货区域的规划布置、工具选用及人员调派。出货拣取不只包括拣取作业,还需补充拣货货架上的货物,从而使拣货正常运作而不至于缺货。补货作业包括补货量及补货时点的确定、补货作业的调度和补货作业人员的调派。

(六)流通加工作业

流通加工作业包括货物的分类、称重、拆箱换包装、贴标签及货物组合包装等。这就需要管理包装材料及包装容器、制定组合包装规则、确定流通加工包装工具、做好流通加工作业的调度及作业人员的调派工作。

(七)出货作业

处理完成货物拣取及流通加工作业后,即可进行货物出货作业。出货作业包括:根据客户订单为客户打印出货单据,制定出货调度计划,打印出货批次报表、出货货物地址标签及出货核对表;由调度人员决定集货形式,选择集货工具,调派集货作业人员,并决定运输车辆类别与数量;由仓库管理人员或出货管理人员决定出货区域的规划布置及出货货物的摆放形式。

(八)送货作业

送货作业包括配送运输和送达服务两个方面。完成这些作业需要事先做好配送区域的划分和配送路线的安排,由配送路线送货的先后次序来决定货物装车顺序,并在货物配送途中进行货物跟踪、控制及处理配送途中出现的意外状况。

(九)会计作业

货物出库后,销售部门可根据出货数据制作应收账单,并将账单转入会计部门作为收款凭据;货物入库后,则由收货部门制作入库货物统计表,以作为供货商催款稽核之用。会计部门制作的各项财务报表供经营政策制定及经营管理参考。

(十)经营管理及绩效管理业务

经营管理和绩效管理可先由各个工作人员或中层管理人员提供各种信息与报表,包括出货销售统计数据、客户对配送服务的反馈报告、配送货物次数及所需时间、配送货物的失误率、仓库缺货率分析、库存损失率报告、机具设备损坏及维修报告、燃料分析等。根据各项活动及活动间的相关性，将作业内容相关性较大者或数据相关性较大者分成同一组群，并将这些组群视为计算机管理系统下的结构。

第七节 其他配送作业管理

一 订单作业管理

从接到客户订单开始到准备出货之间的作业管理，称为"订单作业管理"，包括订单确认、存货查询、库存分配和出货配送等。订单作业是与客户直接沟通的作业阶段，它会对后续的拣选作业、调度和配送产生直接影响。

订单处理有人工和计算机两种形式。目前，主要是电子订货。电子订货借助于电子订货系统，采用电子资料交换形式取代传统的订单、接单形式。

订单处理的一般流程：订单需求品的数量及日期的确认；订单形态确认；订单价格确认；加工包装确认；订单号码；建立和维护客户档案；存货查询及订单分配存货；分配后存货不足的异常处理；订单资料处理输出等。

二 配货作业管理

与分拣紧密相连的另一项作业就是配货。配货是指使用各种搬运和传输装置将拣选出来的货物，按客户的要求或货物自身的特点配备齐全以备装运。配货的基本任务是保证在配送作业中，为了顺利、有序、方便地向客户发送货物，对各种货物进行重新整理，并依据订单进行组合的过程。它与分拣作业共同构成了一项完整的作业。通过分拣、配货，可在最短的时间内，以最合理的形式完好无损地把货物配齐。这是确保配送后续作业顺利实施的前提条件。

配货作业通常遵循以下几个原则：准时性、方便性和优先性。准时性原则要求为保证客户及时性需求，配货人员要快速而又准确地配货以不耽误准时发货；方便性原则要求在配货过程中，能根据配送货物的配送规律合理摆放货物，以方便配装为前提，做到将常需货物和畅销货物摆放到靠近配装作业的通道旁边，从而节约配装时间；优先性原则是指按照客户重要性程度、客户的信用状况和订单交易额等，对货物进行等级划分，以决定配货顺序。

三 配装作业管理

配装也称"配载"，指充分利用运输工具（如货车、轮船等）的载重量和容积，采用先进的装载方法，合理安排货物的装载。在单个客户配送数量不能达到车辆的有效载运负荷时，就存在如何集中不同客户的配送货物及如何搭配装载以便充分利用运能、运力的问题，此时就需要配装。在配送中心的作业流程中安排配载，把多个客户的货物或同一客户的多种货物合理地装载于同一辆车上，可以大大提高送货水平及降低送货成本。同时，能缓解交通流量过大造成的交通堵塞，以减少运次、减少空气污染。

配装是配送系统中具有现代特点的功能要素，也是配送不同于一般送货的重要区别之一。

四 盘点作业管理

配送中的货物始终处于不断地进出仓库的动态中，在作业过程中产生的误差经过一段时间的积累会使库存资料反映的数据与货物实际数量不相符。有些货物因存放时间太长或保管不当会发生数量和质量的变化。为了对配送货物进行有效的控制，并查清其在库中的质量状况，必须定期或不定期地对储存场所进行清点、查核，这一过程称为"盘点作业"。盘点作业的结果经常会出现较大的盈亏，因此，通过盘点可以查出货物在进出仓库管理中存在的问题，并通过解决问题来提高仓库管理水平，减少损失和配送成本。

五 加工作业管理

配送加工是流通加工的一种，它是指在实物从生产领域向消费领域流动的过程中，为促进销售、维护产品质量和提高物流效率，在流通领域对产品进行的简单再加工。其主要作用就是在配送过程中解决大批量、小规格的生产和小批量、多样化的需求的矛盾，直接为流通，特别是为销售服务，从而起到提高物流效率的作用。

配送加工从简单的贴标价牌到只有融入高科技才能完成，其加工形态多种多样，加工场所也分散在物流的诸多领域。

六 送货作业管理

送货作业是利用配送车辆把客户订购的货物从生产地经批发商、零售商或配送中心送到客户手中的过程。送货是一种短距离、小批量、高频率的运输形式。它以尽可能满足客户需求为宗旨。送货主要有两种形式，如图4-13所示。

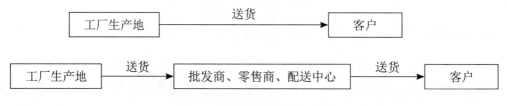

图 4-13 送货的两种形式

送货作为配送的最后一个环节，对于配送企业来说是非常关键的，这是因为送货要直接跟客户打交道。因此，如何有效地管理送货作业是配送企业不可忽视的问题。如果在这方面出现失误，则会产生种种问题。例如，从接受订单到出货非常费时、配送效率低下、驾驶员的工作时间分配不均、货物在输送过程中被损坏或丢失等。其直接的影响是送货的费用超常。在送货作业管理中，不仅要针对送货人员的工作时间等进行管理，还要对车辆的利用情况（如装载率、空驶率等）进行管理。送货作业由以下两个方面的活动组成。

● **（一）配送运输**

配送运输属于运输中的末端运输、支线运输。配送运输是较短距离、较小规模、较高频率的运输形式，一般使用汽车作为运输工具。干线运输的路线一般是唯一的，不可选择，而配送运输由于配送客户多、地点分散，一般集中在城市内或城郊，且城市交通路线较为复杂，存在空间和时间上的峰谷交替。如何组织最佳配送运输路线，如何实现配装和路线的最优化是配送运输的工作难点，也是配送运输的特点。对于较为复杂的配送运输，需要数学模型规划整合来取得较好的运输效果。

从日本配送运输的实践来看，配送的有效距离最好在50千米半径范围内。国内配送中心、物流中心的配送经济里程一般在30千米半径范围内。

（二）送达服务

将配载好的货物运输到客户处还不算配送工作结束，这是因为送达货物和客户接收货物往往会出现不协调，可能使配送前功尽弃。因此，要圆满地实现运到之后货物的移交，并有效地、方便地处理相关手续并完成结算，还应当讲究卸货地点、卸货形式等。送达服务也是配送独具的特色。

七、退货作业管理

在交货过程中或将货物交给客户后，因为货物及包装破损、货物本身质量问题、送交的货物与客户要求的货物不相符等情况而发生退货。退货作业管理是指在配送活动中，由于配送方或客户关于配送货物存在异议，要进行处理的活动。随着竞争的日益激烈，厂商开始采取更自由的退货政策，只有做好退货工作，才能使客户对配送方有信任感、依赖感和忠诚感。可以说，做好退货工作对配送业务发展意义重大。

退货作业流程根据各行业性质的不同，其环节复杂程度也不同。一般情况下，退货作业流程如下：

受理客户的货物、凭证，接待客户，并审核客户是否有收银小票或发票以及购买时间证明，所购货物是否属于不可退换货物；

细心平静地听取客户陈述有关的抱怨和要求，判断所述问题是否属于货物的质量问题；

判断货物是否符合退换货标准，结合公司政策、国家法律法规以及客户服务的准则，灵活处理，如不能满足客户的要求而客户坚持要求退货，应请上一级管理层处理；

同客户商量处理方案，提出解决方法，尽量让客户选择换货；

若决定退货，则双方都应同意退货；

判断退货的金额是否在处理的权限范围内；

填写退货单，复印客户的收银小票或发票；

进行退款结算，在收银现场退现金或走其他结算程序，并将交易号码填写在退货单上，其中一联与收银小票或发票的复印件装订在一起备查；

将退货货物放在退货货物区，并将退货单的一联贴在货物上。

延伸阅读

百事可乐装瓶公司的退货

1986年夏季，位于美国堪萨斯城的美国百事可乐装瓶公司得到一次回收产品事故的教训。2500箱橙汁不得不从密苏里州西北部和堪萨斯州的东北部的商店货架上撤下来。原因是2升装的瓶子密封不严，致使产品质量不符合标准要求。发现问题后，百事可乐总公司快速行动，在报告食品和药物管理部门的同时，火速派遣多名销售人员到受影响的商店撤回产品，并借助报纸和电台向客户解释缘由。

◆本章小结◆

配送作业是按照客户的要求，通过各种作业形式将货物按时按量送到指定地点的活动。从总体上看，配送系统由备货、理货和送货三个基本环节组成。其中，备货由进货、储存、保管等基本业务组成；理货由分拣、配货、配装、流通加工等活动组成；送货则由配送运输和送达服务两个方面组成。配送活动除了以上几个环节，一般还包括订单处理、分放、车辆回程等活动环节。不同种类的货物除具备一般配送作业流程的共性外，还具有自身特有的配送流程。配送作业管理包括进货作业管理、储存及保管保养作业管理、补货作业管理、配送信息管理、订单作业管理、分拣作业管理、配货作业管理、配装作业管理、盘点作业管理、配送加工作业管理、送货作业管理、退货作业管理等方面的内容。

■案例分析■

海尔的物流配送服务

海尔物流是海尔集团为了发展其配送服务而建立的一套设备齐全、高度现代化的物流配送体系。海尔物流服务的主要对象分为两类：海尔集团内部的事业部和集团外部的第三方客户。

1. 订单聚集

海尔采用SAPLES物流执行系统，将配送管理、仓库管理以及订单管理系统高度一体化整合，这就使得海尔能够将客户订单转换成为可装运的货物品项，从而有机会去优化运输系统。海尔可以集运和拆分订单去满足客户低成本配送的需求。订单聚集使海尔能够更加准确、有效、简单、直观地管理客户和相关物流活动。

2. 承运人管理和路径优化

海尔物流提供持续且一致的程序去管理和承运团队的关系，依靠对运输的优化而持续地更新运输费用折扣。海尔的流程和软件系统能够不断改进其审计和付款、装运招标和运输追踪功能。海尔的运输管理系统可以允许海尔的运输工程师去设计和执行复杂的最佳运输路径，这包括了多重停留、直拨与合并运输。所有这些都可以在路径设计、运输方法选择时被考虑。由于海尔的仓库管理系统和运输管理系统是高度集成的，在多地点停留的货车可以将装卸的信息直接与仓库的系统通信，确保货车在正确的路径上准点到达。

3. 多形态的费率和执行系统

海尔物流管理各种形式的运输模式，包括快递、整车零担、空运、海运和铁路运输，并按照客户的需求，应用各种先进的费率计算系统向客户提出建议。海尔的运输管理系统还集成了海尔的财务收费系统，可以向客户提供综合性的财务报告。

4. 行程执行

海尔物流应用海尔总结出来的一整套方法来计算运费。通过集中运输中心的设立，海尔物流可以整合所有的承运者，选择合适的承运工具，大幅度地减少偏差和降低运输成本。

5.可视化管理

海尔物流的动态客户出货追踪系统可以对多点和多承运人进行监控,相关的客户可以从系统上直观地查询到订单的执行状况甚至每个品种的信息。每次的出货,无论是在海尔集团系统内,还是在海尔的全国网络内,所有的承运活动都被电子监控,所有的运输信息都可以在互联网上查询。海尔的信息系统和以海尔文化为基础的管理能确保所有承运人及时、准确和完整地获得所有可视化的数据。

6.运输线合并

海尔物流将不同来源的货物,在靠近交付地的中心进行合并,组合成完整的订单,最终作为一个单元送交到收货人手中。

7.持续移动

海尔物流可以根据客户的需要去提高承运的利用率,降低收费费率。例如,海尔的运输工程师可以将家电从贵州运到上海,在昆山将一批计算机产品补货运送到重庆。海尔物流的运输网络可以追踪这些补货的运输路径,发现降低成本的机会。

8.车队、集装箱和场地管理

许多客户都拥有自己的专有货车、集装箱和设施场地,供自己的车队使用。海尔物流可以管理这些资源,从而将其纳入海尔物流整体运输解决方案中。海尔的先进系统可以提供完整的车辆可视化管理,无论周转箱或集装箱是在现场还是在高速公路,海尔物流都能为这些独特的运输提供服务,包括散货、冷冻冷藏品、周转箱的回转运输以及危险品等需要特殊处理和必须遵守相关管理条例的运输。

问题讨论

1.海尔物流配送活动采取的是什么样的经营模式?
2.简述海尔的物流配送流程,并以海尔某一产品为例进行说明。

复习思考题

1.简述配送作业的基本环节。
2.画图并简述配送作业的基本流程。
3.比较生产资料配送流程和生活资料配送流程。

4.简述进货作业管理的要点。

5.补货作业应当遵循怎样的原则?

6.配送加工作业的基本形式有哪些?如何促进配送加工作业的合理化?

7.简述配送中心的退货原则。

实训题

某公司接到通知,将有一批如下信息的货物进入配送中心仓库,要求该公司做好接收的准备。

入库通知书

型号	品名	包装数	包装	件数/包装	总件数	体积	重量
TP3032	CD碟	15	纸箱	200			
CD3033	磁盘	10	纸箱	300			

说明:

(1)TP3032每只纸箱的外形尺寸:51厘米×42厘米×45厘米,毛重12千克,法定计量单位是盒。

(2)CD3033每只纸箱的外形尺寸:63厘米×55厘米×55厘米,毛重15千克,法定计量单位是张。

(3)该公司在收到通知后先将有关入库货物的信息输入系统,等待货物的到来。下午公司收到客户送来的货物,经检验货物全部合格,正常入库。

(4)TP3032有10箱堆放在10—1—1货架上,其余的放在10—1—2上;CD3033有8箱堆放在11—1—1货架上,其余的放在11—1—2上。

操作要求:

(1)入库准备。

(2)制作入库单。

(3)制作入库库位分配通知书。

第五章

配送运输作业管理

◆学习目标◆

通过本章学习,学生要理解配送运输的内涵与作用,掌握配送运输作业的流程,了解配送运输的形式,掌握配送运输合理化的形式,理解配送线路优化的意义,了解配送运输路线的类型,理解配送运输路线的确定原则,掌握配送运输路线优化的方法,掌握行车作业管理,了解车辆选择与日常养护管理。

配送运输作业管理的内容包括对用户的要求、配送人员组织运作能力的管理,对配送设施设备情况、配送车辆情况、配送路线情况管理等。配送运输作业管理的合理化,直接影响配送效率和配送效益。在配送运输作业管理过程中,既要考虑到配送应达到的目标,又要考虑实现配送目标的各种限制条件,即在一定约束条件下,选择最佳的方案。

开篇案例

招商局物流集团有限公司配送运输移动应用项目

招商局物流集团有限公司(以下简称招商物流)是国有大型物流企业。招商物流已经在华东、华北、东北、西南、西北、华中、华南七大经营区域拥有全国性物流网络实体。招商物流在全国182个城市设立了物流运作网点763个,物流配送可及时送达全国700多个城市,全国性物流网络布局初具规模。近几年,招商物流一方面聚焦泛消费品的物流细分市场,另一方面积极开展跨境电商等新业务,同时积极开发公路快运网络平台的公共物流服务,逐步实现了合同物流与平台物流的融合。

随着移动互联网产业的迅猛发展,基于Android和iOS等主流操作系统的智能终端设备的普及,原有的物流运输线或业务系统跟踪显然不够便捷准确。运输系统利用移动应用模式协助办公,实现转运分拨和任务抽查,可将招商物流线下操作转换成线上跟踪,提升监控力度,解决内部系统无法管控上下游企业问题,实现业务端管理覆盖、储配送物流全程可视化协作,提高作业效率,提升企业物流服务能力。

客户通过移动端接入TMS平台,实现在途信息实时共享、在线评价、精细化轨迹展示功能，此举加强了与客户的沟通，可以显著提高服务水平及客户满意度。运输系统移动应用包括四个角色：司机（承运商自有司机/外协司机）、调度（承运商调度/外协调度）、现场（现场/外协现场）、客户。

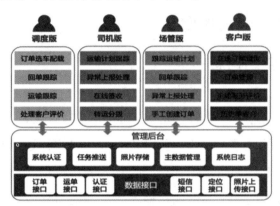

司机登录后，可以进行事件上报、异常上报、拼车合单、订单签收、订单和运单查询、转运发车等操作。司机拼车后到达预约时间或上报第一个事件后，客户端会持续定位并按照固定频率自动上报位置信息点（经纬度），通过已上报的轨迹点在地图上展示行程轨迹。现场人员登录后，现场人员可以通过客户端手工现场下单、对未到达司机进行预警推送，并监控司机订单和运单执行。调度人员登录后，可对运单进行合单或拆单，并进行配载；在运单执行过程中监控运单执行情况；可派发、抽查、审核运单任务，展示规定轨迹；对司机上报异常进行审核。客户通过手机号登录后，可查询订单状态、订单轨迹，并在司机完成订单签收后评价。调度人员登录后，可以进行系统管理、调度管理、运输跟踪、任务管理和业务处理。

客户对需求快速响应的要求越来越高，运输环节的不透明与运输质量不可控是合同物流的难点。通过全程可视化物流管理，提高客户服务水平，实现高效物流配送，这是整个行业发展的趋势。招商物流移动端应用平台包括司机版、调度版、场管版和客户版，应用中加入电子围栏、条码验证等功能，可实现防伪防窜货。运输系统移动应用的灵活分单、优化车辆资源管理、多平台协同合作、预警、报表、全程信息推送等功能，提高了公司的业务运作能力；利用智能手机等普及性强的终端，实现了物流作业的全程可视化管理。

（资料来源：中国物流与采购网）

阅读以上案例，请评析配送运输过程移动应用项目的特点及其作业管理要点。

第一节 配送运输概述

一 配送运输的内涵与作用

（一）配送运输的内涵

1. 配送运输的概念

配送运输是指物流过程的中转型送货，也称"二次输送""支线输送""终端输送"。在客户集中的区域，按客户的订货要求和时间计划，在配送中心配货，并将配好的货物采用汽车巡回运送形式送交收货人的小范围、近距离、小批量、多品种物资、为多客户服务的运输。配送运输不是单纯的运输或是送货，而是运输与其他活动的组合。除了各种"运""送"活动，配送运输还包括大量的集货、分货、配货、配装等工作，是"配"与"送"的有机结合。

2. 配送运输的特点

配送运输在美国、日本等国家开展得比较早。近几年，配送运输在我国也有较快的发展。目前，配送运输已经形成了自身的特点。

（1）配送运输是从物流节点到客户之间的一种特殊送货形式。

（2）配送运输是连接了物流其他功能的物流环节，有助于物流系统的价值增值。

（3）配送运输是复杂的作业体系，通常伴随着较高的作业成本，但却能大大降低库存成本和提高应对货物市场需求变化的快速反应能力。

（4）配送运输可通过固定设施、搬运设备、运送工具、组织形式、通信信息等集成系统化的运作体系。

延伸阅读

配送运输的影响因素

影响配送运输的因素很多，主要有以下两个方面：一是动态因素，如车流量的变化、道路的变化、配送客户的变动、可调动车辆的变动等；二是静态因素，如配送客户的分布区域、道路交通网络、车辆运行限制等。

配送运输很容易出现送货不及时、配送路径选择不当、延误交货时间等问题。因此，对配送运输进行有效管理极为重要，否则不仅影响配送效率和信誉，还将直接导致配送成本的上升。

●（二）配送运输的作用

物流经营者的配送业务与运输、仓储、装卸搬运、流通加工、包装和物流信息构成了物流系统的功能体系，配送运输有以下几个方面的作用。

1. 实现客户企业的低库存目标

通过集中仓储与配送运输，企业可以实现低库存或零库存的目标，社会物流的经济效益也会提高。

2. 改善企业财务状况

通过配送运输，企业可以释放大量的储备资金用来开发新的业务，改善企业财务状况。采用集中库存形式还可以使仓储与配送环节运用规模经济优势，提高作业效率和车辆的利用率，统筹利用资源和人员，缩短配送路线，从而使单位存货、配送运输和管理的总成本下降。

3. 提高物流服务水平

配送运输提高了物流服务水准，简化了手续，方便了客户，提高了货物供应的保证程度。比如，对于商店来说，由于商品的品牌和种类的增长，商店都尽可能地销售畅销商品，这就要求库存数量不能太多，又不能缺货，而设立配送中心进行小批量订货、多频度配送可以提升客户响应能力。

4. 完善了干线运输中的社会物流功能体系

采用配送运输作业形式，可以在一定范围内将干、支线运输与仓储等环节统一起来，从而使干线运输过程及功能体系得以优化和完善。

5. 提高企业市场竞争力

企业除了提供品质优良的货物，还必须提供适时适度的配送运输服务以提高市场占有率。

二 配送运输的形式

(一) 按配送的时间和商品数量分类

1. 定时配送

定时配送是指按照规定的时间间隔进行货物配送。每次配送的货物品种、数量既可以按预先制定的计划执行,又可以按配送前的通知执行。这种配送方式易于工作计划的安排,易于计划使用车辆,对客户来说也便于安排接货准备。

2. 定量配送

定量配送是指按照规定的批量,在一个指定的时间范围内配送货物。这种配送形式的货物数量固定,备货工作较为简单,可以根据托盘、集装箱及车辆的装载能力规定配送的定量,能够有效利用托盘、集装箱等集装形式,也可以做到整车配送,配送效率较高。由于时间不严格限定,定量配送可以将不同用户所需的物品凑成整车后配送,运力利用也较好。

3. 定时定量配送

定时定量配送是指按照规定的配送时间和配送数量进行配送,兼有定时、定量两种方式的优点,是一种精密的配送服务形式。这种形式要求有较高的服务质量水平,组织工作难度较大,通常针对固定客户进行这项服务。该形式成本较高,只有在用户有特殊要求时采用,不是一种普遍适用的形式。

4. 定时定路线配送

定时定线路配送是指在规定的运行路线上,制定配送车辆到达的时间表,按时间表进行配送。用户可以按照配送企业规定的路线及规定的时间选择这种配送服务,并在指定时间到指定位置接货。这种配送形式有利于安排车辆及驾驶人员,在配送用户较多的地区,配送工作组织相对容易。

5. 即时配送

即时配送是指完全按照客户突然提出的配送要求即时进行配送的组织形式。这是一种灵活性、机动性很高的配送形式。采用此种配送形式,对于客户来说可以实现保险储备的零库存,但对于配送的组织者来说则要做到充分利用运力,合理安排配送。

（二）按配送节点不同分类

1. 仓库配送

仓库配送一般是以仓库为据点进行的配送。仓库一般不是按配送中心的标准设计和建立的，因此，仓库配送的规模较小，配送的专业程度不高。仓库可以利用其完备的设施，集中的收发货场地，优越的交通位置等，开展中等规模的配送。仓库配送仍然是一种重要的配送形式。

2. 商店配送

商店配送的组织者通常是商业或物资的门市网点，这些网点主要承担商品的零售工作，规模一般不大，但经营品种较齐全。除日常的零售业务外，商店还可以根据顾客的需求，将客户订购的平时不经营的商品，一起配送给客户。如果客户所需配送的商品只是偶尔才需要且很难与配送中心建立计划配送关系时，则可以由商店承担配送工作。

3. 配送中心配送

配送中心的组织者通常是专门从事配送的配送中心。配送中心的规模较大，可按配送的需要储存各种商品。配送中心的专业性很强，配送中心的建设及其工艺流程是按配送需要而专门设计的，配送量一般很大、配送距离较远、配送品种较多，可以承担工业企业一般生产所需要的主要物资的配送及零售商店所需补充商品的配送。

（三）按物流配送经营形式分类

1. 直送

直送是指生产商或供应商根据需求方订货要求，直接将一整车货物从仓库（配送中心）运送到零售商场或需求方的、高频度的运送形式。直送的最大特点是需求方的需求量大，每一次订货需求往往大于或接近一整车，且货物品种类型单一。直送每次只能配送一个需求方。

2. 分送

分送是指生产商或供应商根据需求方订货要求，直接将货物从仓库（配送中心）分送到零售商场或需求方的小批量、多频次的运送形式。如我国中远海运国际货运有限公司为海尔企业集团开展的家电配送基本上就采用这一形式。

3. 集取

集取是指多个发货人在同一时间段发送小批量货物，根据需求派车，按照巡回路线和合理的时间去多个发货人处取货并运送至配送中心，再按地区进行分拣，也可指批发商或零售商去同一地域内的多个供应商处进行小批量、多品类货物集中采购，并运送至自己的店铺或物流配送中心进行下一步分类配送。

4. 集取配送

集取配送是指用一辆配送车一边配送，一边集取。

5. 交叉配送

交叉配送是指在物流配送中心将来自各供应商的货物按客户订货的需求进行分拣装车，并按客户规定的数量与时间要求进行送货。在交叉配送的情况下，配送中心仅是一个具有分拣装运功能的通过型中心。交叉配送有利于缩短交纳周期、减少库存、提高货物周转率，从而节约库存成本。

6. 多配送中心集中配送

多配送中心集中配送是由几个物流节点共同协作制定计划、共同组织车辆设备对某一地区客户进行配送。在具体执行配送运输作业计划时，可以共同使用配送车辆，以提高车辆实载率，提高配送经济效益与效率，从而降低配送运输成本。

7. 供应商管理客户库存

供应商管理客户库存也称VMI，是生产商等上游企业对零售商等下游企业的流通库存进行管理和控制。具体地说，生产商基于零售商的销售、库存等信息，判断零售商的库存是否需要补充。如果需要补充，则自动向本企业的物流配送中心发出发货指令，以补充零售商的库存。

VMI物流配送是货物供应商与零售商或客户相协作进行物流供应链管理而产生的一种新型配送运输形式，见图5-1。该形式下的物流配送与传统模式下的物流配送有着较大区别，VMI的出现是当代信息技术的发展与人们对物流管理的认识进一步深化的必然结果。

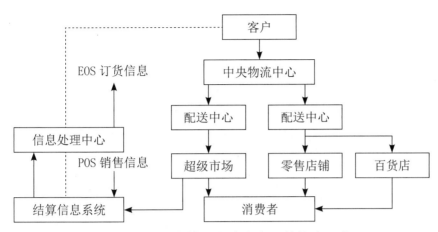

图 5-1　供应商管理客户库存下的物流配送

三、配送运输的作业流程

配送运输的对象、货物品种、货物数量等较为复杂，为了做到有条不紊地组织配送运输活动，人们应当遵照一定的工作程序进行。配送运输组织工作的基本程序和内容如下。

（一）拟订配送运输计划

根据客户的订货合同，确定客户的送达地、接货人、接货形式、货物品种、货物规格、货物数量、送货时间及送接货的其他要求，了解所需配送的各种货物的性能、运输要求，以决定配送车辆种类、货物搬运形式、运力配置情况等。

（二）确定配送运输计划

掌握了以上原始数据后，可以利用一定的算法来确定配送计划。由于变量多、计算量大，可以用计算机进行运算。

1. 根据客户要求标明货物情况

按日汇总各客户需要货物的品种、规格、数量，弄清各客户的详细地址，可在地图、表格中标出。

2. 确定配送距离

计算各客户到配送中心的距离和各客户之间的距离，以确定目标函数。如总运距最小、总吨千米数最小、总时间最短、车辆总数量最小。选用运筹学中的单纯形法求解线性规划问题及目标规划问题，以得出最优配送运输计划。也可以进行手工计算，使用简化方法，如节约里程法等。

（三）执行配送运输计划

配送运输计划确定后，将到货时间、货物品种、货物规格、货物数量通知客户和配送中心，由配送中心进行配发，客户准备接货。

配送中心依据配送计划检查库存货物，对数量、种类不足的货物马上进货，并向物流中心的运输部门、仓储部门、分货包装及财务部门下达配送任务。各部门分别完成配送准备工作。理货部门按计划将客户所需要的各种货物进行分货及配发包装，标明收货人的名称、地址、配送时间、货物明细，并按计划将客户货物进行组合、装车，将公路运单交司机或随车送货人。车辆按计划路线送货上门，客户在运单回执上签字。配送完成后，配送中心通知财务部门结算。如果是老客户，则建立往来账。

四 配送运输合理化分析

（一）不合理配送运输的表现形式

配送内部的各个因素之间存在着互动关系，存在全局合理而局部不合理现象。这决定着配送决策的优劣很难有一个明显、绝对的标准。在决策时要尽量避免局部不合理现象所造成的损失。

1. 资源筹措不合理

配送是利用较大批量筹措资源，通过筹措资源的规模效益来降低资源筹措成本，以使配送资源筹措成本低于客户自己筹措资源的成本，从而取得优势。如果不是集中多个客户需要进行批量筹措资源，而仅是为某一两户代购代筹，那么对客户来讲，不仅不能降低资源筹措费，相反还要多支付一笔给配送企业的代筹代办费。因此，这是不合理的。资源筹措不合理还有其他表现形式，如配送量计划不准、资源筹措过多或过少，在资源筹措时不考虑建立与资源供应者之间长期稳定的供需关系等。

2. 库存决策不合理

配送应充分利用集中库存总量低于各客户分散库存总量的优势，从而大大节约社会财富。同时，减轻客户实际平均分摊库存负担。因此，配送企业必须依靠科学管理来降低库存总量，否则就会出现库存转移，而无法解决库存不合理问题。此外，配送企业库存决策不合理还表现在库存量不足，不能保证随机需求。

3. 价格不合理

配送的价格应低于不实行配送的客户自己进货时产品购买、提货、运输之成本总和，只有这样客户才会有利可图。有时，由于配送有较高服务水平，价格稍高客户也是可以接受的，但这不是普遍的原则。如果配送价格普遍高于客户自己进货的成本总和，则损伤了客户利益，这是一种不合理的现象。但配送的价格过低会使配送企业处于无利或亏损状态，这会有损配送企业利益，因而也是不合理的。

4. 配送与直达的决策不合理

一般的配送总有增加的环节，增加的环节可降低客户平均库存水平，不但抵消了增加环节的支出，而且能取得剩余效益。但是，如果客户进货批量大，则可以直接通过社会物流系统均衡批量进货，比通过配送中转送货可能更节约费用。在这种情况下，不直接进货而通过配送就属于不合理范畴。

5. 送货中的不合理运输

配送与客户自提比较，尤其对于多个小客户，可以集中配装一辆车送货。这比自提大大节省运力和运费。如果不能利用这一优势，仍然是一户单独送货，而车辆无法实现满载（即时配送过多、过频会出现这种情况），就属于不合理运输。

（二）配送合理化的表现形式

对于配送合理化与否的判断，是配送决策系统的重要内容。目前，国内外尚无一套固定的技术经济指标体系和判断方法。但通常以下若干标志是应当纳入的。

1. 库存

库存是判断配送合理与否的重要标志，具体指标有以下两方面。

（1）库存总量。库存总量是指在一个配送系统中，从分散于各个客户的库存量转移给配送中心的总库存量，加上各客户在实行配送后库存量之和，应低于实行配送前各客户库存量之和。

此外，从客户角度判断，各客户对实行配送前后的库存量比较也是判断配送合理化的标准之一。某个客户的库存量上升而总量下降也属于一种不合理现象。

库存总量是一个动态的量，上述比较应当在一定经营量前提下进行。在客户生产经营增长之后，库存总量的上升若是随经营增长出现的，则必须扣除这一因素，只有这样才能对总量是否下降作出正确判断。

（2）库存周转。由于配送企业的调剂作用，以低库存保持高的供应能力，库存周转一般总是快于原来各企业库存周转。此外，从各个客户角度进行判断，各客户在实行配送前后的库存周转比较也是判断配送合理化的标志之一。为取得共同比较基准，以上库存标志，都以库存储备资金来计算，而不以实际货物数量计算。

2. 资金

总的来讲，实行配送应有利于资金占用量的降低及资金运用的科学化。具体判断标志如下。

（1）资金总量。用于资源筹措所占用的流动资金总量会随储备总量的下降及供应形式的改变必然有较大幅度的降低。

（2）资金周转。由于资金运用的整个节奏加快，资金充分发挥了作用，同样数量的资金过去需要较长时期才能满足一定供应要求，实行配送之后，在较短时期内就能达到目的。资金周转是否加快是衡量配送合理与否的标志。

（3）资金投向的改变。资金分散投入还是集中投入是判断资金调控能力的重要标志，应该加以谨慎权衡。

3. 成本和效益

总效益、宏观效益、微观效益、资源筹措成本都是判断配送合理化的重要标志。不同的配送形式可以有不同的判断侧重点。例如，配送企业和客户企业都是各自独立且以利润为中心的企业，这不但要看配送的总效益，而且要看其对社会的宏观效益及对企业的微观效益，不顾及任何一方都必然出现不合理现象。又如，如果配送企业是由客户集团自己组织的，配送主要强调保证能力和服务性。那么，效益主要从总效益、宏观效益和客户集团的微观效益来判断，不必过多顾及配送企业的微观效益。由于总效益及宏观效益难以计量，在实际判断时常以按国家政策进行经营、完成国家税收任务和实现配送企业及客户的微观效益来判断。

对于配送企业，企业利润可反映配送合理化程度；对于客户企业，在保证供应水平或提高供应水平前提下，供应成本的降低反映了配送合理化程度的提高。成本及效益对配送合理化的衡量还可以具体到储存、运输环节，这样会使判断更为精确。

4. 供应保证

实行配送，各个客户最担心的是供应保证程度会降低，这是个心态问题，同时也是承担风险的实际问题。

配送重要的一点是必须提高而不是降低对客户的供应保证能力，只有这样才算实现了配送的合理化。供应保证能力可以从以下三方面判断。

（1）缺货次数。实行配送后，对一些客户来讲，因货物没有被及时送到而影响生产及经营的次数必须下降才算合理。

（2）配送企业集中库存量。对客户来讲，配送企业集中库存量所形成的保证供应能力应高于配送前单个企业保证程度。

（3）即时配送的能力及速度。这是客户出现特殊情况时采用的特殊供应保障形式，它必须高于未实行配送前客户紧急进货能力，以及快于未实行配送前客户紧急进货速度，只有这样才算合理。特别需要强调的是，配送企业的供应保障能力有科学合理的范围。具体来讲，如果供应保障能力过高，超过了实际的需要，则属于不合理。因此，追求供应保障能力的合理化也是有限度的。

5. 社会运力节约

末端运输是目前运能、运力使用不合理且浪费较大的领域。因此，人们寄希望于配送来解决这个问题。运力节约也成了配送合理化的重要标志。

运力使用的合理化是依靠送货运力的规划和整个配送系统的合理流程及与社会运输系统的合理衔接来实现的。送货运力的规划是任何配送中心都需要花力气解决的问题，而其他问题有赖于配送及物流系统的合理化，判断起来比较复杂。可以简化判断如下。

（1）社会车辆总数量减少，而承运量增加则为合理。

（2）社会车辆空驶减少为合理。

（3）一家一户自提自运减少，社会化运输增加为合理。

6. 客户的仓库、供应、进货等人力、物力节约

实行配送后，各客户库存量、仓库面积、仓库管理人员减少为合理，用于订货、接货、负责供应的人员减少为合理。若真正解除了客户的后顾之忧，配送的合理化程度则可以说是比较高了。

7. 配送运输合理化

（1）降低了配送运输费用。

（2）减少了配送运输损失。

（3）加快了配送运输速度。

（4）发挥了各种配送运输形式的最优效果。

（5）有效衔接了干线运输和末端运输。

（6）不增加实际的配送运输中转次数。

（7）采用了先进的技术手段。

配送运输是否合理的问题是配送要关注的问题，同时也是衡量配送本身优劣的重要标志。

（三）配送运输合理化措施

国外在推行配送合理化过程中有一些可供借鉴的办法，简介如下。

1. 推行一定综合程度的专业化配送

采用专业设备、设施及操作程序，取得较好的配送效果并降低配送综合化的复杂程度及难度，从而追求配送运输的合理化。

2. 推行加工配送

通过将加工和配送相结合，充分利用本来应有的中转而不增加新的中转，以求得配送的合理化。同时，加工借助于配送，加工目的更明确、客户联系更紧密，从而有效避免了盲目性。

3. 推行共同配送

共同配送可以以最近的路程、最低的成本完成配送，从而实现配送的合理化。

4. 实行送取结合

配送企业与客户应建立稳定、密切的协作关系。配送企业不仅可成为客户的供应代理人，还可承担客户储存节点的工作，甚至成为客户的产品代销人。在配送时，将客户所需的货物送到，再将该客户生产的产品用同一车运回，运回的产品自然成了配送中心的配送产品之一，或者成为代存代储产品，这样就减轻了生产企业的库存负担。这种送取结合的方式使运力得到充分利用，也使配送企业功能有更大的发挥，从而实现配送合理化。

5. 推行准时配送

准时配送是配送合理化的重要内容。配送只有做到了准时，客户才会放心地实施低库存或零库存策略，才能有效地安排接货的人力、物力，以追求最高效率的工作。另外，保证供应能力也取决于准时配送。从国外的经验看，准时供应配送系统是现在许多配送企业追求配送运输合理化的重要手段。

6. 推行即时配送

即时配送是解除客户担心断供之忧的最好方法，也是大幅度提高供应保证能力的重要手段。即时配送是配送企业快速反应能力的具体化，是配送企业能力的体现。虽然即时配送成本较高，但它是整个配送运输合理化的重要保证手段。此外，客户想实现零库存，即时配送也是重要保证手段。

第二节 配送运输路线的优化选择

一 配送运输路线优化的意义

由于配送运输配送方法的不同，运输过程也不尽相同。影响配送运输的因素有很多，如车流量、道路状况、客户的分布状况、配送中心的选址、车辆额定载重量以及车辆运行限制等。配送路线设计就是整合影响配送运输的各种因素，适时适当地利用现有的运输工具和道路状况，及时、安全、方便、经济地将客户所需的不同货物准确送达客户手中，以便提供优良的物流配送服务。在配送运输路线设计过程中，根据不同客户的特点和要求选择不同的路线设计，最终达到节省时间、缩短运行距离和降低运行费用的目的。

二 配送运输路线的类型

在组织车辆完成货物运送工作的同时，通常存在多种可供选择的行驶路线。车辆按不同的路线完成同样的运送任务时，由于其利用程度不同，相应的配送效率和成本也不同，选择时间短、费用省、效益好的行驶路线是配送运输组织的一项重要内容。应尽量在保证满足客户要求的前提下，集合多个客户的配送货物进行搭配装载，以充分利用运能、运力，从而降低配送成本，提高配送效率。

(一) 往复式路线

往复式行驶路线是指配送车辆在两个物流节点间往复行驶的路线类型。根据运载情况,具体可分为三种形式。

1. 单程有载往复式路线(图 5-2)

这种行驶路线因为回程不载货,里程利用率较低,一般不到50%。在这种情况下,只有利用装卸作业点之间的最短路线才能解决车辆利用率低的问题。

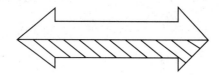

图 5-2　单程有载往复式路线

2. 回程部分有载往复式路线(图 5-3)

车辆在回程过程中有货物运送,但该回程货物不是运到路线的终点,而是运到路线的中间某一节点,或是中途载货运到终点,车辆在每一次周转中完成两个运次。由于这种路线回程部分有载,其里程利用率有了一定的提高,即大于50%、小于100%。

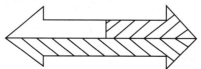

图 5-3　回程部分有载往复式路线

3. 双程有载往复式路线(图 5-4)

双程有载往复式路线是指车辆在回程运行中全程载有货物运到终点的路线,其里程利用率为100%(不考虑驻车的调空行程)。

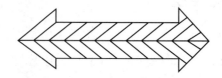

图 5-4　双程有载往复式路线

可见,车辆在双程有载往复式路线上运送货物时里程利用率最高,在回程部分有载往复式路线上次之,在单程有载往复式路线上最低。

(二)环形式路线

环形式路线是指配送车辆在由若干物流节点间组成的封闭回路上所作的连续单向运行的行驶路线。当车辆在环形式行驶路线上行驶一周,至少完成两个运次的货物运送工作。由于不同运送任务其装卸作业点的位置分布不同,环形式行驶路线可分为四种形式,即简单环式、交叉环式、三角环式和复合环式等,如图5-5所示。

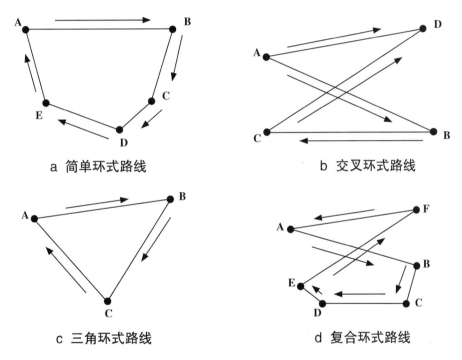

图5-5 各种环形式路线

当配送车辆无法组织回程货物时,为提高车辆的里程利用率,可组织环形式行驶路线。当车辆在环形式行驶路线上运送货物时,应尽量使空驶行程之和小于载货的行程之和,从而最大限度地组织车辆有载运行,以里程利用率达到最高为准则。

(三)汇集式路线

汇集式行驶路线是指车辆沿分布于运行路线上的各物流节点依次完成相应的装卸作业,且每次货物装(卸)载量均小于该车辆核定载货量,直到整辆车装满(卸空)后返回出发点的行驶路线。它分为直线形和环形两类,环形的里程利用率要高一些。汇集式直线形路线实质上是往复式行驶路线的变形。而汇集式环形路线有以下三种形式。

1. 分送式路线（图5-6）

车辆在运行路线上各物流结点依次卸货，直到卸完所有待卸货物后返回出发点。

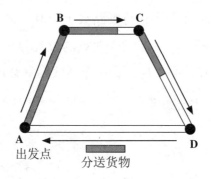

图5-6　分送式路线

2. 聚集式路线（图5-7）

车辆沿运行路线上各物流结点依次装货，直到装完所有待装货物后返回出发点。

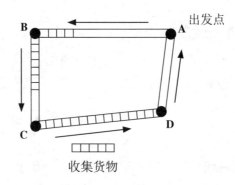

图5-7　聚集式路线

3. 分送—聚集式路线（图5-8）

车辆沿运行路线上的各物流节点分别或同时装、卸货物，直到完成对所有待运货物的装卸作业后返回出发点。

车辆在汇集式行驶路线上运行时，其调度工作组织较为复杂。有时，虽然完成了指定的运送任务，但完成的运输周转量不同，这与车辆所完成的运输周转量和车辆沿线上的各物流节点的绕行次序有关。

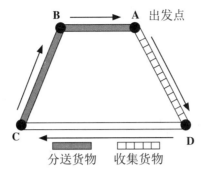

图 5-8 分送—聚集式路线

（四）星形行驶路线

星形行驶路线是指车辆以一个物流节点为中心向其周围多个方向上的一个或多个节点行驶而形成的辐射状行驶路线。星形行驶路线如图5-9所示，O是中心节点，A、B、C……是各方向上的节点。如果就一个行驶方向（O至A）来看，可以简化成一个往复式行驶路线；如果就一个局部（O、H、G）来看，车辆按O→F→H→G→F→O运行，又可简化成一个环形行驶路线；如果各节点更广泛地连通，车辆在多个节点之间运行，则从整体上又形成了一个复杂的网络式行驶路线。

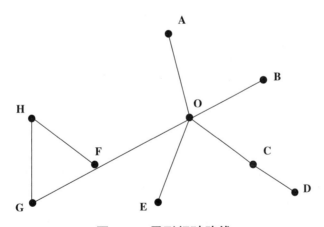

图 5-9 星形行驶路线

三 配送运输路线的确定原则

配送路线是指各送货车辆向各个客户送货时所要经过的路线。配送路线的合理化对配送速度、车辆的合理利用和配送费用都有直接影响。因此，配送路线的优化问题是配送工作的主要问题之一。采用科学的、合理的方法来确定配送路线是配送活动中非常重要的一项工作。

(一) 确定目标

目标的选择是根据配送的具体要求、配送中心的实力及客观条件来确定的。配送路线规划的目标可以有多种选择。

1. 以效益最高为目标

它是指规划时以利润最大化为目标。

2. 以成本最低为目标

它实际上也是选择了以效益为目标。

3. 以路程最短为目标

当成本与路程之间的相关性较强，而和其他因素相关性较小时，可以选此作为目标。

4. 以吨千米数最小为目标

在"节约里程法"的计算中采用这一目标。

5. 以准确性最高为目标

它是配送中心在运作中重要的服务指标。

当然，规划时还可以选择运力利用最合理、劳动消耗最低作为目标。

(二) 确定配送路线的约束条件

满足所有收货人对货物种类、规格、数量的要求；

满足收货人对货物送达时间范围的要求；

在允许通行的时间段内进行配送；

各配送路线的货物量不得超过车辆容量和载重量的限制；

在配送中心现有运力允许的范围内。

四 配送运输路线的优化方法——节约法

在配送路线的设计过程中，当由一个配送中心向多个客户进行共同送货，在同一条路线上的所有客户的需求量总和不大于一辆车的额定载重量时，由这一辆车配装着所有客户需求的货物，按照一条预先设计好的最佳路线依次将货物送到每一个客户手中，这样既可保证按需将货物及时交送，同时又能节约行驶里程，缩短整个送货时间，节约费用，还能在客观上减少交通流量，缓减交通紧张的压力。

随着配送的复杂化，配送路线的优化一般要利用数学方法及计算机求解来制定合理的配送方案，下面主要介绍确定优化配送方案的一个比较成熟的方法——节约法，也叫"节约里程法"。

(一) 节约法的基本规定

利用节约法确定配送路线的主要出发点是根据配送中心的运输能力（包括车辆数量和载重量）和配送中心到各个客户及各个客户之间的距离来制定总的车辆运输的最小吨千米数的配送方案。

利用节约法制定出的配送方案除了使配送总吨千米数最小，还应满足以下条件。

满足所有客户的要求；

不使任何一辆车超载；

每辆车每天的总运行时间或行驶里程不超过规定的上限；

符合客户到货时间要求。

(二) 节约法的基本思想

节约法的基本思想是为实现高效率的配送而使配送的时间最少、距离最短、成本最低，寻找最佳的配送路线。

(三) 使用节约法的注意事项

适用于需求稳定的客户；

应充分考虑交通和道路情况；

应充分考虑收货站的停留时间；

要考虑驾驶员的作息时间及客户要求的交货时间；

当需求量大时，求解会变得复杂，这时需要借助计算机来生成结果。

第三节 车辆营运管理

在货物输送管理过程中,车辆调度、货物配装、运输路线的规划与选择是配送作业的重要内容。由于配送活动的货物输送主要是短距离的卡车运输,运输车辆的行车作业管理、车辆的维护与保养以及卡车运输业务的外包管理等也是配送管理重要的辅助业务内容。

一 行车作业管理

配送运输作业尽管可以通过建立数学模型使运输路线优化,利用计算机管理软件对车辆进行合理的调度和对货物实行有效配装,配送计划也可以做得非常周详,但影响货物输送效率与配送服务质量的因素很多,其中就不乏许多不可预期的影响因素。特别是在企业外部的货物输送过程中,往往会因临时的交通状况变化、天气变化、行车人员在驾驶过程中突发安全事故等难以控制或不可控因素的影响而导致货物输送不能如期到达、货物受损等情况的发生,从而使输送成本上升,最终影响配送服务的质量与配送效益,并使前期的配货效率及其产生的效益化为乌有。因此,在货物输送管理过程中,必须加强行驶作业记录、车辆跟踪管理、行车人员的有效管理与控制。

(一)行驶作业记录管理

行驶作业记录管理主要有驾驶日报表的管理形式、行车作业记录卡的管理形式和行车记录器的管理形式。

1. 驾驶日报表管理

通过行车驾驶人员填制汽车驾驶日报表的形式记录货物输送作业过程。通过表单对配送车辆驾驶情况作记录,这除了能随时对车辆与驾驶员的品质及负担作评估调整,还能反映配送规划的效果,从而为后续营运配送计划管理提供参考依据。

2. 行车作业记录卡管理

行车作业记录卡管理主要是对行车作业实行定时划卡制度。以日本大型连锁集团伊藤洋华堂为例,其对配送车辆输送行车作业实行了高效率管理。具体的手段是制定定时划卡制度，即每一台配送车辆到店时要划卡，离店时也要划卡，到店至离店的时间为卸货和验货的时间。配送中心根据信息中心获取的POS系统的信息来掌握配送车辆到店和离店的划卡时间，分析运送作业，货物抵达后的交、接货的作业效率。如发现配送车辆比规定的时间早到或晚到15分钟及以上（早到会无接货人，晚到则会使商店失去最佳销售机会），总部的职能部门就要按照合同规定对运输的当事者处以罚款（委托运输公司运输的情况也一样）。对配送车辆每到一店都实行同样的划卡制度，这样负责货物配送的配送中心就能掌握车辆的在途时间，从而规划出较为合理的配送路线，以确保物流的通畅，并使各连锁分店能够顺利地运营。

目前，我国城市公交系统为保证车辆准时到达，对营运车辆均采用中途和到站划卡制度。车辆营运实行划卡制度对于城市区域内定点定路线的配送服务形式是很有借鉴意义的。

3. 行车记录器的形式

行车记录器的用途很广，只要牵涉货物配送且想要好好管理，就可将它运用在车辆行车配送上。目前，国内外已开始采用随车温度记录器及行车记录器的形式来对车辆配送情况作即时详细的掌握。

（1）利用温度记录器随时监控车内温度状况。温度记录器大多设置在货物温度控制的配送车上，例如，冷冻、冷藏食品的配送，温度记录器可提供随时监控管理的功能。一旦货柜温度过高或过低，温度记录器就会马上发出警讯提醒行车人员注意，以采取必要措施，且这些资料的记录数据可供事后管理人员检查之用。

（2）利用行车记录器掌握车辆配送过程中的行驶数据。行车记录器最主要的功能就是能掌握车辆配送过程中的行驶数据，包括时间、里程数、行车速度等，其功能目的如下。

①记录车辆行驶及交货时间。对于时间的记录，需要掌握的时点很多，包括：由配送中心出发至各客户点的经过时间及各客户点相互间的路程行驶时间，以判断此路程的配送有无阻碍，是否应改换路线；到达每一客户点的时间，观察有无延迟交货发生；离开客户点时间，检查司机交货作业手续的完成速度；返回配送中心的时间，以观察整趟配送的时间耗费。配送中心可根据这样的数据来制定以后的调配车辆的计划。

②记录车辆行驶里程数。对于里程数的记录，也可以分为几方面来掌握。配送

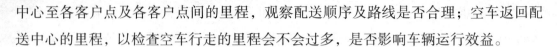

中心至各客户点及各客户点间的里程，观察配送顺序及路线是否合理；空车返回配送中心的里程，以检查空车行走的里程会不会过多，是否影响车辆运行效益。

③记录车辆运行速度。对于速度的掌握，可以由两方面来观察记录。一是行车速度与平均速度。其目的是随时记录车辆的运行速度，观察是否常受红绿灯影响，或是否会受堵车影响，以评估所选择路线的顺畅程度，检查在某时段配送的效果。二是超速次数，可由此来衡量驾驶员的品质是否会给公司带来不当的费用。

④记录耗油量与平均耗油量。市区堵车容易耗油，车辆负载过重容易耗油，司机操纵不当也耗油。因此，对于车辆行驶的耗油量也需要特别观察，以制定节省运费的切实措施。

⑤记录引擎转速。由车辆引擎转速是否正常可看出车辆本身的状况，状况不良的车辆易发生意外、延误交货时间。因此，从行车记录器的记录来观察引擎转速可确保配送车辆的良好运行状态。

通过记录器的功能，配送管理者可以实现以下五项最主要的管理目标：统计分析车辆使用状况，随时进行调整与改善；取代原来人工记录的形式，提高驾驶员工作效率；简化报表作业程序，提升管理效率；掌握输送活动中每一时点情况，提高对客户的服务质量；节省油量消耗及车辆保养费用，切实降低配送成本。

● **（二）利用自动跟踪信息技术对输送货物进行跟踪管理**

实现对货物的实时跟踪监控，也就是说，从货物出了货主企业的门到进入商家和客户的门，在这个过程中能时刻监控货车的运输路线、所在位置，并能够便捷、低成本地同货车进行联络。

目前，国内外许多物流公司或货运公司已开始利用条形码、在线货运信息系统和卫星定位系统等信息技术进行货物跟踪管理服务。

使用物流条形码提供快速和无差错的信息传输有助于在中途站点用卡车进行装运；在线货运信息系统可以使配送企业直接连通运输商的计算机，以确定货物运输的情况；利用GIS、GPS可以实现大范围内的货物跟踪监控，其显示范围可以从洲际地图到非常详细的街区地图，显示对象包括人口、销售情况、运输路线以及其他内容。如北京金干线科技运输有限公司研制了物流通在线监控调度系统，通过这套系统能随时监控到每辆卡车的运行情况。

（三）行车作业人员考核与管理

尽管可以通过调查各个客户信息、加强行驶作业记录及跟踪管理，了解到货物时点情况、装车卸货情况、运输路线情况等，但这些只反映了行车作业活动的营运情况，还不能实现对行车作业的有效控制与管理。为确保行车作业能按输送计划有效运行，还需对行车作业人员进行培训、考核和评价。

1. 对行车作业人员进行培训

对行车作业人员进行培训的目的在于让其了解物流的内涵、各项作业流程、与车辆相关的操作与维护知识、搬运装卸要领、紧急事件处理的原则和方法，最重要的还是强化其遵守交通法规与服务客户的理念。

2. 建立行车作业人员工作考核制度

除前述的对客户进行调查，通过日报表、记录器、车辆通信系统等措施来有效监控外，对行车任务的考核与评价是管理控制行车作业人员的有效方法之一。在考核评价体系中，最重要的是确定车辆行车作业评价的基本指标，从而有效建立考核评价制度。

车辆行车作业评价的基本指标如下。

（1）行车里程（实车行驶里程、空车行驶里程）。

（2）行车时间（实车行驶时间、空车行驶时间）。

（3）装载量（重量、体积）。

（4）车辆配置（总载重量、车辆总数、出勤、停驶车数）。

（5）值班人数、车次等。

（6）耗油量。

（7）工作天数（正常工作时间、延长工作时间）。

（8）肇事、货物故障件数。

行车作业人员的考核数据，可以通过驾驶成绩报告书、配送人员出勤日报表的形式来反映。

3. 建立行车人员的工作激励机制

对于行车人员的管理仅有考核制度是不行的，还应有相应的激励机制来调动作业人员的工作积极性和工作主动性。实际上，对行车人员的有效激励往往比管理控制更重要。因此，对行车人员的管理应坚持以人为本，对作业人员的家庭生活也要多关心,通过建设良好的企业文化来充分发挥作业人员的工作潜能。同时,还可以通过目标导向的薪资制度、工作绩效竞赛制度、内部创业机会的提供、第二职能的训练等措施来激励作业人员做好配送运输作业工作。

二 车辆选择与日常养护管理

车辆、人、站场三者是配送运输活动最主要的构成要素。因此,选择合适型号的运输车辆,并使车辆维持良好的使用状态,对整个配送工作的顺利进行起着决定性的作用。

(一) 车辆种类的选定

货车车辆种类繁多,要根据用途及所载的货物种类进行选择。常见的分类:根据载重进行分类,如小货车载重在3.5吨以下;根据车厢的形式分类,如柜式车和箱式车;根据燃油分类,如汽油车、柴油车等。从消费物流的角度来看,由于载运的货物大多是生活用品,可根据距离、运送货物的数量选用车辆。

由于市区内车辆多,同时,为了维护道路的使用寿命,对于进入市区的车辆一般有载重的限制,市区内配送运输一般以小货车为主。

近几年来,由于人力短缺,配送运输形成了大宗货物托盘运输趋势,长途行驶的车辆逐渐采用联结车或曳引车等,以节省成本。虽然柜式货车的装载容量较多、装卸货速度快,但需要捆绑覆盖帆布,且对货物的保护性低。而箱式货车,虽然载装容量相对少些,但可装载多项货物且不用捆绑货物,在人力运用及货物维护上都有好处。选用何种车辆,经营者可以根据业务需求审慎衡量,以免产生评估错误,造成无形的损失与浪费。

(二) 车辆的保养与维修

为了减少车辆的损坏,确保行车质量与安全,除教育行车人员根据操作手册驾驶车辆,做好行车前、行车中、行车后的车辆检查外,还应该制定车辆保养与维修管理办法,以确保运输车辆处于最佳运行状态。

1. 车辆的维护

车辆的维护也叫"保养"。车辆保养一般可分为日常保养、一级保养和二级保养。

2. 车辆的检查

车辆的检查是对车辆的运行情况、工作精度、磨损或腐蚀程度进行检查和校验。检查是车辆维修管理中的一个重要环节，通过检查及时查明和消除车辆隐患，针对发现的问题提出改进维护工作的措施，从而有目的地做好修理前的各项准备工作，以提高修理质量和缩短修理时间。

按时间间隔，车辆检查可分为日常检查和定期检查。日常检查，即每日检查和交接班检查，由车辆操作人员执行。定期检查，即按检查计划日程表在车辆操作人员参与下由专职检修人员定期执行。

3. 车辆的监测

监测技术是在检查的基础上发展起来的车辆设备维修和管理方面的新兴工程技术。它通过科学的方法在车辆上安装仪器仪表，对车辆的运行状态进行监测，这样能够全面地、准确地把握设备磨损、老化、劣化、腐蚀等的部位和程度以及其他情况。在此基础上进行早期预报和追踪，把车辆的定期维护修理制度改变为有针对性的预知维修制度，从而可以减少由于车辆劳损情况不清而盲目拆卸车辆所带来的损伤和车辆停运造成的经济损失。

监测的方法很多，有温度监测、润滑监测、泄露监测、振动监测、噪音监测、腐蚀监测、裂缝监测等。

4. 车辆的维修制度

因习惯和国情不同，世界各国乃至各企业的车辆维修制度也各不相同。美国实行的是预防维修制，苏联实行的是计划预防维修制，日本实行的是全员生产维修制，而我国目前实行的车辆设备维修制度主要是计划预防维修制度、计划保养维修制度、预防维修制度三种。

（1）计划预防维修制度（简称计划预修制）。它是根据车辆设备的磨损规律，按预定修理周期及其结构对设备进行维护、检查和修理，以保证设备经常处于较好技术状况的一种设备维修制度。其主要特点如下：

①按规定要求对设备进行日常清扫、检查、润滑、紧固和调整等，以减缓设备的磨损，保证设备正常运行。

②按规定的日程表对设备的运转状态、性能和磨损程度等进行定期检查和校验，以便及时消除隐患、掌握设备技术状况的变化情况，为设备的定期检修做好

准备。

③有计划、有准备地对设备进行预防性修理。

（2）计划保养维修制度（简称计划保修制）。它是把维护保养和计划检修结合起来的一种修理制度。它是我国一些先进工业企业在总结计划预修制的经验和教训的基础上，在1960年以后建立和发展起来的一种设备维修制度。其主要特点如下。

①根据车辆设备的特点和状况，按照设备运转小时、产量或里程等制定不同的维护类别和间隔期，并在保养的基础上制定出不同的修理类别和修理周期。

②当车辆设备运转到规定时点时，严格按要求进行检查、保养或计划修理。

这种修理制度导致了车辆操作人员与维修人员共管车辆设备的局面，使车辆设备管理工作建立在广泛的群众基础之上，可以及时消除隐患、节省劳动和费用、延长设备寿命，同时有利于操作人员了解设备性能和基本结构，提高操作水平、增强运力。这种维修制度被采用的范围不及预防维修制度广泛，但仍被我国许多企业采用。

（3）预防维修制度。预防维修制度是我国从20世纪80年代开始通过研究美国预防维修制度而逐渐形成的一种车辆设备修理制度，它的发展基础是车辆设备故障理论和磨损规律。

◆本章小结◆

配送运输是指物流过程的中转型送货，除了各种"运""送"活动，还要从事大量的集货、分货、配货、配装等工作，是"配"与"送"的有机结合。其产生的根本原因是现代商业经营环境和经营形式的变化。影响配送运输的因素很多，一是动态因素，二是静态因素。配送运输对企业具有非常突出的作用。由于形式多样，对象、品种、数量等较为复杂，配送运输应当遵照一定的作业流程进行。配送运输路线有往复式、环形式、汇集式、星形等几种类型，要利用节约法等方法对配送路线进行优化。在货物输送管理过程中，车辆调度、货物配装也是配送作业的重要内容。

■案例分析■

家电终端物流配送的发展

大型家电产品一般体积和重量较大,对保管和搬运的条件要求较高。在传统的家电零售过程中,往往采用从销售点依次送货的办法来实现大家电的终端物流配送。这种形式在提升服务质量、节约成本等方面存在先天的缺陷,已经不能适应日益变化的市场要求。随着信息技术和物流技术的发展,一种新的配送模式已被逐渐认可。

目前,主要的家电连锁企业在大型家电配送方面越来越多地采用了集中配送的形式。集中配送,指销售者对已销售货物进行统一配送安排,将售出商品集中从配送中心发送到购买者指定的收货地点。其主要特点是,在一定地区范围,销售者不论有多少销售点,其所有的实物库存都保存在配送中心,各销售点只有样品没有库存或仅有少量库存。销售时,各零售点将购买者信息和售出货物信息传递到配送中心,配送中心根据购买者的地理信息和商品信息安排送货车辆,送货的同时完成检验、安装、调试、结算等服务。

集中配送与传统配送形式相比,具有以下优势。

1. 降低企业总库存

集中配送形式只在配送中心有库存,各零售点没有库存,这会大大减少企业在库存上占用的资金。尤其对家电零售企业来说,由于单品价值高、账期短,家电品种杂、型号多、消费时间性和地域性强,统一库存可减少各种因素对库存的影响。

2. 增加销售营业面积,降低经营成本

零售卖场的原有库房可用于增加营业面积。配送中心一般位于市郊,租金要低于同等面积的市内仓库。

3. 降低运输费用

大家电的运输费用一般占销售额的1%~1.5%,集中配送可以减少由仓库到门店的运输费用。同时,集中配送可使配送路线优化,提高车辆使用效率。例如:甲地有2个客户分别到某连锁店A店和B店购买家电,传统形式是由A、B两店各派车去甲地送货。如果采用集中配送,可由配送中心直接从A、B两店装货再去甲地送货,从而有效降低了车辆运输成本,提高了车辆使用效率。在整个销售过程中,分工更明确、工作效率更高。销售人员可以集中精力于销售,客户服务人员专职于服务,司机专职于送货等。

4. 品种、规格、型号设置更灵活,最大限度满足客户要求

对卖场面积较小或家电销售量一般的商场,可以选择少量的、有针对性的展品,依靠配送中心多品种的支持和信息流支持,仍可以满足客户的各种需要。

5. 降低残次率

在减少运输次数的同时,也减少了搬运次数和装卸次数,可有效降低货物的残次率。

6. 对客户的服务时间更灵活

(1)客户不需要与货物一同回家。因此,可以在购买、登记后随意支配自己的时间。

(2)客户可以预约送货时间。

(3)为大多数客户提供2~5小时的送货服务,同时也提供1~2小时的加急送货服务。

7. 服务质量更优,加深客户对企业服务的印象

(1)通过上门提供优质服务,企业让客户加深了对企业服务的印象,提高了客户忠诚度。

(2)建立有效的客户服务体系,监督服务质量,通过电话回访和客户免费电话的形式在企业与客户间建立起有效的沟通渠道。

8. 适应电子商务的发展需要

随着电子商务的发展,越来越多的客户接受了网上购物形式。集中配送与电子商务的物流模式基本相同,企业可以利用这种形式开展电子商务。

9. 完善配送中心的服务功能

通过集中配送形式,配送中心不但成为物流、信息流的核心,而且能有效参与企业的服务,企业的资源得到最有效的利用。

与传统配送形式相比,集中配送在国内的发展还有很多制约因素。

(1)我国传统的商业模式是"一手交钱、一手交货"。集中配送模式下客户只能看到样品,不能当场试用,一些客户不易接受。

（2）因为不能当场试用，一些残次货物只会在送货中才能发现，所以可能产生二次送货费支出，并引起客户投诉。

（3）企业在建立高效的信息系统过程中的投入过大。只有利用先进的信息处理技术和网络通信技术，才能充分发挥集中配送的效率，对企业而言是一种巨大负担。

（4）集中配送对管理和服务提出了更高的要求。配送中心、客户服务部、卖场的工作职能和工作内容均发生了巨大的变化。如何进行流程重组和职责分配十分重要。

（5）集中配送对配送中心的选址要求较高。除保管条件等硬件设施外，重点要满足道路、交通、通信等需要。

集中配送非常适合家电连锁企业的低成本运营。随着市场竞争的加剧，越来越多的企业会发展这种配送模式或建立共同配送中心，从而有效降低运营总成本。

问题讨论

1. 家电连锁企业在大家电配送方面为什么会越来越多地采用集中配送的形式？
2. 请分析家电连锁企业在小家电配送方面应该采取怎样的配送形式。
3. 谈谈你对我国家电连锁业集中配送问题未来发展的想法。

复习思考题

1. 分析说明配送运输和配送之间的关系。
2. 简述配送运输的作业流程。
3. 比较直送与分送两种配送运输形式。
4. 如果面对的是星形配送路线，则应该采取怎样的配送运输策略？
5. 确定配送路线的原则有哪些？
6. 确定配送路线的方法有哪几种？
7. 请阐述节约法的基本思想。
8. 如何实现配送运输合理化？
9. 简述行车作业管理的主要内容。

实训题

通过调查，请你了解某物流配送中心主要客户的业务量及其空间分布情况，运用相应的物流模拟软件计算其经济运输路线和配载形式，并针对车辆运行情况填写相应的行驶作业记录和驾驶日报表。

第六章

配送服务管理

◆学习目标◆

通过本章学习,学生要了解配送服务合同对于企业经营发展的意义以及配送服务质量管理的基础工作内容,理解配送服务的构成要素,掌握增值配送服务的形式,掌握配送服务合同的主要内容和责任的承担以及配送服务质量要素与服务质量体系。

配送服务是以顾客满意为第一目标的。配送服务对于经济发展的意义,在于它是企业发展的一种战略手段,对企业降低经营成本、有效构建动态供应链、提升经营业绩具有重要意义。

开篇案例

戴尔计算机公司的高效物流配送服务

戴尔计算机公司(以下简称戴尔公司)在不到20年的时间内发展到250亿美元的规模,即使在美国经济低迷的情况下,戴尔公司仍以年均两位数的发展速度飞速前进。美国一家权威机构统计,戴尔公司个人电脑销售额占全球总量的13.1%,位居世界前列。

戴尔公司分管物流配送的副总裁迪克·亨特一语道破天机:"我们只保存可供5天生产的存货,而我们的竞争对手则保存30天、45天甚至90天的存货,这就是区别。"

亨特在分析戴尔公司成功的诀窍时说:"戴尔公司总支出的74%用在材料配件购买方面。2000年,这方面的总开支高达210亿美元,如果我们能在物流配送费用支出方面降低0.1%,就等于我们的生产效率提高了10%。"物流配送对企业的影响之大由此可见。

几乎所有工厂都会出现过期、过剩的零部件。高效率的物流配送使戴尔公司的过期零部件比例保持在材料开支总额的很小范围内(0.05%~0.1%),而竞争对手则在3%左右。在提高物流配送效率方面,戴尔公司和50家材料配件供应商保持着密切、互信的联系,戴尔公司95%的所需材料配件都由这50家庞大的跨国集团供应商提供。戴尔公司与这些供应商每天都要通过网络进行协调沟通，戴尔公司关注每个零部件的发展情况，并把自己的新要求随时发布在网络上，供所有的供应商参考，以提高透明度和信息流通效率，并刺激供应商之间的相互竞争，供应商则随时向戴尔公司通报自己的产品发展、价格变化、存量等方面的信息。

阅读以上案例，请评析戴尔公司在物流配送方面的做法，并说明高效的物流配送服务对企业的作用有哪些。

第一节 配送服务概述

一 配送服务的意义

配送服务对于经济发展的意义在于它是企业发展的一种战略手段。配送从一般送货发展到以高新技术支持的、作为企业发展战略手段，也就是近一二十年的事情。因此可以说，配送服务在企业经营中起着举足轻重的作用。

（一）配送服务已成为企业差别化战略的重要内容

长期以来，物流并没有受到人们应有的重视。在大批量生产时期，由于消费呈现出单一化、大众化的特征，而经营是建立在规模经济基础上的大量生产、大量销售。因此，物流功能只停留在货物运输和保管等一般性业务活动上，物流从属于生产消费，从而成为企业经营中的附属职能。进入细分化市场营销阶段，市场需求呈现出多样化和分散化的特征，发展变化十分迅速。这样，企业只有不断满足各种类型、不同层次的市场需求，并且迅速、有效地满足客户期望，才能使企业在激烈的市场竞争中求得发展。差别化战略中的一个重要内容就是客户服务的差异，因而作为客户服务重要组成部分的终端配送服务就成为企业实行差别化战略的重要形式和途径。

（二）配送服务水平的确定对企业经营绩效具有重大影响

确定配送服务水平是构筑配送系统的前提条件。在配送开始成为经营战略的重要一环的过程中，配送服务越来越具有经济性的特征。也就是说，对配送服务来说，市场机制和价格机制也在发生作用，市场机制和价格机制通过供求关系既确定了配送服务的价值，又决定了一定服务水平下的物流配送成本。所以，确定合理的配送服务水平是企业战略活动的重要内容之一。特别是对于一些例外运输、紧急运输等物流配送服务，需要考虑成本适当化或者流通主体互相分担的问题。

(三) 配送服务是有效联结供应商、制造商、批发商和零售商的重要手段

随着经济全球化、网络化的发展，现代企业的竞争已不再是单个企业的竞争，而是供应链之间的竞争；企业的竞争优势也不再是单一企业的优势，而是供应链整体的优势。一方面，配送服务以货物的物质实体流动为媒介，打破了供应商、制造商、批发商和零售商间的间隔，有效地推动货物从生产到消费全过程的顺利流动；另一方面，配送服务也通过自身特有的系统设施不断地将货物销售、在库信息等反馈给供应链中的所有节点企业，并通过知识、技术等经营资源的积累使整个过程能不断协调、不断应对市场变化，从而创造出超越企业的供应链价值。

(四) 配送服务形式的选择对降低成本也具有重要意义

合理的配送服务形式不但能够提高货物的周转效率、降低企业库存资金占有率，而且能够从利益上驱动企业发展，并成为企业的第三利润源泉。特别是一些先进的配送形式（如共同配送）能够有效地降低整个供应链的成本。

二 配送服务的构成要素

配送服务以客户满意为第一目标。在企业经营战略中，首先应确立客户服务的目标，然后通过客户服务实现差别化的战略。那么，究竟配送服务的内涵是什么呢？配送服务实际就是对客户货物利用可能性的物流保证，主要包括3个要素：拥有客户所期望的货物（备货保证）；符合客户所期望的质量（品质保证）；在客户希望的时间内配送货物（输送保证）。

配送服务主要就是围绕上述3个要素来展开的，如图6-1所示。

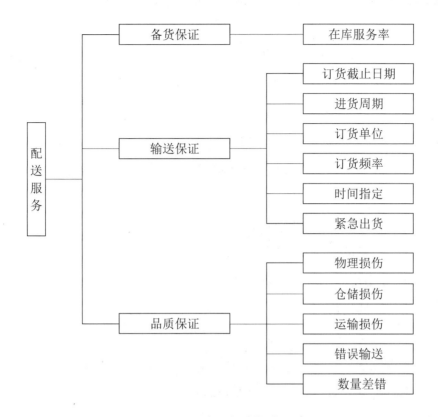

图 6-1　配送服务的构成要素

三　配送增值服务

　　物流本身是一种社会生产链中的经营性活动。运输、配送是物流功能的核心，特别是配送，它是多种物流功能的整合，所以物流的服务性特点在配送活动上体现得最为充分。

　　配送服务分为基本服务和增值服务。其中，基本服务是配送主体据以建立基本业务关系的客户服务方案，所有的客户在一定的层次上均得以同等对待；增值服务则是针对特定客户提供的特定服务，它是超出基本服务范围的附加服务。

　　配送基本服务要求配送系统具备一定的基本能力，这种能力既是配送主体向客户承诺的基础，也是客户选择配送主体的依据。配送需要一定的物质条件，包括配送中心、配送网络、运输车辆、装卸搬运设备、流通加工能力、计算机信息系统以及组织管理能力。配送基本能力是这些设施、设备、网点及管理能力的综合表现，是形成物流企业竞争优势的基础。每个承担配送业务的物流企业都应该创造条件，以形成这种能力。

配送增值服务是在基本服务基础上延伸出的服务项目。增值服务涉及的范围很广，一般可归纳为以客户为核心的增值服务、以促销为核心的增值服务、以制造为核心的增值服务和以时间为核心的增值服务。

(一) 以客户为核心的增值服务

以客户为核心的增值服务旨在向买卖双方提供利用第三方专业人员来配送产品的各种可供选择的形式，指的是处理客户向供应商的订货、直接送货到商店或客户，以及按照零售店货架储备所需的明细货物规格持续提供配送服务。例如，在网上订购某种货物，再由快递公司送货上门。

(二) 以促销为核心的增值服务

以促销为核心的增值服务旨在为客户提供有利于客户营销活动的服务。配送服务的对象通常是生产企业或经销商，配送增值服务是在为他们提供配送服务的同时，增加更多有利于促销的物流支持。例如，大商场的促销措施"批量购买、送货上门"，由配送企业承担从仓库到客户的服务。

(三) 以制造为核心的增值服务

以制造为核心的增值服务旨在为客户提供有利于生产制造的特殊服务。它实际上是生产过程的后向或前向延伸，通过配送为生产企业提供原材料、燃料、零部件，从而使配送服务与企业生产过程同步，使生产企业在进入生产消耗过程时尽可能减少准备活动和准备时间，以便实现准时制（JIT）配送。

(四) 以时间为核心的增值服务

以时间为核心的增值服务是以对客户的反应为基础，运用延迟技术使配送作业在收到客户订单时才开始启动，并将货物直接配送到生产线上或零售店的货架上。它的目的是尽可能降低库存和生产现场的搬运、检验等作业，从而使生产效率达到最高。对于采用准时制（JIT）生产形式的企业实施生产"零库存"配送就是典型的以时间为核心的增值服务。

第二节 配送服务合同

一 配送服务合同概述

（一）配送服务合同的概念

配送服务合同是配送经营人与配送委托人签订的有关确定配送服务权利和义务的协议，或者说是配送服务经营人收取费用，将委托人委托的配送货物在约定的时间和地点交付给收货人而订立的合同。委托人既可以是收货、发货、贸易经营、货物出售、货物购买、物流经营、生产企业等配送物的所有人或占有人，也可以是企业、组织或者个人。

（二）配送服务合同的性质

1. 无名合同

配送服务合同不是《中华人民共和国合同法》（以下简称《合同法》）分则的有名合同，不能直接引用《合同法》分则有名合同的规范。因此，配送服务合同需要依据《合同法》总则的规范，并参照运输合同、仓储合同、保管合同的有关规范，通过当事人签署完整的合同来调整双方的权利和义务关系。

2. 有偿配送合同

配送服务是一种产品，配送服务经营人需要投入相应的物化成本和劳动才能实现产品的生产。独立的配送经营是为了营利的经营，需要在配送经营中获得利益回报。配送经营的营利性决定了配送服务合同为有偿合同。委托人需要对接受配送服务产品支付报酬，配送服务经营人收取报酬是其合同权利。

3. 诺成合同

诺成合同表示合同成立即可生效。当事人对配送服务关系达成一致意见时，配送服务合同就成立，合同也即告生效。配送服务合同生效后，配送服务方需为履行合同组织力量，安排人力、物力，甚至要投入较多资源，如购置设备、聘请人员等。如果合同还不能生效，则显然对配送服务经营人极不公平，而配送服务合同必须是诺成合同。当事人在合同订立后没有依据合同履行义务就构成违约。当事人可在合同中确定合同开始履行的时间或条件，虽然时间未到或条件未达到时合同未开始履行，但并不构成合同未生效。

4. 期限合同（长期性）

配送服务活动具有相对长期性的特性，即配送过程都需要持续一段时期，以便开展有计划、小批量、不间断的配送，从而达到配送的经济目的。如果只是一次性的送货，则应成为运输关系而非配送关系。因此，配送合同一般是期限合同，用来确定一段时期的配送关系；或者说是一定数量产品的配送，需要持续较长的时间。

二 配送服务合同的种类

1. 独立配送服务合同

由独立经营配送业务的配送企业或个人或兼营配送业务的组织与配送委托人订立的仅涉及配送服务的独立合同。该合同仅用于调整双方在配送服务过程中的权利和义务关系，以配送行为为合同标的。

2. 附属配送服务合同

附属配送服务合同是指在加工、贸易、运输、仓储或其他物质经营活动的合同中附带地订立配送服务活动的权利和义务关系，配送服务活动没有独立订立合同。附属配送服务合同主要有仓储经营人与保管人在仓储合同中附带配送协议、在运输合同中附带配送协议、在销售合同中附带配送协议、在物流合同中附带配送协议、在生产加工合同中附带配送协议等。

3. 配送服务合同的其他分类

配送服务合同依据合同履行的期限还可分为定期配送服务合同和定量配送服务合同。定期配送服务合同是指双方约定在一定期间，由配送人完成委托人的某些配送业务而订立的合同。定量配送服务合同则是指配送人按照委托人的要求对一定量的货物进行配送，直到该数量的货物配送完毕则合同终止。

配送服务合同按照配送委托人身份的不同，还可分为批发配送、零售配送、工厂配送等合同；依据配送物的不同，可分为普通货物配送、食品配送、汽车配送、电器配送、原材料配送、零部件配送等合同；按照配送服务地理范围的不同，可分为市内配送、地区配送、全国配送、跨国配送、全球配送等合同。

三 配送服务合同的主要条款

无论是独立的配送服务合同还是附属配送服务合同，都需要对配送服务活动当事人的权利和义务协商达到意见一致，并通过合同条款准确地表述。配送服务合同的主要条款包括以下几个方面。

1. 合同当事人

合同当事人是合同的责任主体，是所有合同都须明确表达的项目。

2. 配送服务合同的标的

配送服务合同的标的就是将配送货物有计划地在确定时间和确定地点交付收货人。配送服务的合同标的是一种行为，因而配送服务合同是行为合同。

3. 配送方法

配送方法（即配送要求）是合同双方协商同意配送所要达到的标准，是合同标的完整细致的表述，根据委托方的需要和配送方的能力协商确定。配送方法有定量配送、定时配送、定时定量配送、即时配送、多点配送等。合同中需要明确时间及其间隔、发货地点或送达地点、数量等配送资料。配送方法还包括配送人对配送物处理的行为约定，如配装、分类、装箱等。配送方法变更的方法，如订单调整等。

4. 标的物

被配送的对象可以为生产资料或生活资料，但必须是动产、有形的财产。配送物的种类（品名）、包装、单重、尺度体积、性质等决定了配送的操作方法和难易程度，这必须在合同中明确。

5. 当事人权利与义务

在合同中要明确双方当事人需要履行的行为或者不作为的约定。

6. 违约责任

在合同中要约定任何一方违反合同约定时需向对方承担的责任。违约责任约定包括违约行为需支付的违约金的数量，违约造成对方损失的赔偿责任及赔偿方法，违约方继续履行合同的条件等。

7. 补救措施

补救措施本身是违约责任的一种，但由于配送合同的未履行可能产生极其严重的后果，为避免损失的扩大，在合同中要约定发生一些可能产生严重后果的违约补救方法，如紧急送货、就地采购等措施的采用条件和责任承担等。

8. 配送费和价格调整

获取配送费是配送经营人订立配送合同的目的。配送人的配送费应该弥补其开展配送业务的成本支出和获取可能得到的收益。配送合同中需要明确配送费的计费标准和计费方法，或者总费用以及费用支付的方法。

因为配送合同持续时间长，在合同期间构成价格的成本要素价格会发生变化，如劳动力价格、保险价格、燃料电力价格、路桥费等，所以为了使配送方不至于亏损，或者委托方也能分享成本变化的利弊，配送人可以对配送价格进行适当调整，在合同中订立价格调整条件和调整幅度的约定。

9. 合同期限和合同延续条款

对于按时间履行的配送合同，必须在合同中明确合同的起止时间，起止时间应用明确的日期形式来表达。由于大多数情况下配送关系建立后都会保持很长的时间，就会出现合同不断延续的情况。为了使延续合同不会发生较大的变化，简化延续合同的合同订立程序，在配送合同中往往会确定延续合同的订立方法和基本条件要求，如提出续约的时间，没有异议时自然续约等约定。

10. 合同解除的条件

配送合同都需要持续较长的时间，为了使在履约中的一方不因另一方能力的不足或没有履约诚意而招致损害，或者出现合同没有履行必要和履行可能又不致发生违约的情况，在合同中会约定解除合同条款，包括解除合同的条件、解除合同的程序等。

11. 不可抗力和免责

不可抗力是指能对当事人产生危害作用的不可抗拒的外来力量，如风暴、雨雪、地震、雾、山崩、洪水等自然灾害，还包括政府限制、战争、罢工等社会现象。不可抗力是《合同法》规定的免责条件，但《合同法》没有限定不可抗力的具体现象。对于一般认可的不可抗力虽已形成共识，但仅对配送仓储行为影响的特殊不可抗力的具体情况，如道路堵车等，以及需要在合同中明确陈述当事人认为必要的免责事项。不可抗力条款还包括发生不可抗力的通知、协调方法等约定。

12. 其他约定事项

配送物种类繁多、配送方法多样，当事人在订立合同时要充分考虑到可能发生的事件和合同履行的需要，并达成一致意见。这是避免发生合同争议的最有效的方法。特别是涉及成本、行为的事项，更需事先明确，如以下几个方面。

（1）配送容器的使用。要约定在配送过程中需要使用的容器或送料厢等的尺度、材料质地；配送容器是免费使用还是有偿使用，如何使用；在使用中发生损害的维修责任以及赔偿约定，空容器的运输，合同期满时的处理方法等。

（2）损耗。要约定在配送中发生损失的允许耗损程度和耗损的赔偿责任，配送物超过耗损率时对收货人的补救措施等。

（3）退货。要约定发生收货人退货时的处理方法。一般约定由配送人先行接受和安置，然后向委托人汇报和约定委托人进行处理的要求与费用承担。与退货相类似的还可能约定配送废弃物、回收旧货等的处理方法，以及配送溢货的处理方法。

（4）信息传递方法。要约定双方使用的信息传递系统、传递方法、报表格式等，如采用生产企业的信息网络、每天传送存货报表等约定。

13. 争议处理

在配送合同中要约定发生争议的处理方法，主要是约定仲裁、仲裁机构，或者约定管辖法院。

14. 合同签署

合同由双方的法定代表人签署，并加盖企业合同专用章。私人订立合同的，由其本人签署。合同签署的时间为合同订立时间，若两方签署的时间不同，则最后签署时间为订立时间。

四 配送服务合同的订立

配送服务合同是双方对委托配送经协商达成一致意见的结果。经过要约和承诺的过程，承诺生效、合同成立。现阶段，我国的配送合同订立往往需要配送经营人首先要约，以向客户提出配送服务的整体方案，指明配送业务对客户产生的利益和配送实施的方法，以便客户选择接受配送服务并订立合同。

配送服务合同的要约和承诺可用口头形式、书面形式或其他形式。同样，配送服务合同也可采用口头形式、书面形式或其他形式。但由于配送时间延续较长，配送服务所涉及的计划管理性强；非及时性配送所产生的后果可大可小，甚至会发生如生产线停工、客户流失等重大损失；配送服务过程受环境因素的影响较大，如交通事故等。为了便于双方履行合同、利用合同解决争议，采用完整的书面合同最为合适。

五 配送服务合同的履行

配送服务合同双方应按照合同约定严格履行合同，双方均不得擅自改变合同的约定，这是合同双方的基本合同义务。此外，依据合同的目的可以推断出双方当事人还需要分别承担一些责任，尽管合同没有约定，这也应予以重视。

1. 配送委托人保证配送物适宜配送

配送委托人需要保证由其本人或者其他人提交的配送物适宜于配送和配送作业；对配送物进行必要的包装或定型；标注明显的标识并保证能与其他货物相区别；保证配送物可按配送要求进行分拆、组合；保证配送物能用约定的或者常规的作业方法进行装卸、搬运等作业；保证配送物不是法规禁止运输和仓储的禁品；对于限制运输的货物需提供准予运输的证明文件等。

2. 配送经营人采取合适的方法履行配送的义务

配送经营人所使用的配送中心具有合适的库场，以适宜于配送物的仓储、保管、分拣等作业；采用合适的运输工具、搬运工具、作业工具，如干杂货使用厢式车运输，使用避免损害货物的装卸方法，大件重货使用吊机、拖车作业；对运输工具进行妥善积载，使用必要的装载衬垫、捆扎、遮盖；采取合理的配送运输路线；使用公认的或者习惯的理货计量方法，保证理货计量准确。

3. 配送人提供配送单证

配送经营人在送货时须向收货人提供配送单证、配送货物清单。配送清单一式两联，详细列明配送物的品名、等级、数量等配送物信息。配送清单经收货人签署后，收货人和配送人各持一联，以备核查和汇总。配送人需在一定期间间隔向收货人提供配送汇总表。

4. 收货人收受货物

委托人需要保证所要求配送的收货人正常地接受货物，不会出现无故拒收；收货人提供合适的收货场所和作业条件。收货人对接受的配送物有义务进行理算查验,并签收配送单和注明收货时间。

5. 配送人向委托人提供存货信息和配送报表

配送人需在约定的期间内每天向委托人提供存货信息,并随时接受委托人的存货查询,定期向委托人提交配送报表、分收货人报表、残损报表等汇总材料。

6. 配送人接受配送物并承担仓储和保管义务

配送经营人需按配送合同的约定接受委托人送达的配送物,并承担查验、清点、交接、入库登记、编制报表的义务,安排合适的地点存放货物,妥善堆积或上架;对库存货物进行妥善的保管、照料,以防止存货受损。

7. 配送人返还配送剩余物,委托人处理残料

配送期满或者配送合同履行完毕,配送经营人需要将剩余的货物返还给委托人,或者按委托人的要求交付给其指定的其他人,配送人不得无偿占有配送剩余物。同样,委托人有义务处理配送残余物或残损废品、回收货物、加工废料等。

六 配送服务合同示例

由于配送物种类繁多,配送服务的类型也因企业、行业不同而有所区别,所以配送服务合同的订立程序与主要条款也会有些差异。合同主体基本上大同小异,只不过其侧重点不同,这更体现在不同行业配送服务合同间的差异,如医药、家电、食品、机械等行业。以下是家电行业配送服务合同书的一个范本。

家电产品配送服务合同书范本

甲方:_____电器有限公司

地址:

乙方:_____物流有限责任公司

地址:

根据《中华人民共和国合同法》,本着互利互惠的原则,现就甲方委托乙方配送货物事宜,为了明确双方的责任,经双方协商,特签订本合同。

第一条:运输货物(名称、规格、数量)。严禁运输国家禁运的易燃易爆货物。

编号	品名	规格	单位	单价	数量

第二条：包装要求。甲方必须按照国家主管机关规定的标准包装货物，没有统一规定包装标准的，应根据保证货物运输安全的原则进行包装，否则，乙方有权拒绝承运。

第三条：配送区域。____地区及省内各市县城。

第四条：合同期限。____年，从____年___月___日至从____年___月___日，合同期满后，经双方就合同约定价格再行协商，在同等条件下优先续签。

第五条：运输质量及安全要求。乙方必须使用符合甲方配送货物的车辆，为甲方实行优质、快捷、安全的门到门配送服务。保证甲方的货物按规定、要求、时间，保质保量地配送至目的地。每天运输前双方议走运输重量，超重时价格另定。

第六条：货物装卸责任。货物的装车工作由乙方负责，卸车工作由收货人负责，在装卸过程中发生的一切责任由装、卸方承担。

第七条：收货人领取货物及验收办法。收货人凭有效证件、单据（或凭据）与乙方对证验收、领取货物。

第八条：收费标准与费用结算形式。甲方收到乙方所提供的符合本合同约定的单据后，约定每月×日结算费用。

第九条：双方的权利和义务。

（一）甲方的权利与义务

1.甲方的权利

（1）甲方负责将货物配齐，要求乙方按照约定的时间、地点、收货人，把货物配送到目的地。配送通知发乙方后，甲方需变更收货地点或收货人，或者取消通知，有权向乙方提出，但必须在货物未运到目的地之前，并应按有关规定付给乙方费用。

（2）甲方有权对乙方的配送货过程进行监督、指导。

（3）甲方委托的货物应遵守国家有关法律规定，并符合包装标准。

2.甲方的义务

（1）甲方按约定、按时间向乙方交付配送费用。

（2）甲方应向乙方提供有关配送货业务的相应单据文件（产品、型号、数量、确定地址及电话号码、联系人、卸货地址、外包装等）。

（3）甲方应指派专人负责与乙方联系并协调配送货过程中有关事宜。

（4）合同期内，乙方是甲方省内区域（包括市郊）的唯一配送商，未经乙方同意，甲方不得另用配送商。否则，乙方可解除合同。

（二）乙方的权利和义务

1.乙方的权利

乙方向甲方收取配送费用。乙方查不到收货人或收货人拒绝领取货物时应及时与甲方联系，在规定期限内负责保管并有权向甲方收取保管费用。

2.乙方的义务

（1）根据甲方的业务需要与发展，乙方应提供相应的运输能力，即提供不同的厢车。

（2）乙方应在约定的时限内（见下表）将货物送到指定的地点，按时向收货人发出货物到达的通知。对托运的货物要负责安全，保证货物无短缺、无损坏。在货物到达以后，按规定的期限负责保管。

到达时间标准表（当天配送货物都按当天_____时开始计算）：

地区	标准时间（小时）
省会城市	
省内各市县城	

（3）乙方应在甲方指定的地点提取货物。在装货过程中，乙方的驾驶员应负责进行监装。对装货过程中的不当操作有责任指出并纠正，乙方将货物送往甲方指定的目的地和接收人，由收货人、乙方司机双方签字盖章确认。交货时，如发现产品损坏或产品、数量、型号、规格不符等问题，乙方应要求接收人注明，接收人所盖印章应为商家签订的配送委托书规定的公章或收货专用章，乙方凭甲方认可的配送反馈单与甲方进行结算。

第十条：违约责任

（一）甲方责任

1.甲方如不按时与乙方结算配送费用，每超一天应偿付给乙方当月结算费用_____%的违约金，但由于乙方提供的结算单据不及时的除外。

2.因甲方原因，造成乙方的承运车不能及时返回，甲方应根据当次加付运费_____%作为补偿金。（规定缺货时间为_____小时）

3.甲方有责任为乙方营造良好的服务环境，如甲方员工在货物配送过程中，发生以下现象之一，甲方应向乙方支付违约金_____元/次。

（1）不按预约时间装卸货物。

（2）装卸货物当中有野蛮装卸行为，乙方指出，甲方工作人员不及时更改。

（3）甲方协调不到位，造成乙方被投诉。

（4）甲方发错货，造成乙方承运货物到达商场后，商场拒收，返程运费由甲方支付。

4.由于谎报、匿报危险货物，而招致货物破损、爆炸，造成人身伤亡的，甲方应承担由此造成的一切责任。

（二）乙方责任

1.乙方如送货到达时间每晚规定时间一天，应向甲方支付当次运输费_____%的违约金（堵车、修路、交通管制除外）。若乙方送达目的地错误，则应自费将货物送达甲方要求的目的地，因此给甲方造成的损失由乙方负责赔偿。

2.经双方确认，货物在运输途中造成的破损、遗失、短缺等任何损失，均由乙方负责赔偿，赔偿费按批发价计算，又乙方不得擅自拆除货物并重新包装，因以上原因造成甲方违约或其他损失的，由乙方负责赔偿。

3.乙方有责任为甲方提供优质服务，如乙方员工在货物配送过程中发生以下现象之一（属于乙方责任造成的），乙方应向甲方支付违约金_____元/次，同时，乙方应按本合同继续履行合同。

（1）不按时运送货物，造成客户投诉。

（2）在运输过程中，损坏货物并强行留给客户，造成客户投诉。

（3）在装卸货物过程中，司机刁难客户，造成客户投诉。

（4）在运送过程中，送错货物，造成客户投诉。

4.在符合法律和合同规定条件下的运输，由于下列原因造成货物灭失、短少、损坏的，乙方不承担违约责任。

（1）不可抗力。

（2）货物本身的自然属性。

(3) 甲方或收货人本身的过错。

(三) 其他

1.甲方仅支付乙方运费。在运输途中发生的其他一切费用（如过路、过桥费等）全部由乙方负责，具体支付标准（详见合同附件价格表）。

2.双方不能以任何形式向公众透露对方的商业机密。否则，由此引起的任何损失（如名誉受损、经济受损等）均由泄密方负责赔偿。

3.当因不可抗力，影响本合同不能履行或者部分不能履行或延期履行时，遇有不可抗力事故的一方，应立即将事故情况通知对方，并详细提供事故详情及造成合同不能履行，或者部分不能履行，或者延期履行的理由及所有的相关文件资料。

4.一方违约，另一方有权以书面形式通知对方解除本合同或双方签订的其他合同、协议，合同自发出通知之日起30天后解除，由违约方承担违约责任。

5.自本合同生效之日起，甲乙双方原先签订的产品配送合同自动作废。

本合同如有未尽事宜，应由双方协商解决；协商不成时，双方同意提交人民法院解决。

第十一条：保证条款。

1.甲乙双方取得了一切必要的授权和批准，签署并履行本协议。

2.双方保证本协议的签订和将要采取的送货行为不违反中国任何现行法律、法规的规定，不损害其他任何第三方的合法权益，并不与任何依据法律或合同一方所应承担的义务和责任相冲突。

3.双方保证履行本协议其他条款下规定的义务。

本合同一式四页，一式二份，合同双方各执一份。

甲方：   乙方：
地址：   地址：
代表：   代表：
电话：   电话：
开户银行：   开户银行：
账号：   账号：
___年___月___日   ___年___月___日

第三节 配送服务质量控制

在激烈的市场竞争中，配送企业必须保证高质量的服务，否则就可能倒闭。配送服务质量可归纳为准确、快速，即不出差错和供货周期短，从而保证物流在时间和速度两个方面的要求。

一 配送服务质量的要素

（一）服务质量的概念

服务是指伴随着供方与客户之间的接触而产生的无形产品。而服务质量可理解为一组服务特性满足要求的程度。相对于产品来说，服务的质量特性具有一定的特殊性。有些服务质量特性客户可以观察到或感觉到，如服务等待时间的长短、服务设施的好坏等。还有一些客户虽然不能观察到，但直接影响服务业绩的特性，如服务企业的财务状况、服务企业的信誉度等。有些服务质量特性可定量地考察，而有些则只能定性地描述，前者如等待时间，后者如卫生、保密性、礼貌等。

（二）配送服务质量的含义

根据服务质量的概念以及特性，可将配送服务质量的含义理解为反映配送服务活动过程中满足客户明确或隐含需求的能力的特性总和。配送服务活动具有极强的服务性质，整个配送过程的质量目标就是其服务质量。服务质量因不同客户而要求各异，这就需要配送企业掌握和了解客户要求，如货物质量的保持程度，流通加工对货物质量的提高程度，批量及数量的满足程度，配送额度、间隔期及交货期的保证程度，配送、运输形式的满足程度，成本水平及配送费用的满足程度，相关服务（如信息提供、索赔及纠纷处理）的满足程度等。

一般来说，配送服务普遍体现在满足客户要求方面，要实现这一点难度是很大的。各个客户要求不同，有些要求可能超出了企业的能力，要实现这些服务要求就需要企业有很强的适应性及条件，而这些又需要有强大的硬件系统和有效的管理系统来支撑。当然，企业对服务的满足是不能消极被动的。因为有时候客户提出的某些服务要求，由于"交替损益"的作用会增加成本或出现其他问题，这对客户来说实际上是有害的，盲目满足客户的这种要求不是提高服务质量的表现。配送服务承担者的责任是积极、能动地推进服务质量的提升。

(三)配送服务质量的要素与度量

在配送服务质量管理中,有4个传统的客户服务因素:时间、可靠性、方便性和信息的沟通。这些因素既是配送服务质量管理需要考虑的基本因素,又是制定配送服务质量标准的基础。表6-1是配送服务质量要素及对应的表现衡量内容。这些度量通常以卖方角度来表示,如订单的及时性、完整性,订单完整无缺的货物比率,订单完成的准确性,账单的准确性等。在供应链环境下,配送服务质量的衡量标准将更严密,同时也更具体。目前,配送服务质量考核的衡量指标主要是时间、成本、数量和质量。

表6-1 配送服务质量的要素及其度量单位

因素	含义	典型的度量单位
产品的可得性	它是配送服务最常用的度量,一般以百分比表示存货量。	可得百分比
备货时间	它是指从下达订单到收到货物的时间长度。一般可得性与备货时间常结合成一个标准,如95%的订单10天到达。	速度与一致性
配送系统的灵活性	系统对特殊及未预料的客户需求的反应能力,包括加速与替代的能力。	对特殊要求的反应时间
配送系统信息	它是指配送信息系统对客户的信息需求反应的及时性与准确性。	配送信息的准确性与详细性
配送系统的纠错能力	它是指配送系统出错恢复的程序以及效率、时间。	应答与需要的恢复时间
配送服务后的支持	它是指交货后对配送服务支持的效率,包括客户配送方案和配送服务信息的修订与改进。	应答时间与应答质量

二 配送服务质量体系

(一)配送服务质量体系的概念

配送服务质量体系是指配送服务企业为实现自己的服务质量战略而建立的完善的服务质量保证体系,它包括实施服务战略所需要的组织结构、程序、过程和资源。

配送服务质量体系是为了达到和保持服务质量目标,使服务企业内部的服务提供过程达到质量要求,并使客户相信服务质量符合要求而建立的。配送服务质量体系既是配送企业实施配送服务质量管理的基本条件,也是配送服务质量管理的技术和手段。

任何配送服务企业的服务质量体系都需用一整套质量体系文件来表述该企业质量体系的结构和内容，以形成一个文件化的质量体系。图6-2所示的是配送企业的服务质量体系文件结构。

图6-2　配送企业的服务质量体系文件结构

配送服务企业建立服务质量体系，既要满足本企业管理的需要，又要满足客户对本企业的要求，但主要还是前者，因为客户仅评价配送企业服务质量体系中与自己有关的部分，而不是全部。

服务质量体系的关键要素是管理者职责、资源和质量体系结构。三者的关系如图6-3所示。

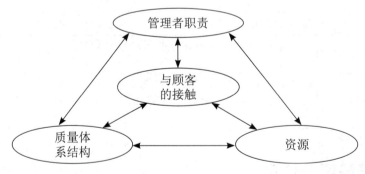

图6-3　服务质量体系的关键要素

图6-3说明管理者职责、资源和质量体系结构是质量体系的关键要素，资源和质量体系结构是基础。三个关键要素的焦点是客户，即从客户的需要出发，围绕客户来开展质量管理，并根据客户需要的满足程度来评价服务质量。

● **（二）管理者的职责**

管理者的职责是制定服务质量方针，确定质量目标人员的质量职责、权限和定期开展管理评审。

1. 质量方针

质量方针是指企业总的服务质量宗旨和方向，是企业在服务质量方面的总意图。总体上看，质量方针服务企业的总体战略，是企业战略的重要组成部分。通过服务质量方针，企业可在激烈的市场竞争中以服务质量取得竞争优势，求得生存和发展。企业高层管理者还应采取措施，确保质量方针的保持和贯彻实施。

配送服务企业的质量方针应结合配送服务的特点，表明配送服务的等级，确立配送服务企业的质量形象和信誉，制定服务质量的总目标及实现目标的措施。

例如，武汉货物储运总公司原是一家以仓储为主的传统物流企业，现正向现代物流业转型，其积极发展运输（包括集装箱运输）、配送、货运代理等业务。为了实现由传统物流企业向现代物流企业转型的战略目标，该公司通过了ISO9001：2000质量体系的认证。该公司贯彻ISO9001：2000标准中，根据其物流服务的特点将全公司的质量方针确定为"准确便捷、安全可靠、运作规范、优质高效"。

2. 质量目标

质量目标是企业根据质量方针确定的、在一定时期内质量方面所要达到的预期成果。质量目标是质量方针的具体化。

质量目标有时限要求。按照达到目标的时限长短，质量目标分为短期质量目标和长期质量目标。短期质量目标一般是指需要不超过1年时间就能达到的目标，如1个月、1个季度等；中、长期目标是指需要1年以上的时间才能达到的目标，如3年、5年等。

质量目标按照达到预期成果的特点分为突破性目标和维持性目标两种。突破性目标是指打破或超过现有质量水平的目标；维持性目标则是指把质量水平维持在已达到的某一水平上的目标。

质量目标一般应具体、明确，甚至量化。配送服务质量目标主要包括以下几个。

（1）及时性目标，如准时装车、及时到货、平均延误时间等。

（2）方便性目标，如全天候服务、上门取货、一票运输率等。

（3）安全性目标，如缺货频率、缺货率、差错率、货损率等。

（4）可靠性目标，如事故次数、事故可补救性等。

（5）客户满意目标，如客户满意率、客户投诉率等。

3. 规定质量职责和权限

高层管理者应明确规定影响服务质量的所有部门和人员的职责和权限，做到质量问题件件有人管，人人有质量责任，并有相应的处理权限。

4. 定期开展质量管理评审

高层管理者应对配送服务质量定期进行独立的管理评审，以保证质量体系持续稳定和有效。管理评审的主要内容包括服务绩效分析、服务质量体系要素的实施和有效性评审、质量方针和质量目标的适应性评审。管理评审后应提交管理评审报告，以便采取必要的质量改进措施。

（三）资源

资源一般包括人力、资金、设施设备、技术和方法等。人力资源是服务质量体系中最重要的资源。配送服务要求员工不仅要具备配送的作业技能，还应掌握服务技巧，它是实施质量管理和实现质量目标的基本条件。

配送服务与一般的营销、咨询服务不一样，它是通过运输设施、仓储设施、运输车辆、流通加工设备、装卸搬运机械等实现货物的位置移动和提供服务以满足客户的需求。配送服务是一种网络化服务，需要有庞大的服务网络和计算机信息系统来支撑。因此，配送服务质量体系中的物质资源应该包括运输和仓储设施、运输车船、流通加工设备、装卸机械、服务网络、计算机信息系统等。

（四）质量体系结构

配送服务企业的质量体系结构包括组织结构、服务过程和程序三个部分。

1. 组织结构

质量体系的组织结构是配送企业为行使质量管理职能的一个组织管理框架。它将企业的质量目标层层展开，形成多级的目标体系。为实现不同层次的目标，企业应相应建立起多级职能部门，并对职能部门中的各级、各类人员规定质量职责和权限，明确其相互关系，从而组成完整的质量管理组织系统。

2. 服务过程

质量管理是通过对企业内部的各种过程的管理来实现的。配送服务企业与其他服务企业一样，其服务体系中的过程主要有3个：市场开发过程、服务设计过程和服务提供过程。

3. 程序

程序是指为进行某项活动所规定的途径。对配送服务质量体系而言，程序是对服务质量形成全过程的所有活动规定恰当而连续的方法，以使服务过程能按规定具体运作，并达到目标要求。配送服务质量体系中的程序应形成具有一定规定、制度性质的程序文件，从而使之有章可循、有法可依，这是质量体系得以有效运行的可靠保证。

三 配送服务质量管理的基本工作

配送服务质量管理的基本工作主要包括以下几个方面。

（一）建立质量管理组织

质量管理工作体现在配送的每一个过程中，因此，质量管理工作应是整个配送组织的事情。但是，正因为各个过程都有其独特的功能，所以在操作时往往只注重实现某一独特的功能，如完成装卸、搬运等任务，而忽视质量管理。另外，因为配送过程的连续性，所以很难明确区分质量状况和质量责任。因此，建立一个统筹的质量组织，实行质量管理的规划、协调、组织、监督是十分必要的。另外，在各个过程中建立质量小组并通过质量小组带动全员、全过程的质量管理也是很重要的方式。

1. 增强职工的质量意识，提高其质量管理水平

通过对全员进行培训教育，全体职工的质量意识和质量管理能力可达到一定的水平。质量管理全员培训使质量意识和技术、技能两者并重。否则，职工单有意识而无能力，或者仅有能力而无责任心，都是无法搞好质量管理的。

2. 建立必要的管理组织

质量管理组织分为领导机构与群众组织。要有领导机构，同时又要有领导分工管理。其责任是进行宣传、教育、培训、计划、实施和检查。为体现全员性和全面性，每个环节、每个人都要严把质量关，并建立质量管理小组。

（二）做好配送服务质量管理的信息工作

配送过程涉及的范围比生产过程更广，信息传递距离更远，信息收集难度大、及时性差。为了解决这个问题，企业应采取科学的管理方法和先进的信息技术，建立有效的质量信息系统，从而对配送实行动态的管理。为提高服务质量保证程度，

企业要建立合理的信息管理网络，用以指导配送质量管理工作。

（三）做好实施质量管理的基础工作

质量管理的基础工作主要包括以下两个方面。

1. 标准化工作

标准化是开展配送服务质量管理的依据之一。在标准化中，各项工作的质量要求、工作规范、质量检查方法都要具体制定，各项工作的结果都要在产品质量标准规定的范围内。因此，要做好配送服务质量管理工作，首先要制定相应的标准。

2. 制度化

质量管理作为配送服务的一项永久性工作，必须要有制度的保证。建立协作体制、建立质量管理小组都是制度化的一部分。制度要程序化，便于了解、执行和检查。制度化的另一个重要形式是责任制，在岗位责任制的基础上或在岗位责任制的内容中订立或包含质量责任，从而使质量责任能在日常的细微工作中体现出来。

（四）建立差错预防体系

配送服务过程中的差错问题是影响配送服务质量的主要因素。因为配送货物数量大、操作程序多，差错发生的可能性非常大，所以建立差错预防体系也是质量管理的基础工作。根据国内外已有的这方面实践经验，差错预防体系的建立主要有以下三个方面的工作。

1. 调整配送中心库存货物

对存储区进行规划调整，将库存货物有序地放置，从而准确地、方便地进行存取。我国的四号定位等形式便是有效的形式；在国外常用不同颜色进行标识，以有序放置和有效区分。灵活利用不同货架、货仓等放置货物也是一个很有效的办法。

2. 运用新技术

现在已开发的无线射频技术（RFID）配合便携式扫描仪可准确无误地确认货物。采用电子计算机控制的分拣系统和采用电子计算机控制的存储系统都是避免差错的有效形式。

3. 建立智能配送系统

建立能对配送服务过程的全部活动进行核对、监测的系统，以及时发现问题而防止差错持续或差错发展，进而再寻找差错产生的源头，并予以解决。

◆本章小结◆

配送服务以客户满意为第一目标。配送服务对于经济发展的意义在于它是企业发展的一种战略手段，对于企业降低经营成本、有效构建动态供应链、提升经营业绩具有重要意义。配送服务包括基本服务与增值服务，增值服务是在基本服务基础上的延伸项目，是配送服务水平提高的一种体现。本章还介绍了配送服务合同的相关内容，从合同双方的意愿到配送服务合同的签订、主要条款的约定、合同的履行等，为配送服务的规范化经营提供了基础，并给出配送服务合同的一份范例。最后主要是围绕配送服务质量与管理的问题展开，分别介绍了配送服务质量的要素、如何建立配送服务质量体系以及配送服务质量管理的基础工作，以指导配送管理工作，提高配送工作全过程的质量，从而提高配送服务水平。

■案例分析■

中外运空运公司为摩托罗拉公司提供的物流服务

中外运空运公司是中国外运集团所属的全资子公司，是具有较高声誉的大型国际航空货运代理企业之一。下面是中外运空运公司为摩托罗拉公司提供"第三方物流服务"的情况介绍。

1.摩托罗拉公司对物流服务的要求和考核标准

（1）摩托罗拉公司对物流服务的要求。

①会提供24小时的全天候准时服务。它主要包括：保证摩托罗拉公司中外业务人员与天津机场、北京机场两个办事处及双方有关负责人的通信联系24小时畅通；保证运输车辆24小时运转；保证天津与北京机场办事处24小时提货、交货。

②要求服务速度快。摩托罗拉公司对提货、操作、航班和派送都有明确的规定，时间以小时计算。

③要求服务的安全系数高。中外运空运公司要对运输的全过程负全责，要保证航空公司及派送代理处理货物的各个环节都不出问题。一旦某个环节出了问题，将

由服务商承担责任、赔偿损失,而当过失达到一定程度时,将被取消做业务的资格。

④要求信息反馈快。中外运空运公司的电脑与摩托罗拉公司联网,摩托罗拉公司可以对货物随时跟踪、查询,掌握货物运输的全过程。

⑤要求服务项目多。根据摩托罗拉公司的货物流转需要,中外运空运公司通过发挥系统的网络综合服务优势,提供包括出口运输、进口运输、国内空运、国内陆运、国际快递、国际海运和国内提货的派送等全方位的物流服务。

(2)摩托罗拉公司选择中国运输代理企业的基本做法。摩托罗拉公司通过多种形式对备选的运输代理企业的资信、网络、业务能力等进行周密的调查,并给初选的企业少量业务试运行,以实际考察这些企业服务的能力与质量,取消不合格者的代理资格。

摩托罗拉公司对获得运输代理资格的企业进行严格的月度作业考评。其主要考核内容包括运输周期、信息反馈、单证资料、财务结算、货物安全和客户投诉。

2. 中外运空运公司的主要做法

(1)制定科学规范的操作流程。摩托罗拉公司的货物具有科技含量高、货值高、产品更新速度快、运输风险大、货物周转以及仓储要求零库存的特点。为满足摩托罗拉公司的服务要求,中外运空运公司从1995年开始设计并不断完善各业务操作规范,并纳入了公司的程序化管理。所有业务操作都按照服务标准设定工作和管理程序,出口、进口、国内空运、陆运、仓储、运输、信息查询、反馈等工作程序先后制定,每位员工、每个工作环节都严格按照设定的工作程序进行,整个操作过程井然有序,进而公司提高了服务质量,降低了差错率。

(2)提供24小时的全天候服务。针对客户24小时商务的需求,中外运空运公司实行全年365天的全天候工作制度,周六、周日(包括节假日)均视为正常工作日,厂家随时出货,中外运空运公司随时有专人、专车提货和操作。在通信方面,相关人员从总经理到业务员实行24小时的通信畅通,保证了对各种突发性情况的迅速处理。

(3)提供门到门的延伸服务。普通货物运输的标准一般是从机场到机场,货物由货主自己提货,而快递服务的标准是从门到门、库到库,且货物运输的全程都在代理的监控之中,因此,收费也较高。中外运空运公司对摩托罗拉公司的普通货物虽然是按普货标准收费的,但提供的却是门到门、库到库的快递服务,这样既使摩托罗拉公司的货物运输及时,又保证了安全。

(4)提供创新服务。从货主的角度出发,中外运空运公司推出了新的、更周到的服务项目,最大限度地减少货损,维护货主的信誉。为保证摩托罗拉公司的货物在运输中减少被盗,中外运空运公司在运输中增加了打包、加固的环节;为防止货物被雨淋,公司又增加了一项塑料袋包装;为保证急货按时送到货主手中,公司还增加了手提货的运输形式,解决了客户的急难问题,让客户感到在最需要的时候,中外运空运公司都能及时快速地帮助解决问题。

(5)充分发挥中外运空运公司的网络优势。经达50年的建设,中外运空运公司在全国拥有比较齐全的海、陆、空运输与仓储、码头设施,形成了遍布国内外的货运营销网络,这是中外运发展物流服务的最大优势。中外运空运公司通过网络,为摩托罗拉公司在国内提供服务的网点已达98座城市,实现了提货、发运、对方派送全过程的定点定人和实施信息跟踪反馈,满足了客户的要求。

(6)对客户实行全程负责制。作为摩托罗拉公司的主要货运代理之一,中外运空运公司对运输的每一个环节安全负责,包括从货物由工厂提货到海陆空运输以及国家间异地配送等各个环节。对于出现的问题,中外运空运公司积极主动地协助客户解决,并承担责任和赔偿损失,确保了货主的利益。中外运空运公司6年来为摩托罗拉公司提供的服务,从开始的几票货发展到面向全国,双方在共同的合作与发展中,建立了相互的信任和紧密的业务联系。1999年11月,中美签署了关于中国加入WTO的双边协议,这又为中美贸易与合作开辟了更加广阔的前景。在新的形势下,中外运空运公司和摩托罗拉公司正在探讨更加广泛和紧密的物流合作。

2 问题讨论

(1)运用所学的配送服务理论,简单归纳摩托罗拉公司对物流配送的要求和标准。

(2)中外运空运公司针对上述要求和标准采取了哪些措施?

复习思考题

1. 为什么说配送服务可以增值？列举4种增值服务的具体经营形式。
2. 配送服务合同的主要条款包括哪些内容？
3. 如何建立配送服务质量体系？
4. 配送质量管理的基本工作有哪些？

实训题

某配送企业为一家粮食加工企业开展物流配送服务，双方经过谈判，在价格、配送形式、服务水平、质量保证、违约事宜处理等方面达成一致意见，请为双方拟定一份符合规范的正式合同。

第七章

配送成本管理

◆学习目标◆

通过本章学习,学生要掌握配送成本的内涵及特点,配送定价的形式及价格制定方法,配送成本控制策略,了解配送成本的构成,理解配送成本核算的意义及物流配送成本核算中存在的主要问题。

开篇案例

自从1962年管理大师彼德在美国《财富》杂志上发表《经济的"黑暗大陆"》一文以来,无论是学术界还是产业界,无不承认物流管理对于企业竞争力的贡献。

物流成本通常被认为是业务工作中的最高成本之一,仅次于制造过程中的材料费用或批发、零售产品的成本。以美国为例,物流成本占到销售费用的50%。在美国,产品的直接劳动成本已不足全部成本的10%,全部生产过程中只有5%的时间直接用于加工制造,95%的时间用于储存、运输等物流过程,发挥物流的作用能为企业带来更多的盈利空间。在一家典型的公司中,全部库存的30%处于采购阶段、30%处于生产阶段、40%处于配送阶段。

发达国家的企业界对现代物流高度重视,物流成本在美国的国内生产总值中占10%以上,一般占一家公司总销售额的10%~35%。在北美,有50%的公司总裁把供应链计划纳入其总体规划,并认识到物流的发展必须依靠全球化、信息技术和一体化。有资料表明,发达国家连锁企业的统一配送率在80%左右。

美国的沃尔玛、凯玛特和塔吉特三大零售商运用规模经济的原理,即配送中心的联合采购和仓储式门店计划,通过降低货物流通成本、运用低价策略加快货物周转率,从而提高企业竞争力水平。根据美国《财富》杂志1998年世界十大公司排名,名列第4位、零售业排名第1位的跨国企业沃尔玛集团,其1998年营业额达1392.1亿美元,按美国企业调查的综合数据,物流业可降低货物总价值30%~50%的物流成本,现代物流对提高沃尔玛集团的竞争力有着莫大的帮助,并使其成为全球最大零售商。在服装业方面,典型的有德国的Adidas公司,该公司通过对原有简陋仓库的改造,在德国建立一个现代化的大型配送中心,为企业在全欧洲和中东的销售提供配送服务，使其物流配送的效率与经济效益大大提高。

而NIKE公司则对其在欧洲的两个小型配送中心进行改造，在比利时重新建立一个大型的现代化配送中心，以提供NIKE公司产品在欧洲的配送业务。

对物流的认识，一方面，大多数企业惊异于物流成本在成本中的比例之高，并由此想方设法来深刻理解成本的内容及如何降低成本；另一方面，许多企业同时着眼于定位自身的物流能力，以获取竞争优势。

纵观世界500强企业，它们都是拥有世界一流物流系统的厂商，通过向客户提供优质服务来获得竞争优势。这是因为，物流是作为一种能力在企业内部及企业间进行定位的，它对创造客户价值的一般过程作出了贡献。

阅读以上案例，请思考物流成本都包括哪些。以前你是否意识到物流成本具有如此重要的作用？

第一节 配送成本概述

一 配送成本的内涵

（一）配送成本的概念

配送成本是指在配送活动过程中的备货、储存、分拣及配货、配装、送货、送达服务及附送加工的环节所发生的各项费用的总和，是配送过程中所消耗的各种活劳动和物化劳动的货币表现。

配送作为一个整体活动虽有着共同的成本支出，但每个环节都有各自的成本构成。总的来说，配送成本有资本成本分摊、利息支付、员工工资和福利、行政办公费用、商务交易费用、自有车辆及设备运行费、保险费或者残损风险、工具以及耗损材料费、分拣装卸搬运作业费、车辆租赁费等。

配送成本的高低直接关系配送中心的利润高低，进而影响企业利润的高低。如何以最少的配送成本在适当的时间将适当的产品送到适当的地方是摆在企业面前的一个重要问题，因而对配送成本进行控制就变得十分重要。

在对配送成本进行归集时，人们要做的第一个工作是必须明确归集的范围。配送成本的范围一般是由以下三方面因素决定的。

1. 成本的计算范围如何确定的问题

配送过程中涉及不同的配送对象，如不同的送货对象、不同的配送产品。此时，如果按不同对象进行成本归集，计算结果会有明显的差别。

2. 以哪几种活动作为计算对象的问题

在备货、储存、配货、送货等诸种配送物流活动中，选择不同活动进行成本归集而计算出来的配送成本自然是有差别的。

3. 把哪几种费用列入配送成本的问题

支付运费，支付保管费，支付人工费、折旧费等，将其中哪一部分列入配送成本进行计算会直接影响配送成本的大小。

企业配送成本的大小，无疑取决于上述三个方面的因素。确定不同的前提条件会引起截然不同的结果。各企业应根据各自不同的情况及管理需要来决定本企业配送成本的计算范围。

●（二）配送成本的特点

1. 配送成本的隐蔽性

正如物流成本"冰山"理论指出的一样，要想直接从企业的财会业务中完整地提取出企业发生的配送成本是很难的。通过"销售费用""管理费用"科目，我们可以看出部分配送费用情况。但这些科目反映的费用仅是全部配送成本的部分内容，即企业对外交付的配送费用。此外，这一部分费用往往是混同在其他有关费用中的，并不单独设立"配送费用"科目进行独立核算。

具体来讲，像连锁店之间进行配送所发生的费用是计算在销售费用中的。同样，备货时支付的费用最终也会归入销售费用，而配送中发生的人工费用与其他部门的人工费用一起分别列入管理费用和销售费用，与配送有关的利息和企业内的其他利息一起计入营业外费用。

这样，企业支出的有关配送费用实际上就隐藏在了各种财务会计科目中。因此，管理人员很难意识到配送管理的重要性。

2. 配送成本削减具有乘数效应

假定销售额为1000元，配送成本为100元。如果配送成本降低10%，企业就可以得到10元的利润，这种配送成本削减所具有的乘数效应是不言自明的。假如这家企业的销售利润率为2%，则创造10元的利润，需要增加500元的销售额。也就是说，降低10%的配送成本所起的作用相当于增加50%的销售额。可见，配送成本的下降会产生极大的效益。

3. 配送成本的"二率背反"效应

配送诸活动之间存在着"二率背反"效应。比如，尽量减少库存据点以及库存，必然使库存补充频繁，从而增加运输次数；同时，仓库的减少会导致配送距离变长，运输费用也会进一步增大。此时，一方成本降低，另一方成本增大，产生成本效益背反状态。如果运输费的增加部分超过保管费的降低部分，总成本反而会增加，这样减少库存据点以及库存就变得毫无意义。例如，简化包装可降低包装作业强度，进而降低包装成本。但与此同时，简化包装却导致仓库里货物堆放不能过高，降低了保管效率。而且，包装简化商品在装卸和运输过程中容易出现包装破损，导致搬运效率降低、破损率增加。

4. 配送成本的不可控性

配送成本中有许多是物流管理部门不可控制的。例如，保管费用中包括了因过多进货或过多生产而造成积压的库存费用，以及紧急运输等所造成的例外发货的费用。这些费用是物流部门不能控制的。

二 配送成本的分类

（一）按成本的不同特性划分

1. 固定成本

固定成本是指短期内不发生变化，与经营量没有直接关系，只要开展配送经营就必须支出的成本，如配送设施、设备、信息系统的设立和购置成本，管理人员工资，行政办公费用等。

固定成本是由企业规模、生产方式、资金成本确定的。企业规模越大、生产的技术手段越先进、资本越密集，其固定成本也就越高。

2. 变动成本

变动成本是指随着配送量的变化而发生变化的成本。如商务交易费、设备运行费、租赁费、装卸搬运作业费、保险费等。在没有经营时，一般没有变动成本支出。每增加一单位配送量所增加的成本一般称为边际成本,在一定条件下,边际成本就是指变动成本。变动成本主要由劳动力成本、固定资产的运行成本和社会资源的使用成本构成。变动成本和固定成本一般会因为经营方式的不同发生转化。如车辆费用,自购车辆配送时,购车成本为固定成本,而采用租车配送时,车辆的租金就成了变动成本。

(二) 按配送作业流程不同划分

按配送作业流程不同划分,可以分成相应的费用项目,如表7-1所示。

表7-1 配送成本相应的费用

作业项目	费用项目
接受订单: (1) 从客户端接收订单; (2) 把订单输入计算机、输出拣货单。	订单事务处理费
入库验收: (1) 检查供货商的送货单与配送中心的订货单是否一致; (2) 检查货品的品质、数量是否一致。	入库验收费
入库作业: (1) 将验收好的货品移往库内; (2) 将货品放置在预先安排好的储存位置。	入库作业费
库存管理: (1) 管理库存货品的存放位置、存放数量; (2) 根据库存量预测需求量形成订货单。	保管管理费
拣货作业: (1) 根据拣货单,把货品从存放位置处取出规定的数量; (2) 把拣好的货品放入适当的容器。	拣货作业费
出货检查、包装: (1) 对拣出的货品进行全数或抽样检查,以保证正确性; (2) 以拣出的货品根据需要进行重新包装; (3) 将包装好的货品贴上标签,以便于分货。	出货检查费、包装费,设备折旧费
分货、发货作业: (1) 为便于装车,先进行分货; (2) 将货品按照排列顺序装入货车内。	装车作业费
配送、交货作业: (1) 将货品运送至客户(门店或消费者)手中; (2) 交货并接受对方的验收。	配送费
订货作业: 根据库存管理的结果向供应商发出订单。	订货作业费

（续表）

作业项目	费用项目
流通加工： 应客户要求，进行贴上零售价格标签、根据指定个数重新包装等加工作业。	流通加工费
退货处理： 将回收的退货分类，进行报废、退给供应商或放回库存位置等操作。	退货处理费
补货作业： 从保管位置移动到拣货位置。	补货作业费
其他物流作业： 凭单的发行、回收的确认，以及派车管理等。	其他物流管理费

三 配送成本的核算

配送成本的核算是各个配送环节或活动的集成。在实际核算时，涉及哪一个活动，就应当对哪一个配送活动进行核算。配送各个环节的成本核算都具有各自的特点，如流通加工的费用核算与配送运输费用的核算具有明显的区别，其对成本计算的对象及计算单位都不同。

配送成本的计算因为涉及多环节的成本计算，所以对每个环节应当计算各个成本对象的总成本。总成本是指成本计算期内成本计算对象的成本总额，即各个成本项目金额总和。

第二节 配送成本核算

一 配送成本核算的意义

（一）有利于准确把握物流的实际成本

长期以来，人们未能意识到物流活动的合理化、科学化对企业经济效益的重大影响。这其中有许多原因，但重要原因之一是在于未能树立物流成本观念，没有看到物流成本的全貌。

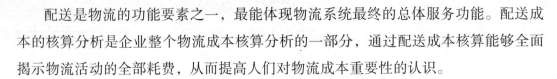

配送是物流的功能要素之一，最能体现物流系统最终的总体服务功能。配送成本的核算分析是企业整个物流成本核算分析的一部分，通过配送成本核算能够全面揭示物流活动的全部耗费，从而提高人们对物流成本重要性的认识。

（二）有利于提高物流管理水平

企业物流成本是全面反映企业物流活动的综合性价值指标。企业物流组织管理水平的高低，物流设备利用率的好坏，燃料、动力消耗量的大小，企业的选址及厂区的规划布置是否合理等，这些都会在物流成本中反映出来。总之，企业物流成本的高低是企业物流工作实际状况好坏的综合反映。企业物流成本核算可以揭示企业物流成本的全貌，并为编制物流成本预算、制定标准物流成本提供资料，将实际物流成本与标准物流成本以及物流成本预算进行比较、找出差异，并对差异产生的原因进行深入的分析，以促使物流管理水平的提高。

（三）有利于分清成本发生的责任归属

通过物流配送成本的核算，企业可以发现造成物流成本超支或节约的各项技术、组织、管理等方面的原因，明确责任所在，并据此协调各方面的工作。

许多企业都把物流合理化看成是物流部门或配送部门的事，这似乎变成了一种常识，然而这是错误的。事实上物流费用过高、活动不合理的大部分责任不仅仅在物流配送部门。因为"物流系统"是一个综合的概念，实际物流运作部门都有物流活动的发生，所以物流费用涉及企业的大多数部门，如生产、销售等部门。

物流成本责任清晰化有利于唤起和劝导其他部门重视物流管理工作，重视物流活动合理化，从而实现企业物流管理一体化。

（四）为企业管理提供物流管理数据和绩效考核依据

为企业提供物流管理数据和绩效考核依据，这主要表现为两个方面：一是为企业物流活动计划、执行、控制提供数据计算和绩效考核依据，特别是为企业高层管理人员提供正确的分析数据与报告，从而加强全公司对物流重要性的认识，促成物流革新的决心；二是通过物流配送成本的核算，测算、评价物流配送部门对企业经营绩效的贡献度。

（五）促进物流合理化

物流合理化不单单是配送部门的事情，也是生产、销售等发生物流的部门应该负责的领域。因此，在物流合理化实施阶段，企业有必要明确了解物流合理化的责任范围有多大，即范围是扩大到生产、销售等部门，还是局限在物流配送部门本身范围之内。前者是从企业物流一体化这种观点出发来改变销售结构的一种想法，即后勤思想，这是通过物流系统化目的去寻求合理的物流形式；后者的主导思想是不触及销售结构，把这些部门看作客观给出的条件，通过对作业方法、合同运费标准、运输工具的利用、事务处理方法、信息流通手段等活动的评价研究，力求把物流合理地组织起来。

二 物流配送成本核算存在的主要问题

（一）物流配送会计核算的范围、内容不全面，只涉及部分物流费用

目前，企业日常物流会计核算的范围着重于采购物流、销售物流环节，而忽视了其他物流环节的核算。按照现代物流的内涵，物流应包括供应物流、生产物流、企业内部物流、销售物流、逆向物流等。与此相应的物流费用包括供应物流费、生产物流费、企业内部物流费等。从核算内容看，相当一部分企业只把支付给外部运输、仓储企业的费用列入专项成本，而企业内部发生的物流费用，因为常常和企业的生产费用、销售费用、管理费用等混在一起，所以容易被忽视，甚至没被列入成本核算。其结果是物流成本的低估或模糊，这就影响了会计信息的真实性，不利于相关利益者以及企业内部管理者的决策。

（二）物流会计信息的披露与其他成本费用的披露混杂

从物流会计信息的披露看，因为物流活动贯穿于企业经营活动的始终，所以对于相关物流费用的核算基本上并入产品成本进行核算之中，与其他成本费用混合计入相关科目。例如，对于因取得存货而发生的运输费、装卸费、包装费、仓储费、运输途中的合理损耗、入库前的挑选整理费等，作为存货的实际成本进行核算，进而作为销售成本的一部分从总销售收入中扣除以得到总利润。物流会计信息与其他信息的混杂致使有关物流的数据信息需从相关会计信息中归纳，过程复杂且数据的时效性差，不利于物流管理和绩效的评价。

(三)部分物流费用是企业间接费用的一部分,其分配方法依然沿用传统会计方法

随着物流费用对企业利润贡献的加大,传统会计方法中间接费用是依据生产过程中的直接人工工时或机器工时来分配的,这不但歪曲了产品、服务成本,不利于生产业绩的考核、评价,而且高级管理人员基于这些数据所做的决策也难以正确。

三 配送成本的核算方法

(一)配送成本的核算项目

根据《企业物流成本构成与计算(GB/T20523-2006)》,在计算物流成本时要注意把握的一个基本原则就是从"按支付形态"入手计算物流费用。同样,配送成本的计算也应从"按支付形态"入手开始进行。

按支付形态不同分类来计算配送成本,首先要从企业会计核算的全部相关科目中抽出所包含的配送成本。诸如运输费、保管费等向企业外部支付的费用,可以全部看作配送成本,而企业内部的配送费用的计算必须从有关项目中提取。

1. 材料费

材料费可以根据进出库记录提出某一时期用于配送活动中的材料消耗量,再乘以材料的购进单价而得来。可是,这需要出入库账目以物流为主进行记录。当难以实际通过材料支出单据进行统计时,可采用盘存计算法。其计算公式如下:

$$本期消耗量=期初结余+本期购进-期末结余$$

材料的购进单价应包括材料的购买费、进货运费、装卸费、保险费、关税、购进杂费等。

2. 人工费

报酬总额可以根据发给配送人员的工资、补贴、奖金等开支或按整个企业职工的平均工资额等费用情况进行计算。职工劳保费、按规定提取的福利基金及职工教育培训费等都需要从企业这些费用项目的总额中把用于配送人员的费用部分抽取出来。当实际费用很难抽取出来计算时,也可将这些费用的总额按从事配送活动的职工人数比例分摊到配送成本中。

3. 公益费

公益费包括电费、煤气费、自来水费等开支。严格地讲，每一个配送用的设施都应该安装上计数表来直接计费，但作为一种简易方法，也可以从整个企业的上述项目开支中按配送设施和配送人员的比例计算得出。

4. 维护费

此处的维护费包括了固定资产的使用、运转和维修保养所产生的维修保养费、房产税、土地使用税、车船使用税、租赁费、保险费等。维护费应根据本期实际发生额计算，对于经过多个期间统一支付的费用（如租赁费、保险费等）可按期间分摊计入本期相应的费用中。先提出能直接掌握的部分，不能直接掌握的部分可以根据建筑物面积和设备金额等进行分摊。

5. 一般经费

一般经费相当于财务会计中的一般管理费。其中，差旅费、书报资料费等费用和使用目的明确的费用，直接计入配送成本。不能直接掌握的部分，可按人头或设备比例进行分摊。

6. 特别经费

特别经费包括按实际使用年限计算的折旧费和企业内利息等。

企业内利息实际上是配送活动所占用的全部资金的资金成本。因为这部分资金成本不是以银行利率而是以企业内部利率计算的，所以被称为"企业内利息"。这种企业内利息仅仅以管理会计中资金成本的形式加到成本中，实质上是对配送活动占用资产的一种以整个企业内部平均利息率来计算的资金成本，它与实际支付的利息不同，实质上它应该看作一种机会成本。

企业内利息的计算，对配送中使用的固定资产以征收固定资产占用税时的评估价乘以企业内利息率，对存货以账面价值乘以企业内利息率。

7. 对外委托费

对外委托费可以根据本期实际发生额进行计算。除此以外的间接委托的费用，按一定标准分摊到各功能的费用中。

8. 其他企业支付费用

其他企业支付费用是以本期发生购进时其他企业支付和发生销售时其他企业支付配送费的货物重量或件数为基础，乘以费用估价来计算的。

虽然其他企业支付的费用不作为本企业费用支付，但实际上运费、装卸费已经包含在购进货物的进货价格中。如果企业自己到货物产地购进，则这部分费用是要由本企业实际支付的。对销售的货物，买方提货所支付的费用相当于折减了销售价格，如果销售的货物采用送货制，这部分费用也要由本企业支付。因此，其他企业支付的配送费用实际上是为了弥补应由本企业负担的配送费而计入配送成本的。该费用的计算必须依靠概算估价的费用单价，但当本企业也承担与此相应的配送费时，可用与本企业相当的配送费来代替。

● **（二）配送成本核算的步骤**

明确了按支付形态分类的配送成本的计算方法后，人们就可以根据管理工作对有关信息的需要按以下步骤进行配送成本的进一步计算。

（1）根据计算配送成本的需要，将以上通过计算得出的数据资料填入表7-2中。

（2）把表7-2中的费用按功能分类，然后汇总。方法是将每一种功能各制一张表，可根据核算需要考虑是把所有的功能都作为计算对象，还是只计算其中某几项功能。

（3）如果要了解按功能、支付形态分类的配送成本的支出情况，可以把表7-2右端合计栏中的数字转入表7-3中。从表7-3中的数字可以简单地看出配送活动的哪种功能的成本最大，费用都花在哪个配送环节。

表 7-2 配送成本的数据资料表

支付形态			范围	货物流通费							信息流通费	配送管理费	合计
				备货费	保管费	分拣及配货费	装卸费	短途运输费	配送加工费	合计			
企业配送成本	本企业支付配送费	企业本身配送费	材料费 资料费 燃料费 消耗性工具、器具费 其他 合计										
			人工费 工资、奖金、补贴 福利费 其他 合计										
			公益费 电费 燃气费 水费 其他 合计										
			维修费 维修费 消耗性材料费 课税 租赁费 保险费 其他 合计										
			一般经费										
			特别经费 折旧费 企业内利息 合计										
		企业本身配送费合计											
		对外委托费											
	本企业支付配送费合计												
	外企支付配送费												
企业配送费合计													

表 7-3　配送活动的各功能成本表

功能范围	货物流通费						信息流通费	配送管理费	合计
	备货费	保管费	分拣及配货费	装卸费	短途运输费	配送加工费			
营业所									
客户									
货物									
占销售成本比重	占销售金额比重								

第三节　配送定价与成本控制策略

物流配送活动使企业的流通加工、整理、拣选、分类、配货、装配、运送等一系列活动实现了集合。同时，配送活动也增加了产品价值，提高了企业的竞争力。对配送的管理就是在配送的目标即满足一定的客户服务水平需求与配送成本之间寻求平衡，在一定的配送成本下尽量提高客户服务水平，或在一定的客户服务水平下实现配送成本最小化。

一　配送定价形式

（一）单一价格

在一个配送区域内不论配送到哪，对同一计费单位都采用同一个价格。采用单一价格一般需要通过对被配送品的规格限定来配合，如每件不超过5千克或者1立方米。

（二）分区价格

将配送覆盖区划分成若干个价格区间，运送到不同区间的配送收取不同的价格。一般来说，区间的划分以距离为原则或者根据该区间的交通条件等制定不同价格。

（三）分线价格

将配送区按照配送运输路线进行划分，然后对每一条路线进行定价。无论是否达到该设计路线的基点，只要是属于该路线的配送，就使用该路线价格。

二 配送价格制定方法

（一）成本导向定价法

成本导向定价法以提供产品或服务的成本为基点，强调在社会平均水平下，使得供给方的价值消耗得到充分补偿，并有利可得，即价格构成内容包括C+V+M（C为转移价值，V为活动消耗价值，M为利润）。在这一方法指导下企业竞争一是成本控制上的竞争，当个别企业的"C+V"低于社会平均水平时，在保证企业的获利水平前提下，可降低销售价格；二是优质优价的竞争优质，包括产品品质和服务的优质，因而消耗将会增加，价格就会相应提高。

（二）边际成本定价法

在达到规模经济时，获得利润最大化的条件是边际成本等于边际收益，这是经济学的基本原理。边际成本定价法是指在配送达到规模经济时，以边际成本作为价格的定价方法。利用边际成本定价法的条件在于已达到了规模经济，配送规模再继续增加会使不经济的固定成本大幅增加，这就会使所定的价格不能弥补固定成本的支出。

（三）市场价格定价法

在配送市场上，存在着由众多的配送经营人组成的配送供给者和众多对配送产品有需求的客户，他们形成了配送供给和配送需要的两方。当配送产品价格极高时，客户不愿意消费，需求量较小；随着配送产品价格的降低，消费能力提高，需求量增大，需求量与价格逆向变化。同样，当配送产品价格很低时，配送商不愿意经营，供给量很少；当配送产品价格增高时，配送商的配送经营量就会增加，配送供给量与配送价格同向变化。在某个价格上，双方的数量与价格关系相同并达到平衡，此时的价格就是供需平衡的价格，此时的数量就是供需平衡的数量。此时的价格就是整个市场的价格，也就是配送供应商所能定的最高价格。

众多中小规模的配送经营者只能是配送市场价格的接受者，他们需要采用市场价格确定配送价格，并按照该价格管理和控制成本支出。

（四）综合定价法

产品定价是企业与客户及竞争对手的博弈行为，既要保证产品尽可能被广泛接受，从而扩大经营规模，又要保证企业实现最高的收益。定价要根据成本、市场需求、市场竞争的需要来合理确定。总的来说，正常定价不能低于成本，但也不能高于市场均衡价格。

三 配送收费计费方式

配送收费可以作为独立提供配送服务而收费，或者作为其他服务的一个环节，合并在其他服务收费之中。总体来说，配送是独立的计费项目，需要依据配送的成本确定收费金额。配送经营人收费可以采用以下几种方式计费。

（一）按配送量计收费用

这是以每单位的配送量为计费单位。如采用重量单位，总收费即为总配送量与费率的乘积。但是因为配送不同商品的作业有一定的差别，所投入的劳动不同，所以可以按商品类别进行分类、分等级。按配送量收费还可以采用按配送的商品的体积计费、按件数收费等方式。

（二）按配送次数收费

这是以提供的配送次数为计费单位，不计算具体的配送量。该种计费方式相当于包车配送，一般有每次配送最大量的限制，如每次不超过一整车。

（三）按期收费

这是以一定时期为计费单位。对于配送稳定的客户，定量、定次的配送，按一定结算时期总体计费。

第四节 配送成本管理与控制

一、配送成本管理与控制概述

配送中心实施物流成本的管理与控制，须按照承担管理责任的各个部门编制成本预算，明确责任，同时配合进行业绩分析与评定。在配送中心物流成本管理中，要注意协调总体成本最低同个别物流费用降低之间的关系，坚持总体成本最低的原则。

（一）配送成本控制的概念

配送成本控制是指在配送经营过程中，按照规定的标准调节影响成本的各种因素，使配送各环节生产耗费控制在预定的范围内。

（二）配送成本控制的方法

配送成本控制方法包括绝对成本控制和相对成本控制。

1. 绝对成本控制

绝对成本控制是指把成本支出控制在一个绝对金额以内。绝对成本控制从节约各种费用支出、杜绝浪费方面进行物流成本控制，这要求把运营过程发生的一切费用划入成本控制范围。

2. 相对成本控制

相对成本控制是指通过成本与产量、利润、质量和服务等对比分析，寻求在一定制约因素下取得最优经济效益。相对成本控制扩大了物流成本控制领域，要求在降低物流成本的同时，注意与成本关系密切的因素，如产品结构、服务质量和管理水平等方面的工作。其目的在于提高控制成本支出的效益，即减少单位产品成本投入，提高整体经济效益。

（三）配送成本管理的内容

1. 加强配送的计划性

在配送活动中，临时配送、紧急配送或无计划的随时配送都会增加配送成本，这些配送会使车辆空载率增高。为了加强配送的计划性，需要建立零售商的配送申报制度，实行定期申请，零售商要预测订货周期内的需求量。这样既有利于降低经营风险，也有利于配送中心加强配送计划的管理。

2. 确定合理的配送路线

采用科学的方法确定合理的配送路线,是配送活动中的一项重要工作。通过拟订多种方案,以使用的车辆数、驾驶员数、油量、行车的难易度、装卸车的难易度及送货的准时性等作为评价指标进行比较,从中选出最佳方案。

3. 进行合理的车辆配载

各零售商的销售情况不同,一次配送的货物可能有多个品种。这些商品不但包装形态、储运性质不一,而且密度差别较大。密度大的商品虽达到车辆的载质量,但体积空余很大;密度小的商品虽达到车辆的最大体积,但达不到载质量。实行合理轻重配装,既能使车辆满载,又能充分利用车辆的有效体积,会大大降低运输费用。

(四)建立计算机管理系统

在物流作业中,分拣、配货要占全部作业的60%,且容易发生差错。在拣货配货中运用计算机管理系统,并应用条形码识别技术就可使拣货变得快速、准确,配货过程更简单、高效,从而提高生产效率,节省劳动力,降低物流成本。

二 配送成本控制的途径

(一)利用标准成本法

1. 制定成本控制标准

成本控制标准是控制成本费用的重要依据,物流配送的成本标准的制定,应按实际的配送环节分项制定。配送作业的成本控制标准和业务数量标准通常由技术部门研究确定,费用标准由财务部门和有关责任部门研究确定,同时尽可能吸收负责执行标准的职工参与各项标准的制定,从而使所制定的标准符合实际配送活动的要求。

2. 揭示成本差异

成本的控制标准制定后要与实际费用比较,及时揭示成本差异。差异的计算与分析也要与所制定的成本项目进行比较。

3. 成本信息反馈

在成本控制中,成本差异的情况要及时反馈有关部门,以便及时控制与纠正。

（二）推广使用现代化信息技术，提高作业效率

配送企业可以通过加强自动识别技术来提高入货和发货时商品检验的效率，从而控制配送成本。

配送企业可使用自动化智能设备提高保管、装卸、备货和拣货作业的效率。实行自动化备货作业后，各个货架或货棚顶部装有液晶显示的装置，该装置标示有商品的分类号和店铺号，作业员可以很迅速地查找到所需商品。这可以提高保管、装卸、备货和拣货作业的效率，以控制配送成本。

配送企业还可采用先进的计算机分析软件，优化配送运输作业，以降低配送运输成本；采用解析法、线性规划法或静态仿真法对配送中心选址进行合理布局；利用车辆安排程序，合理安排配送运输的路线、顺序、积载等来降低成本。

（三）实行责任中心管理

将配送中心作为一个责任中心来管理，划分若干责任区域，指派下属经理即配送经理进行管理。

企业实施责任中心管理的关键是制定一个业绩计量标准，包括制定决策规则、标准和奖励制度；利用该标准，可以表达各中心应该如何做，并判断和评价其业绩，从而达到控制配送成本的目的。

配送中心既要提高服务水平，又要降低配送运营的总成本。这就要求配送企业在整个物流企业的总成本目标和服务水平总体要求的指导下，对配送成本进行合理的控制。

三 配送成本控制策略

（一）混合策略

混合策略是指配送业务一部分由企业自身完成。这种策略的基本思想是尽管纯策略的配送形式（即配送活动要么全部由企业自身完成，要么完全外包给第三方物流完成）易形成一定的规模经济，并使管理简化，但由于产品品种多变、规格不一、销量不等等情况，纯策略的配送形式超出一定程度不仅不能取得规模效益，反而还会造成规模不经济。而混合策略，即合理安排企业自身完成的配送和外包给第三方物流完成的配送能使配送成本最低。例如，美国一家干货生产企业为满足遍

及全美的1000家连锁店的配送需要，建造了6座仓库，并拥有自己的车队。随着经营的发展，企业决定扩大配送系统，计划在芝加哥投资7000万美元再建一座新仓库，并配以新型的物流处理系统。该计划提交董事会讨论时，却发现这样不但成本较高，而且就算仓库建起来也还是满足不了需要。于是，企业把目光投向租赁公共仓库。结果发现，如果企业在附近租用公共仓库会增加一些必要的设备，再加上原有的仓储设施，则企业所需的仓储空间就足够了，但总投资只需20万元的设备购置费、10万元的外包运费，加上租金，也远没有700万元之多。

（二）差异化策略

差异化策略的指导思想是产品特征不同，客户服务水平也不同。

当企业拥有多种产品线时，不能对所有产品都按同一标准的客户服务水平来配送，而应按产品的特点、销售水平来设置不同的库存、不同的运输形式以及不同的储存地点，忽视产品的差异性会增加不必要的配送成本。例如，一家生产化学品添加剂的公司为降低成本，应按各种产品的销售量比重进行分类：A类产品的销售量占总销售量的70%以上，B类产品占20%左右，C类产品则占10%左右。对A类产品，公司在各销售网点都备有库存；B类产品只在地区分销中心备有库存而在各销售网点不备有库存；C类产品连地区分销中心都不设库存，仅在工厂的仓库才有存货。经过一段时间的运行，事实证明这种方法是成功的，企业总的配送成本下降了20%。

（三）合并策略

合并策略包含两个层次：一是配送方法上的合并，二是共同配送。

1. 配送方法上的合并

企业在安排车辆完成配送任务时应充分利用车辆的容积和载重量，从而做到满载满装，这是降低成本的重要途径。产品品种繁多，不但包装形态、储运性能不一，而且在容重方面也往往相差甚远。如果同一车上只装容重大的货物，则往往是达到了载重量，但容积空余很多；如果只装容重小的货物则相反，看起来车装得满，实际上并未达到车辆载重量。这两种情况实际上都造成了浪费。实行合理的轻重配装、容积大小不同的货物搭配装车不但可以在载重方面达到满载，而且能充分利用车辆的有效容积，并取得最优效果。最好是借助于电脑计算货物配车的最优方案。

2. 共同配送

共同配送是一种产权层次上的共享，也称为"集中协作配送"。它是几家企业联合集小量为大量共同利用同一配送设施的配送形式，其标准运作形式是在中心机构的统一指挥和调度下，各配送主体以经营活动（或以资产为纽带）联合行动，在较大的地域内协调运作，共同对某一个或某几个客户提供系列化的配送服务。这种配送有两种情况：一是中小生产企业、零售企业之间分工合作实行共同配送，即同一行业或在同一地区的中小型生产、零售企业单独进行配送的运输量少、效率低的情况下进行联合配送，这样不仅可以减少企业的配送费用，配送能力得到互补，还有利于缓解城市交通拥挤状况，提高配送车辆的利用率；二是几个中小型配送中心之间的联合以针对某一地区的客户，因为各配送中心所配货物数量少、车辆利用率低等，所以几个配送中心将客户所需货物集中起来共同配送。

（四）延迟策略

在传统的配送计划安排中，大多数的库存是按照对未来市场需求的预测量来设置的，这样就存在着预测风险。当预测量与实际需求量不符时，就会出现库存过多或过少的情况，从而增加配送成本。延迟策略的基本思想就是对产品的外观、形状及其生产、组装、配送应尽可能推迟到接到客户订单后再确定。一旦接到订单就要快速反应，因此，采用延迟策略的一个基本前提是信息传递要非常快。一般说来，实施延迟策略的企业应具备以下几个基本条件：产品特征的模块化程度高、产品价值密度大、有特定的外形、产品特征易于表述、定制后可改变产品的容积或重量；生产技术特征上的模块化产品设计、设备智能化程度高、定制工艺与基本工艺差别不大；市场特征上的产品生命周期短、销售波动性大、价格竞争激烈、市场变化大、产品的提前期短。

实施延迟策略常采用两种形式：生产延迟（或称"形成延迟"）和物流延迟（或称"时间延迟"）。而因为配送中往往存在着加工活动，所以实施配送延迟策略既可采用生产延迟形式，也可采用时间延迟形式。在具体操作时，常常发生在诸如贴标签（生产延迟）、包装（生产延迟）、装配（生产延迟）和发送（时间延迟）等领域。美国一家生产金枪鱼罐头的企业就通过采用延迟策略改变配送形式，从而降低了库存水平。这家企业为提高市场占有率曾针对不同的市场设计了几种标签，产品生产出来后运到各地的分销仓库储存起来。因为客户偏好不一，所以几种品牌的同一产品经常出现某种品牌的畅销而缺货，而另一些品牌却滞销压仓。为了解决这个问题，该企业改变以往的做法，在产品出厂时都不贴标签就运到各分销中心储存，当接到各销售网点的具体订货要求后才按各网点指定的品牌标志贴上相应的标签，这样就有效地解决了此缺彼涨的矛盾，从而降低了库存水平。

（五）标准化策略

标准化策略就是尽量减少由品种多变导致附加配送成本增加，从而尽可能多地采用标准零部件、模块化产品。如服装制造商按统一规格生产服装，直到客户购买时才按客户的身材调整尺寸大小。采用标准化策略要求厂家从产品设计开始就要站在客户的立场去考虑怎样降低配送成本，而不要等到产品定型生产出来了才考虑采用什么技巧来降低配送成本。

◆本章小结◆

配送成本是指在配送活动的备货、储存、分拣、配货、配装、送货等环节所发生的各项费用的总和，是配送过程中所消耗的各种活劳动和物化劳动的货币表现。配送成本可以根据不同分类形式划分为不同类别，但其基本特征相同，即配送成本具有隐蔽性，配送成本削减具有乘数效应，配送成本中存在着"二律背反"效应等。配送成本核算的意义在于有利于准确把握物流的实际成本，提高物流管理水平，分清成本发生的责任归属，从而为企业管理提供物流管理方面的数据和绩效考核依据，促进物流合理化等。配送定价方法有成本定价法、边际成本定价法、市场价格定价法、综合定价法等。采取合适的策略降低配送成本和提高配送服务水平是配送管理肩负的两大使命，正确处理和协调两者的关系是配送管理的重要内容。

■案例分析■

曾维的低价策略

"有思路就有出路,一切创业在于经营设计"。广州益泉纯净水有限公司董事长曾维正是基于此理念,从1998年6月开始,在短短3年时间内,客户增长到10多万人,成为广州市桶装水市场的"大哥大"。

1. 低价扩张才能后来居上

1998年,曾维不满足于其在服装业上的成就(曾获中国服装协会授予的"中国十大设计师"称号),对"水战"跃跃欲试,特别是在《羊城晚报》上看到有关柯木塱长寿村老人长寿的秘密是长期饮用地下水的报道后,他果断地进入柯木塱的"水市场"。由于几家水厂相互间在水质上并无太大的差别,曾维一开始就确定了"低价策略",靠着雄厚的资金实力和先进的管理体制与对手死拼价格,他说:"上帝永远爱低价!价格是企业综合实力最集中的体现,价格战对企业是最残酷的,但对消费者则是最幸福的,只有质量与服务最过硬的企业才能活得最好!"曾维的低价策略受到了不少同行的指责,但他给记者算了一笔账:"除设备等一次性投入的固定成本外,每桶水的变动成本又有多少呢?只要销售量足够大,就可以将成本摊薄,一桶水怎么可能卖到十几元呢?"他认为18.9升的大号桶装水的成本也就5元多,而且规模越大成本就越低。因此,他确定了"低成本扩张、快速抢占市场份额"的路线,最后他的"市场第一"战略取得了成功,3年内一跃成为广州桶装水的第一供应商。

2. 三年建成万人配送大军

曾维的低价策略不但是为了水战,而且是为了组建广州最大的民间物流中心。他对记者说:"现在物流配送是最大的战场,没有租金和水电费,管理费又极低,有配送体系才是战胜超级商场的唯一法宝。"曾维1千多人的送水大军与10余万客户网络就是其最大的物流本钱,他"一网多用",其配送网络不仅送桶装水,还帮其他公司配送饼干、牛奶、各种饮料和化妆品等,每个送水工都有一本送货宣传册,送水时就向用户推荐其他产品。由于不少大公司都需要直接配送,而且曾维的送货价有时比超级商场低,初步具备了物流中心的雏形,有家著名的大集团愿意出1个亿来买断他的物流网络,但遭到他的拒绝,曾维说:"配送网络与客户网络不是有钱就能在短期内买到的,物流中心将来会很值钱!"

曾维认为未来的商业零售模式会发生质的变化,完善的配送网络将结束店铺与商场的黄金时代,将来人们只要拨个电话或发短信就有人送货上门,因而拥有强大的配送网络就能掌握未来流通企业的命脉。因此,他要将桶装水的配送中心完全独立出来,并将1千多人的送水大军发展成2千多人的物流大军,并开展电话购物、电视购物和电子购物业务,成为广州市的物流大王。

曾维组建"网络超市"的大货仓,这就是与物流配送相适应的电子购物,即给每个用户配一张载有用户身份密码、联系电话、银行账号、家庭地址或送货地址的电子购物卡,然后将所有的产品都编订成册并配以编号,用户只要将产品编号、购物数量、送货时间等输入电子购物卡就行。具体操作很简单,用户只需将电子购物卡对着商品编号一划就行,如果在货仓就对操作员说明要求,如果在家里就打个电话,非常方便快捷。曾维认为超市里的购物手推车会成为历史的回忆,别人帮你免费送回家总比你自己拿回去更有吸引力。为什么总是能想到别人前面?对此,曾维含蓄地说:"我有高参,更重要的是我总在看报学习,广州所有的报纸我都订了,做企业就要多看书多看报,关于水战和物流,报纸上不都说得清清楚楚吗?"

(资料来源:谢翠梅.仓储与配送管理实务[M].北京:北京交通大学出版社,2013.)

问题讨论

1.益泉公司是用什么方法降低物流成本的?
2.通过此案例你得到什么启发?

复习思考题

1.什么是配送成本?
2.简述配送成本的特点。
3.配送成本的核算由哪几个方面构成?

4.简述配送定价的方法。配送收费计费方式有哪些?

5.物流企业应该如何控制配送成本的增加?

实训题

以小组为单位,对本地区某一物流企业的配送成本进行调查,并提交调查报告。

第八章

电子商务配送管理

◆学习目标◆

通过本章教学,学生要理解电子商务快递配送的内涵,了解电子商务快递配送的现状与发展,理解电子商务与配送的关系,掌握电子商务配送流程,理解电子商务的配送模式及特点。

电子商务是20世纪90年代初在美国、加拿大等国兴起的一种企业经营形式,即在商务运作的整个过程中实现无纸化、直接化和智能化。物流配送由网络进行实时控制,使资源的组织速度加快、规模扩大、效率和合理性都大大提高,这种形式有力地促进了物流配送的发展进程。

开篇案例

六成乡镇居民在大型电商消费 物流配送有待提速

2019年4月16日,北京市消费者协会(以下简称"市消协")发布的《乡镇(村)居民网购消费调查结果》显示,有网购消费经历的被调查者占所有调查者的86.89%。其中,60.68%的被调查者选择通过大型电商平台进行消费,70.83%的被调查者更在意物流配送的速度和质量。

据了解,本次调查主要采用网络问卷、入户调查、体验调查和座谈研讨四种形式,对乡镇(村)居民网购消费问题进行了解,共收回有效调查问卷3641份。调查结果显示,大型电商平台及微信等社交平台成为乡镇(村)居民网购的主要渠道,60.68%的被调查者选择通过大型电商平台消费,51.80%的被调查者选择通过微信等社交平台消费。

乡镇的网购渗透率不断增加,但网购"最后一千米"问题仍待解决。在调研中,有70.83%的被调查者更在意物流配送速度和质量,60.42%的被调查者更在意产品质量和售后服务,37.50%的被调查者更在意网络信息和实际商品一致性,36.46%的被调查者更在意购物流程简单化。

阅读以上案例,请思考物流配送对电子商务发展的影响有哪些,如何提升"最后一千米"配送效率和服务水平。

第一节 电子商务配送概述

一 电子商务配送的内涵

（一）电子商务配送的概念

电子商务下的配送和以往的配送是完全不同的配送，是建立在社会化、信息化、系统化基础上的物流配送。它是指物流配送企业采用网络化的计算机技术来实现整个贸易活动的电子化、快速化，针对社会需要、按照客户的要求对企业所提供的货物进行一系列分类、整理、配货、配装、送货等活动，以准确的时间、数量、地点为客户提供满意服务的配送。可以看出，这种新型的物流配送彻底改变了流通领域的经营形式和盈利模式，更有力地支持了现代制造企业的产品制造和流通企业的市场营销战略。电子商务下的物流配送能使货物的制造和流通较传统的物流配送形式更容易实现信息化、自动化、现代化、社会化、智能化、合理化、效益化，更方便地做到货畅其流、物尽其用，从而减少生产企业的库存，加速资金周转，提高物流配送效率，降低物流配送成本，进而降低货物的成本和价格，提高全社会的购买力，改善人民生活水平，提高社会福利。

（二）电子商务配送的特点

企业在电子商务条件下的配送和传统的配送是截然不同的。电子商务条件下物流配送的特点主要表现在以下几点。

1. 物流配送信息化

物流配送信息化表现为物流配送信息的货物化、信息收集的数据库化和代码化、信息处理的电子化和计算机化、信息传递的标准化和实时化、信息储存的数字化等方面。条码技术、数据库技术、电子订货系统、电子数据交换、快速反应、有效客户反映及企业资源计划等在物流配送管理中得到广泛应用。没有物流的信息化，任何先进的技术设备都不可能应用于物流配送领域。信息技术在物流配送中的广泛应用，将极大地改变物流配送的形式和服务模式。

2. 物流配送自动化

自动化的基础是信息化，自动化的核心是机电一体化，自动化的外在表现是无人化，自动化的效果是省力化和效率化。另外，自动化还可以扩大物流配送作业能力，提高劳动生产率，减少物流配送作业的差错等。物流配送自动化有条码、语音、射频等自动识别系统，自动分拣系统，自动存取系统，自动导向车，货物自动跟踪系统等。这些设施设备在经济发达国家已较普遍地应用在物流配送作业流程中，但在我国还未得到广泛应用。

3. 物流配送网络化

物流配送服务领域网络化的基础也是信息化，这里说的"网络化"有两层含义。一是物流配送系统的计算机通信网络。包括物流配送中心与供应商或制造商的联系要通过计算机网络。另外，与下游客户的联系也要通过计算机网络通信来完成。比如，配送中心向供应商发出订单就可以使用计算机通信形式，借助于增值网上的电子订货系统和电子数据交换技术来自动实现，物流配送中心通过计算机网络收集下游客户订货的过程也可以自动完成。二是组织网络化及所谓的企业内部网。如台湾IT业20世纪90年代创造的"全球运筹式产销模式"，其基本思路是按照客户订单组织生产，生产采取分散形式，将全世界的电脑资源都利用起来，采取外包的形式将一台电脑的所有零部件、元器件和芯片等发往同一个物流配送中心进行组装，由该物流配送中心将组装的电脑再发往各地的客户。

物流配送网络化是物流信息化的必然结果，是电子商务下物流配送活动的主要特征之一。全球网络资源的可用性及网络技术的普及为物流配送的网络化提供了良好的外部环境，物流配送网络化成为物流配送的必然趋势。

4. 物流配送智能化

物流配送智能化是物流配送自动化、信息化的一种高层次应用。物流配送作业过程中大量的运筹和决策，如库存水平的确定、运输配送路线的选择、自动导向车的运动轨迹和作业控制、自动分拣、物流配送中心经营管理的决策支持等问题都需要借助于大量的智能化方式来解决。在物流配送自动化过程中，物流配送智能化是一项必要的、不可回避的技术难题。目前，在国际上这方面的技术已经有了比较成熟的研究成果，物流配送智能化已经成为电子商务条件下物流发展的一个新趋势和努力的方向。

5. 物流配送柔性化

物流配送柔性化原是生产领域为实现"以客户为中心"而提出的，但要真正做到柔性化，也就是根据客户的需求的变化来灵活调整生产工艺，没有配套的柔性化物流配送系统是不可能实现的。20世纪90年代以来，生产领域提出的FMS、CIM、MRP、ERP等概念和技术的实质就是将生产、流通进行集成，根据客户的需求组织生产，安排物流配送活动。柔性化物流配送活动正是适应生产、流通与消费对货物需求的多样化、差异化和个性化而发展起来的新兴物流配送模式。

延伸阅读

电子商务配送的形成

以互联网为平台的网络经济是新经济的重要表现形式，网上信息传递和网上交易、网上结算等都是新的经济运作方式，同时也是网络经济的重要内容。物流配送又是现代物流的一个主要组成部分，可以说是现代市场经济体制、现代科学技术和系统物流思想的综合产物。从新经济的角度来看，电子商务配送被认为是新经济中新生产形式的"零库存生产方式"，电子商务和配送等都是其重要的组成部分。因此，电子商务配送是新经济的产物，同时也应被纳入到新经济的体系之中。配送对于经济发展的意义，不但局限在它是电子商务的一个重要组成部分，而且更重要的在于它是企业发展的一个重要战略手段。

由此可见，电子商务配送这种经济形态是由网络经济和现代物流共同创造出来的，是二者一体化的产物。有人就把电子商务配送描述为网上信息传递+网上交易+网上结算+门到门配送服务。

二 国外电子商务配送的现状与发展

（一）发达国家电子商务配送的现状与发展

发达国家电子商务物流配送行业发展较成熟，行业集中度和服务能力强，效率高。因此，分析发达国家在电子商务物流配送方面成功的经验，对促进我国电子商务物流配送发展有重要的借鉴价值。发达国家电子商务物流配送主要有以下特征。

1. 物流业先于电子商务发展，物流服务能力较强

作为现代物流起源的美国，其物流综合实力强，在物流技术上具有领先优势。欧盟国家依托其发达的物流网络，为其成员国的经济繁荣注入强劲发展动力。日本现代物流虽然起步较晚，但是其重视物流合理化和综合物流管理的研究，形成了符合自身物流发展的管理经验和方法，其物流水平处于世界前列。

2. 第三方物流成重要趋势，市场集中度较高

全球物流业发展的趋势就是物流走向社会化。美国第三方物流产业占全球第三方物流产业的22%，位居全球第一。其次是日本，占全球第三方物流产业的7%，德国、法国、意大利、英国的第三方物流产业占全球第三方物流产业的比重都在3%~5%。对比来看，我国物流产业还处于发展初期，发达国家的物流市场已进入成熟期，全球前50强的第三方物流企业大部分都在发达国家。

3. 快递业已经成熟，呈垄断局面

电子商务物流配送的主力军是快递业，快递业起源于美国，在发达国家已进入行业成熟期，市场集中度高。美国快递业务呈现双寡头垄断格局，两大快递企业UPS和FedEx资金充裕，实力雄厚。UPS是名副其实的行业老大，特别是地面运输领域，占全美地面规模快递的61%。在欧洲快递市场，DHL、TNT以及UPS占了三分之一的市场份额。日本快递业呈现大和运输（黑猫宅急便）、佐川急便（飞脚便）和日本邮政三家企业的垄断局面，占比达到90%以上。韩国快递市场上的三巨头现代配送、韩进配送和大韩通运占据该国50%以上的市场份额。另外，发达国家成熟的快递市场为其电商企业物流配送提供了坚实的基础，电商企业更专注自身业务而将配送交给第三方来做。在德国，主要的B2C电子商务网站是Amazon、OTTO、Notebooksbilliger、Conrad、Weltbild、Bonprix等，它们的配送业务主要由DHL和Hermes来完成。

4. 物流配送注重效益，差异化服务是趋势

欧洲是全球网络零售最发达的地区，其配送服务主要有四种类型：一是经济快递，它不要求配送时间，没有具体的交货时间承诺；二是即日达快递，要求24小时内送达，并提供全额退款保证；三是限日快递；四是限时快递，约定某一天或一天内的某个具体时间送达。限时快递在欧洲的快递市场占有最大的细分市场，占市场总价值的33.6%。这说明欧洲快递服务更关注客户的个性化需求，具有较高的服务质量。日本形成了符合自身特点的电子商务物流配送模式，主要有以下三种。一是共同配送模式，除大和运输、佐川急便等大型宅配便采取自建配送中心进行配送外，其他中小型第三方配送企业则通过联合建立的共同配送中心，在共同配送中心统一规划和调度下展开城市配送业务，提高配送效率，降低配送成本。二是便利店自提模式，这是依托日本便利店分布范围广、数量众多，全天候营业且与临近居民社区的优势，电子商务平台、配送企业与便利店之间相互合作。消费者在网站下订单、在线支付或者取货付款、选择网点取货的送货方式后，由配送企业将商品送达消费者指定的便利店，然后通知消费者到店取货，这不仅降低了配送成本，还提高了配送效率。三是指定时间段配送模式，日本配送企业将每天分为6个配送时段，消费者可以自行选择送达时间。指定时间段的配送模式大大提高了准确送达商品到客户的概率，也降低了再次配送的成本。

（二）发达国家电子商务物流配送发展的经验借鉴

1. 制定各类政策措施，促进行业快速发展

物流业及快递业是发达国家积极推动发展的行业之一，各国在发展的各个阶段，均以不同形式制定政策措施，推动行业快速发展。美国为了推动物流业的发展，通过实施一系列税费优惠政策，增加物流业研发费用和购置物流设备的投资。另外，美国从20世纪80年代开始，政府便逐步取消了运输市场的诸多审批流程与限制性规定，私营企业快速成长，提高了市场竞争的激烈程度。如该时期的联邦快递FedEx的营业收入复合增长率高达40%，随后逐步发展壮大，通过兼并重组，成为现今美国快递业双寡头垄断格局。日本在1997—2009年，先后4次修订《综合物流施策大纲》，有力地促进了日本物流业的发展。韩国于1997年制定了《流通产业发展法》，将其作为国家物流产业的基本规划，并根据需要修正了7次，该规划大大推动了韩国物流产业的发展。

2. 注重行业标准的制定，提高行业效率

标准化是行业发展成熟的标志之一。作为全球物流最发达的国家之一，美国物流标准化体系相当健全，制定的物流相关标准超过1000条，涉及物流的基础设施、工具等技术标准以及包装、运输、仓储、配送等工作标准。同时，美国通过参加国际标准化组织及其活动，以实现美国的物流标准与国际标准接轨。另外，德国的托盘、集装箱、运输工具的标准化程度也很高，德国在公路运输的货箱外部尺寸基本

相同，员工统计和机械手取货物均根据条形码确定。

3. 科学规划物流用地，提高土地利用率

德国政府非常重视现代化物流中心建设，负责大型物流中心规划、选址和基础设施建设工作。在物流中心选址上，一是注意其与铁路、公路和港口等基础设施的衔接程度；二是考虑区域内工商企业数量，是否有金融和保险服务机构；三是要离市中心较远，有发展的拓展空间等。日本在20世纪70年代初就开始规划建设物流园区（基地），并颁布了物流园区规划建设的相关政策法规。日本的全国大型物流园区的总体规划由政府相关部门共同规划制定。其物流园区以满足城市物流便利化需求为主，一般位于大城市周边的交通便利区域，并着力把物流园区打造成区域干线的运输基地和城市物流配送的集散中心。

4. 推进绿色项目，促进物流业低碳发展

发达国家特别重视环保。美国不断通过政府宏观政策的引导，倡导物流企业节能减排。自1989年"IVHS"战略（即"智能车辆公路系统"）制定以来，通过不断的资金投入和法规制定，实现了物流行业的可持续和低耗能发展。欧洲地区的《环境保护区公约》要求使用低排放的城市车辆运输，重量超过3500公斤的柴油车必须符合欧Ⅲ排放标准或更高。

5. 制定便民通关措施提高货物通关效率

为提高货物通关效率，新加坡以电子报关和电子审单为基础，以共享平台建设为核心，向企业和贸易商提供一站式的通关服务，商家通过网络平台在10秒内即可完成全部申报手续，10分钟即可得到批准与否的答复。一站式的通关服务大大提高了企业和贸易商的物流通关效率。欧洲经济区提倡建立"一站式"的行政服务或"单一窗口"，以协调处理海关办理相关手续，因为简化了原有复杂的通关手续，实现了实时数据传输，所以有效地节约了供应链运作时间。

三 我国电子商务物流配送的现状与发展趋势

（一）我国快递业配送的现状与特点

1. 市场规模大

2018年，我国快递业务量达到507.1亿件，比上年增长26.6%。全国快递企业日

均快件处理量1.4亿件,最高日处理量达到4.2亿件,同比增长25.7%。快递业务收入超过6000亿元,达到6038.4亿元,同比增长21.8%。远高于同期国内生产总值增速,成为新经济的亮点。2018年,人均快件使用量为36件,较上年增加7件。快递企业日均服务2.8亿人次,相当于每天每5人中就有1人使用快递服务,快递成为现代生产生活不可或缺的组成部分。快递业务收入占国内生产总值的比重为6.7‰,同比提高0.7‰。快递业新增就业人数超过20万人,对国内新增就业贡献率达2%以上,为就业做出了积极贡献。

从全球范围看,2018年,我国快递业务量超过美、日、欧发达经济体之和,规模连续5年稳居世界第一,是第二名美国的3倍多,占全球快递包裹市场的一半以上,成为全球快递包裹市场发展的动力源和稳定器。

2. 区域性特征

我国区域快递发展水平与区域经济结构类似,长三角地区占比最大,业务量占全国快递业务量的三分之一以上。其次是珠三角地区,占全国快递业务量的的四分之一以上。但珠三角与京津冀快递业务量相差悬殊,珠三角业务量是京津冀的2倍以上。京津冀中,北京、天津以服务业为主,河北以重工业为主,大多是总部经济,快递与关联产业协同度较低。反观珠三角地区轻工业发达,民营经济活跃,快递与制造业、电子商务等关联产业协同非常紧密,快递市场需求旺盛,整体快递业务发展水平较高。

3. 时间特性

2018年"双11"当天,主要电商企业全天共产生快递物流订单13.52亿件,同比增长25.12%;全天全国各快递企业共处理快递4.16亿件,同比增长25.68%。另外,还有"双12""618"、春节、元旦等节日,各大快递公司的快递量都会有较大幅度增长。

中国物流学会特约研究员杨达卿在接受记者采访时表示,自有"双11"的10年间,快递业务规模年均增量50%,但现代化仓储建设仍然滞后;配送人力10年间也没有太大改变,这是"双11"期间快递出现爆仓和延误配送等问题的原因所在。

● **(二)我国电子商务物流配送存在的问题**

1. 快递配送能力有待均衡发展

近年来,我国快递业配送的基础建设不断加强,快递企业的业务能力也在持续提升。2018年，我国快递发展普惠程度继续改善，发展指数为377.2，比上年提高5%。这表明随着城市投递形式多元化和农村服务网络的快速延伸，我国快递发展普惠程度日渐提高。2018年，全国建成城市公共快递服务站和农村公共取送点分别达到7.1万个和6.7万个，主要快递企业城区自营网点标准化率超过92.7%，较上年末提高10%，服务质量明显改善。但农村快递基础设施建设与城市建设有着较大的差距，这对农村电商产业的发展造成了影响。

2. 城市快递业"最后一公里"制约

我国适合城市快递业配送的相关标准尚未出台，快递业在配送标准、配送工具、配送时间点仍然存在诸多问题。一方面，未有配送车辆标准，导致很多快递以电瓶车、摩托车等形式送货，存在诸多隐患。另一方面，多座城市市内通道及社区对快递配送车辆禁行、禁停，这对快递"最后一公里"配送有着较大的制约。

3. 快递业配送服务模式单一

随着电子商务的发展，蔬菜、水果、鲜花等多种类型的网店多了起来，但我国目前快递配送服务模式并没有因此发生改变，导致快递配送模式无法与用户个性化需求相匹配。例如，国外生鲜蔬果类产品基本上都是通过冷链物流运输，但我国大部分地区还是采用一般快递模式，导致生鲜蔬果类快递服务水平差，顾客经常收到已经变质的产品，这严重阻碍了我国生鲜蔬果类产品的电子商务发展。

●（三）我国电子商务配送的未来发展趋势

1. 我国快递业配送将持续保持高速增长趋势

《物流业发展中长期规划（2014—2020年）》指出，国家将支持快递业整合资源，与民航、铁路、公路等运输行业联动发展，加快形成一批具有国际竞争力的大型快递企业，构筑覆盖城乡的快递物流服务体系。

随着电子商务、网络购物等新兴业态的快速发展，电子商务配送需求也在快速增长。2019年4月11日，国家邮政局召开2019年第二季度例行新闻发布会，发布解读《2018年中国快递发展指数报告》。报告指出："业务规模全球领先。2018年，我国快递业务量超过美、日、欧发达经济体之和，规模连续五年稳居世界第一，是第二名美国的3倍多，占全球快递包裹市场的一半以上，成为全球快递包裹市场发展的动力源和稳定器。预计2019年快递业务量将超过600亿件，同比增长22%；快递业务收入将超过7000亿元，同比增长18%。快递业发展基本面持续向好，行业高质量发展进程将持续加快。"

2. 我国快递业配送将呈国际化趋势

我国政府制定的《推动共建丝绸之路经济带和21世纪海上丝绸之路的愿景与行动》指出:"加快'一带一路'建设,有利于促进沿线各国经济繁荣与区域经济合作,加强不同文明交流互鉴,促进世界和平发展,是一项造福世界各国人民的伟大事业。"为推进实施"一带一路"重大倡议,我国快递业积极实施"走出去"战略,国际化趋势越来越明显,顺丰速运已经不满足于国内市场,通过开发欧洲小包和覆盖欧盟各国的欧盟专递等服务,紧锣密鼓地进军国际市场。由中通快递控股的"中通国际"开通了日本专线,在冲绳设立国际转运中心,在东京、大阪等地建立口岸服务。圆通速递携手菜鸟网打通了中国内地—东北亚及中国香港—中国内地的跨境快递通道,使跨境电商产品能够获得更高的快递配送服务。

随着快递市场全球化不断深入,我国快递企业的国际竞争力和国际适应力将不断增强,政府将继续支持快递企业加强联合,共同开发全球性快递业配送市场,通过联合、兼并和重组快递企业,构建与周边及世界其他国家和地区有效衔接的快递业服务网络,打造具有全球竞争力和全球影响力的快递企业,形成全球性快递配送服务体系。

第二节 电子商务与配送的关系

一 电子商务对传统物流配送的影响

电子商务的产生和发展对传统物流配送的影响是多方面的,主要表现在以下几方面。

(一) 改变了传统物流配送的观念

传统的物流配送企业需要建有一定规模的仓库,并且要有大量的货物储存,以备企业送货的需要。而电子商务系统网络化的虚拟企业将分散在各地的分属不同企业的仓库，通过网络系统连接起来使之成为虚拟仓库，以进行统一管理和调配使用，从而服务范围和货物调度的数量和种类就增加了。这样，企业在组织资源的速度、规模、效率和资源的合理配置方面都是传统的物流配送所不可比拟的。在电子商务配送形式下，人们认识到收集、储存、掌握信息比储存货物更经济，更方便灵活，更能应对市场风险。

（二）网络对物流配送的控制改变了物流配送管理程序

企业的管理方法与管理手段是密切相关的，管理手段不同，管理方法也会随之改变。先进的电子商务系统的使用会给一家企业带来全新的管理方法。传统物流配送过程是由多个业务流程组成的，受人为因素影响和时间影响很大。而网络技术的应用可以实现整个过程的实时监控和实时决策。新型物流配送的业务流程都由网络系统连接，当系统的任何一个神经末端收到一个需求信息时，该系统都可以在极短的时间内作出快速反应，并可以拟订详细的配送计划，启动各个作业环节。这一切工作都是由计算机根据人们事先设计好的作业程序自动完成的。

（三）物流配送效率大大提高

在传统物流配送管理中，由于信息交流的速度慢、所需的时间长，企业完成一个配送过程的时间也比较长。随着网络信息技术的应用，人们进行信息交换的时间大大缩短，任何一个有关配送的信息和资源调配的指令通过网络可以在瞬间完成。

（四）网络系统的应用简化了物流配送过程

传统物流配送整个过程比较复杂，而通过网络化的新型物流配送系统的设计就可以大大缩短这一过程。在网络支持下的新技术可以在网络环境下更加方便灵活地被使用。它使物流配送周期缩短，其组织形式也会发生变化。计算机系统管理可以使整个物流配送管理过程变得简单和容易，网络上的营业推广和销售可以使客户购物和交易过程变得更有效率，费用也会更低。

二 配送对电子商务发展的作用

完整的电子商务交易过程一般包含信息流、商流、资金流和物流四个基本部分。信息流是指有关交易的各种信息交流，包括货物的介绍、技术支持、售后服务以及有关贸易单证的传输等；商流是指货物在采购、销售中货物所有权转移的运动过程，具体是指货物交易的一系列商业活动；资金流是指交易过程中收付款及转账等活动；物流是指货物实体从供应者向需要者的物理流动，包括运输、配送、包装等一系列经济活动。在电子商务运作过程中，信息流、商流、资金流都可以借助于网络系统在很短的时间内得以实现，而货物实体的流动通过网络系统是很难实现的，必须借助于高效的物流配送系统。在现代经济活动中，要体现电子商务在商务活动中的真正价值，必须在整个生产经营过程中保证物流配送的畅通、高效及低成本。否则，方便便捷的电子商务和落后的物流配送系统之间就如同高速公路与羊肠小道的对接，无法发挥电子商务的优势，这就会阻碍电子商务的发展和应用。物流配送与电子商务的发展是相互促进、相互制约的。

物流配送对电子商务发展的作用主要体现在以下两点。

●（一）物流配送是电子商务发展的基础

电子商务通过快捷、高效的信息处理手段可以比较容易地解决信息流、商流和资金流的问题，将货物及时地配送到客户手中，即完成货物的空间转移（物流）才标志着电子商务过程的结束。因此，物流配送系统效率的高低是电子商务发展成功与否的关键，而物流配送效率的高低很大一部分取决于物流配送的现代化水平。

物流配送现代化包括物流配送技术和物流配送管理两个方面的现代化。物流配送技术现代化包括软技术和硬技术两个方面的现代化。在物流配送软技术方面，现代化的内容包括无损检测和抽样检验技术、货物科学养护技术、条码技术、信息处理技术、安全装载技术等。在物流配送硬技术方面，现代化的内容包括发展自动化程度高的仓库，运输设备的专用化、大型化，保管设备的多样化、组合化，装卸搬运设备的效率化，信息处理设备的计算机化等。

物流配送管理的现代化就是应用现代经营管理思想、理论和方法，有效地管理物流配送，并在管理人才、管理思想、管理组织、管理方法、管理手段等方面实现现代化，以形成物流配送管理的现代化管理体系。物流配送管理现代化的目标是实现物流配送系统的整体最优化。

物流配送现代化中最重要的部分是物流配送信息化，物流配送信息化是电子商务物流配送的基本要求，是企业信息化的重要组成部分，表现为物流配送信息的货物化、物流配送信息收集的数据化和代码化、物流配送信息处理的电子化和计算机化、物流配送信息传递的标准化和实时化、物流配送信息储存的数字化等。物流配送信息化能更好地促进生产与销售、运输、储存等环节的联系，对优化物流配送程序、缩短物流配送时间、降低配送成本都具有非常重要的意义。

（二）物流配送是实现电子商务优势的关键

及时、高效的物流配送是对生产活动的有力保障。合理、高效及现代化的物流配送，通过降低物流配送费用来降低生产作业成本、优化库存结构、减少资金占用、缩短生产周期。企业开展物流配送的目的就是支持企业的产品制造和市场营销战略。

物流配送服务于商流。在商流活动中，货物所有权从购销合同签订的那一刻起便由供方转移到买方，而货物实体并没有因此而发生移动。在传统的交易过程中，除了非实物交割的期货交易，一般的商流还必须伴随着相应的物流活动，即按照买方的要求将货物的实体由供方以适当的形式、合理的路线及准确的时间向买方转移，从而完成货物的物流过程。在电子商务条件下，买方通过网络可以较快地实现货物的商流活动，但电子商务活动并没有结束，只有货物或服务真正到达买方手中，货物的交易活动才算真正结束。

第三节 电子商务配送流程及配送模式

一 电子商务配送流程

（一）接收与备货

接收与备货就是利用网络手段从客户处接收客户订单，然后开始准备货物，包括筹集货源、进货以及相关的质量检查、款项结算、单据交接等。

（二）储存

储存包含储备和暂存两种状态。对于常年销售、采购数量大的货物，配送中心要保持一定数量的储备，以随时满足各客户的需求。储存仓库有配送中心的仓库和外界的大量"虚拟仓库"。配送中心通过网络对分布在外界的大量不同种类的仓库进行统一的虚拟化管理，并为己所用。配送中的大量货物应保存在散布于地区周边各地的供货厂商的仓库和运输途中的"虚拟仓库"里，由配送中心通过计算机系统对这些"虚拟仓库"进行网络化管理。

暂存是指在接到配送单执行操作业务时，按配送单要求在暂存区放置的少量货物。暂存是对周转速度快的货物的一种储存状态，是适应电子商务及时、快速配送的方法。暂存可以减少作业次数和劳动力，以节约成本。

(三) 拣货和集货

对于每一个客户或订单，一般都有多项货物。在仓库中，将这些不同种类和数量的货物拣选出来集中在一起，然后记录下各种货物信息与客户订单进行对照，这就是拣货作业。

(四) 流通加工

流通加工是为了方便储运、验收或根据客户需求而进行的加工。例如，对食品、农副产品进行的分装作业，把大包装改为小包装；货物倒装作业，把一种包装形式转换成另一种包装形式，以适应运输、装卸或保管的需要，或者美化货物、促进销售；产品深加工，如材料切割、下料等，以提高产品价值。同样，对于加工后的货物进行信息处理，分类分项整理后存入相应的数据库或文件夹。

(五) 配装与送货

配装是把不同货物合理搭配，并装到配送车辆上，以充分利用车辆的运载能力。送货是把的货物送到客户手中。这里有一个客户组合和路线规划问题，只有进行科学规划，才能降低物流成本。而利用信息技术处理起来就简单得多，并能收到事半功倍的效果。

电子商务下的配送作业流程，如图8-1所示：

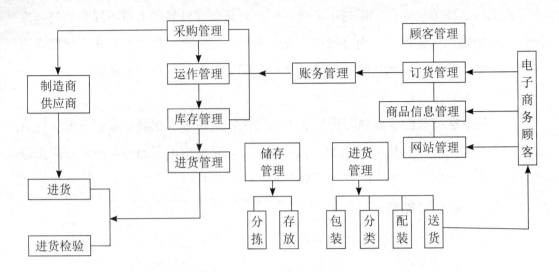

图 8-1　电子商务下的配送作业流程

二、电子商务配送模式及其特点

(一) 电子商务配送模式

电子商务下企业成本优势的建立必须以可靠和高效的物流配送运作作为保证，这也是现代企业在竞争中取胜的关键。一个国家的物流配送水平的高低，在一定程度上反映了该国的综合国力和企业的市场竞争能力的高低。

物流配送具有系统性和协作性的特点，它将货物经济活动中所有的供应、生产、销售、运输、库存及相关的信息流动等活动视为一个动态性的系统总体，需要供应商、分销商、客户及第三方共同配合才能完成。但是，我们国家受计划经济体制的影响，物流配送在系统性和协作性方面还有很多工作要做。改革开放以来，尤其是我国加入WTO以后，为了应对国内和国际市场的竞争，物流配送企业也在不断探索适合自身发展的物流配送经营模式和盈利模式，形成了以下几种电子商务配送模式。

1. 自营物流配送模式

采用自营物流配送模式的企业主要是一些工商企业（即货主企业），尤其是那些规模较大的工商企业。它们为了满足企业自身对原材料、零部件和货物采购及本企业货物销售的需要，利用企业原有的人力资源、仓库、专用线、运输设施设备和装卸设备及分销网络，自行开展物流配送活动。这种模式有利于企业供应、生产和销售的一体化作业，系统化程度相对较高，既可以满足企业内部原材料、半成品及产成品的配送需要，又可以满足企业对外拓展市场的需求。例如，海尔成立海尔集团电子商务有限公司和武汉中百集团自己投资建立中百集团物流配送有限公司等。

2. 第三方物流配送模式

第三方物流配送是指物流配送业务由供方、需方之外的第三方去完成的物流配送运作形式。第三方就是指提供物流配送交易双方的部分或全部物流配送功能的外部服务提供者，是电子商务配送社会化、专业化的一种形式。采用这种模式的工商企业无法拥有自己的任何物流配送实体，因而将本企业对货物的采购、储存和配送等业务都交由第三方以借助于强大的信息技术来完成。

3. 自营和外包相结合的配送模式

采用这种模式的企业是考虑到投资建立一个完整的物流配送体系的风险太大，建设周期比较长，而且占用企业较大的资金量，一旦企业的经营业务有较大波动，就会出现企业物流配送系统资源的闲置或紧张，造成企业经营活动的被动。企业自身有一部分配送资源，但有时不能满足企业临时性需要，还需要把一部分物流配送业务外包给第三方电子商务配送企业来完成。

4. 战略联盟配送模式

企业要想既降低风险，又能获得满意的物流配送服务，可以与第三方电子商务配送企业或供应商建立战略伙伴关系。

总之，电子商务配送是未来经济的发展趋势。企业要想在这种趋势中得到很好的发展和壮大，就必须选择一个最适合企业自身发展需要的电子商务配送模式。

（二）各种电子商务配送模式的特点

电子商务配送模式虽然有以上几种，但从大的方面讲可以分为两种，即自营模式和外包模式。无论企业采用哪种形式都应该趋利避害，以尽可能地充分利用其优势，尽量避免其对企业产生的危害。两种模式的优劣主要体现在以下几个方面。

1. 自营电子商务配送模式

自营模式是指企业自己拥有并管理经营企业的电子商务配送系统和配送设施设备。

（1）自营电子商务配送模式的优点。该模式可以使企业原有的物流配送设施设备得到尽可能利用，减少资源的闲置和浪费；在企业富余人员较多的情况下，由企业自己来经营和管理电子商务配送系统和配送设施设备，可以解决企业部分人员的就业压力问题；便于企业对整个电子商务配送系统的控制，使之更好地为企业的产品制造和市场营销服务。

（2）自营电子商务配送模式的缺点。该模式投资巨大、周转期长，企业的投资经营风险大；分散企业的人力、物力、财力，不利于企业的专业化经营，不利于企业把有限的资源用在优势产业上，以充分发挥其核心竞争力；当企业的业务量较大时，企业的物流配送成本可能还可以承受，而当业务量较小时，物流配送成本就会增加，不利于企业的规模化经营的需要；当企业产品结构或服务区域范围需要调整时，就会出现原有的物流配送设施设备等较难适应新业务需要的情况。

2. 外包电子商务配送模式

外包电子商务配送模式就是把企业的物流配送业务通过契约的形式承包给第三方电子商务配送企业来完成。

（1）外包电子商务配送模式的优点。该模式符合社会专业化分工协作的要求，有利于规模化经营，可以提高物流配送效率，降低物流配送成本；可以把企业的各种资源用在有竞争优势的地方，增强企业的核心竞争力；方便企业的业务调整，当企业的产品结构或经营空间需要调整时，可以同其他物流配送企业再签订物流配送服务的协议；可以降低企业投资物流配送系统的投资风险。

（2）外包电子商务配送模式的缺点。该模式不利于本企业对物流配送渠道的控制，有时会使企业受制于人；当企业的业务量很大时，物流配送业务外包不利于企业降低物流配送成本。当企业自营物流配送业务时，固定成本大、变动成本小；若物流配送业务外包，则所有成本都是变动成本。

当企业业务量很大时，外包配送业务的物流配送成本会超过成本平衡点时的成本。因此，企业是采用电子商务物流配送业务自营模式还是外包模式，应该要考虑企业业务量的大小。

在以上两种电子商务物流配送模式中，外包模式更符合社会经济发展的趋势。无论是制造企业、流通企业，还是物流企业，都必须走社会化、规模化、专业化、信息化和标准化的道路，这样才更有竞争力。

◆ 本章小结 ◆

电子商务物流配送作为一种新型物流配送,将成为流通领域革新的先锋和现代市场营销的主要工具。它具有信息化、自动化、网络化、智能化、柔性化等特点。电子商务的产生和发展对传统物流配送的影响和作用是多方面的,但离开了物流配送,电子商务的发展同样寸步难行,二者之间是相互促进、相互制约的关系。世界发达国家依托其强大的信息技术优势,在发展电子商务配送方面起步早、规模大,而我国的物流配送与西方发达国家之间还存在明显的差距。电子商务环境下的配送流程和配送模式具有自身特点,它比传统物流配送流程更为复杂,而电子商务配送模式也有自营物流配送模式、第三方物流配送模式、自营和外包相结合的配送模式、战略联盟配送模式等几种主要形式。

■ 案例分析 ■

发达国家或地区的电子商务物流"最后一公里"配送模式

一、与连锁式便利商店合作的共同配送模式

一方面,连锁便利商店具有网点多、分布广、全天候营业等特征,这与电子商务所强调的便利性不谋而合。另一方面,连锁便利商店的网点一般分布在人口密度大的社区或公共场所,各网点的货物配送一般采用统一配送的方法进行,这与电子商务的"最后一公里"配送也非常类似。与连锁便利商店合作进行共同配送不但能使其在电子商务物流通道的末端扮演"最后一公里"配送的角色,而且便于开展逆向物流这类的退货服务,同时还可促使连锁便利商店发展成为电子商务环境下极具发展潜力的实体零售业。

二、混合购物模式

传统零售商应与电子商务零售商结合发展出混合购物模式,即消费者在网上搜索需要购买的物品、下单付款,然后亲自到店面取货,其目的是结合虚拟商店与实体商店两种购物流程的优点,省去运费和等待时间,并可方便地处理退换货事宜。

混合模式的零售商通过在网络上提供优惠的价格来回馈消费者,同时在实体店铺提供优质的取货和售后服务。

未来无论是实体商店还是虚拟商店,都会面临物流配送的问题。电子商务中非常重视现金流、物流以及信息流。其中现金流和信息流将随着科技的发展而更加快速和安全地流动,但是物流牵涉实体配送的效率问题,又与消费者的购物习惯相关,这是发展B2C电子商务需要研究的重要课题。

三、公共储物柜

公共储物柜是由物流公司或电子商务企业在一些特定的地方设置和管理的、供其客户共同使用的公用电子储物系统,如DHL的Packstation和Amazon的储物柜等,取货过程完全由客户独立完成。

1.DHL的Packstation

Packstation是DHL在德国部分城市为其Packstation注册客户提供的一种免费的、自动化自助提货服务,同时还支持在线信用卡支付和退货处理业务。

Packstation的注册客户在订购货物时可选择将货物送至指定的Packstation站点,在货物到达指定的Packstation站点后,客户会收到通知。注册客户拥有该系统的密码和智能卡,因而可以在其方便的任何时间从指定Packstation站点的储物柜中提取自己的货物。

2.Amazon的储物柜

Amazon的储物柜也是一种电子储物柜,一般安装在百货商场、便利店和药店内。与Packstation不同的是它不需要用户注册即可使用,只要用户在购物时选择了将货物送至指定的地点Amazon储物柜,在货物被放入储物柜后,用户就会收到一组密码,凭借该密码,用户即可从指定的储物柜中取走自己的货物。

显然,这种基于公共储物柜的配送模式能够在时间上为终端客户和配送人员都提供极大的便利,同时还可避免投递失败,有利于降低配送成本。

四、私人收货箱

私人收货箱是个人或一些特定群体专用的电子收货箱,如德国多特蒙德的Condelsys公司的SKYBOX,以及日本的电子接收柜等,客户均可独立地从中提取货物。

1.Condelsys公司的SKYBOX

Condelsys公司的SKYBOX与邮政的信箱类似,不同的是需要客户自己订购标准尺寸的取货箱。使用这种收货箱系统，用户在下订单时，需要在地址栏上添加一个送货码，根据送货码和地址系统会生成一个地址标签。使用这些准确的数字组合，送货人能够打开客户的空储物箱，将货物放入储物箱。收货人使用自己的识别码即可随时打开收货箱，取走货物。

2.日本的电子接收柜

在日本，B2C电子商务供应商使用的接收柜是为了方便客户接收送货上门的货物而设计的一种电子储物柜。这些接收柜主要安装在一些公寓中，供住户使用。当送货人将货物放入电子储物柜的一个空柜中，电子储物柜系统就会打印出一张收条，并将已经放入柜中的货物信息发送到在公寓安装的服务器上，服务器则将货物已到的通知发送到收货人的电脑或手机上。如果收货人在收到通知后3天内没有取货，服务器会再次提醒收货人。所有的信息都保存在服务器上，电子储物柜可以做到7×24小时工作，收货人使用智能卡可随时打开储物柜。此外，电子储物柜还支持提货时在线支付货款。

显然，专用收货箱的配送形式不但在收货时间上，而且在空间上为客户提供了足够的便利，同时也可以避免投递失败，降低配送成本。

问题讨论

1.分析国外"最后一公里"配送模式优劣势。
2.你认为我国电子商务"最后一公里"配送可以从哪些方面借鉴国外经验？

复习思考题

1.简述电子商务配送与传统配送的区别。
2.电子商务对传统物流配送有何影响？
3.电子商务配送有哪几种模式？你认为哪种模式较适合市场经济的发展？为什么？
4.电子商务配送有哪些特点？
5.比较传统物流配送作业流程和电子商务环境下的配送作业流程。
6.我国电子商务配送发展现状如何？

实训题

以实训单位的实际电子订单为对象,完成订单的接收、输入、分拣、配装直至运输全过程的订单操作过程。

第九章

典型行业的配送管理

◆学习目标◆

通过本章学习,学生要熟悉我国批发零售业的配送作业类型和批发零售业的配送管理方法,熟悉制造业配送模式的选择,了解我国农业配送存在的问题和发展趋势,掌握批发零售业、制造业、农业配送的特点。

开篇案例

海尔的"一流三网"现代物流配送模式

海尔的物流配送改革是一种以订单信息流为中心的业务流程再造,通过对观念的再造与机制的再造,构筑起海尔的核心竞争能力。海尔物流管理的"一流三网"充分体现了现代物流的特征:"一流"是以订单信息流为中心;"三网"分别是全球供应链资源网络、全球配送资源网络和计算机信息网络。"三网"同步流动,为订单信息流的增值提供支持。

海尔通过3个JIT,即JIT采购、JIT配送和JIT分拨物流来实现同步流程。目前通过海尔的BBP采购平台,所有的供应商均在网上接受订单,使下达订单的周期从原来的7天以上缩短为1小时内,而且准确率达100%。为实现"以时间消灭空间"的物流配送管理目的,海尔从最基本的物流容器单元化、集装化、标准化、通用化到物料搬运机械化开始实施,逐步深入到对车间工位的五定送料管理系统、日清管理系统进行全面改革,加快了库存资金的周转速度,库存资金周转天数由原来的30天以上减少到12天,实现JIT过站式物流管理。生产部门按照B2B、B2C订单的需求完成后,可以通过海尔全球配送网络送达用户手中。目前,海尔的配送网络已从城市扩展到农村,从沿海扩展到内地,从国内扩展到国际;全国可调配车辆达1.6万辆,可以做到物流中心城市6~8小时配送到位,区域配送24小时到位,全国主干线分拨配送平均只需4.5天,形成全国最大的分拨物流体系。

(资料来源:中国物流与采购网)

阅读以上案例，请分析我国粮食产品配送业发展的主要思路。

第一节 批发零售业配送

一 批发零售业配送的含义

批发零售业配送是对在货物的批发零售过程中发生的一切配送活动的总称。批发零售业配送可以分为批发企业的配送和零售企业的配送。

（一）批发企业配送的特征

批发企业配送的特征表现在其客户不是流通环节的终端客户，而是零售企业。因此，批发企业必然要求配送系统不断满足其零售客户多批次、小批量的订货及流通加工等方面的需求。

一方面，因其经营场所的面积有限，所以它们希望批发企业能向其提供小批量的货物配送；另一方面，为了满足各种不同客户的需要，零售企业又希望尽可能多地配备货物种类。

对于生产企业，因其生产货物的产量都比较大，所以它们所希望的是批发企业能尽可能多地订购货物，即生产企业希望的是大量的货物配送。

这样，在生产企业的大批量配送供给和零售企业的小批量配送需求之间就产生了矛盾，而批发企业正好从中发挥其职能，以起到"蓄水池"和"调节器"的作用。

（二）零售企业配送的特征

零售企业是在百货商店、连锁商店、超级市场、大卖场、邮购商店等商业企业的配送系统中产生的。在商流与配送分离的条件下，零售企业的配送形态有从生产企业、批发企业等购进货物的采购，有将货物通过配送中心转运到各家连锁店和分销店的配送，还有把货物直接送到客户手中的直销配送等。

过去，零售企业的货物配送主要依赖作为供货商的生产企业和批发商，零售企业的配送主动权也由它们支配，零售企业则主要提供将客户订购的货物运送到客户家中这种简单的"门到门"配送服务。

现在，零售企业认识到企业配送发展的重要性，正逐步获得货物供应的主导权。这是因为供应商的配送管理水平参差不齐，完全依赖供货商来经营零售企业的配送，有可能会使零售企业的货物供应出现问题。与此同时，零售企业也在不断加强企业内部的货物管理，一方面，可以减少缺货带来的销售损失，避免成本浪费；另一方面，要求供货商必须及时、准确地将订购的货物送到商店中。虽然零售企业对货物的销售动向把握得当，订单也准确无误地送到供货商手中，但是一旦货物不能及时、准确地送到商店中，就会对零售企业的货物管理造成损失。为了避免上述情况的发生，零售企业越来越重视自己的配送系统的建立和完善。

许多零售企业加强了配送中心的建设，通过做好市场预测与决策，集中力量研究货物的实体运动，采取共同进货以减少不必要的流转环节，减轻城市交通公害，降低配送费用，进而达到提高配送管理水平，顺利达到货物使用价值运动过程的目的。

二 批发零售业配送的运营模式

（一）按主体划分的配送模式

1. 企业自营配送

企业自营配送模式是指企业自己拥有配送中心。零售业巨头沃尔玛在配送方面的成功说明了配送中心的重要作用。在我国商业连锁经营中，具有一定规模的超级市场、便利店、专业店、综合商场等都十分重视配送环节，相继建立了配送中心。实力较强的连锁企业自建配送中心，主要是为本企业的连锁分店进行配货，同时也可以为其他企业提供货物，这样不仅能够创造巨大的经济效益和社会效益，还符合企业的长期利益和战略发展需要。连锁企业都有各自的经营特色，自建配送中心有利于协调与连锁店铺之间的关系，保证这种经营特色不受破坏和改变。

2. 社会化配送

在社会化配送模式中，连锁企业的配送活动完全由第三方的专业性配送企业来承担。社会化配送的优势在于专业性配送企业能提供更多的作业和管理上的专业知识，使连锁企业降低经营风险。在运作过程中，专业配送公司对信息进行统一组合、处理后，按客户订单的要求配送到各门店。这种模式的配送还可以为客户之间交流提供信息，起到调剂余缺、合理利用资源的作用。社会化的中介配送模式是一种比较完整意义上的配送模式。目前，国内多数配送企业正在积极探索。

3. 供应商直接配送

在中国批发零售业发展初期，许多连锁店都采取了把供应商直接配送简单地组合成连锁店的配送系统。实践证明这种模式失败了。连锁经营者发现，因为在导入期的中国连锁店，业态上大多选择了超级市场，而且是规模不大的第一代传统食品超市，所以连锁店规模扩大需要发展更多的店铺来实现。供应商的运输系统满足不了多店铺广域发展的连锁店的要求，配送不到位、缺货断档、时间衔接不上等制约了连锁店的发展。

4. 共同配送模式

共同配送模式是一种配送经营企业间为实现整体的配送合理化，以互惠互利为原则，互相提供便利的配送服务的协作型配送模式。

共同配送模式属于横向集约联合，按供货和送货形式又可分为共同集货型、共同送货型和共同集送型。共同集货型是指由几个配送部门组成的共同配送联合体的运输车辆，采用"捎脚"形式向各货主取货。共同送货型则是指共同配送中心从货主处分散集货，而后向客户送货采用"捎脚"形式。共同集送型兼有上述两种模式的优点，它是一种较理想的配送模式。按共用化范围确定的模式，共同配送还可分为货源共同型和共同管理型。前者是指参加横向集约联合的企业组成共同配送中心，利用各加盟企业的有限资源（含人、财、物、时间和信息），并使之得到充分利用；后者则是指企业间在管理上各取所长、互通有无、优势互补，特别表现在人员使用与培训上。共同配送模式可以极大地促进"物尽其用"和"货畅其流"，值得大力推广。

（二）按配送时间及数量划分的配送模式

1. 定时配送

定时配送是按规定的时间间隔进行配送活动的模式。每次配送活动的品种和数量既可按计划执行，也可在配送活动之前通过电话或网络预定品种和数量。定时配送配送活动时间固定，易于安排工作计划和使用车辆。对于客户来说，也易于安排人员、设备和商品。但是，因为配送商品种类多，配货、装货难度较大，所以在配送数量变化时会使配送运力安排出现困难。

2. 定量配送

定量配送是按规定的批量在规定的时间内完成配送活动的模式。这种模式的配送数量固定，备货工作较为简单，可以按托盘、集装箱及车辆的装载能力规定配送数量，能有效利用托盘、集装箱等集装形式，也可做到整车配送，配送效率较高。对于客户来说，每次接货都处理同等数量的货物，有利于人力、物力的准备。

3. 定时、定量配送

定时、定量配送是按照规定的配送时间和配送数量进行配送活动的模式。这种模式兼有定时、定量两种形式的优点，但特殊性强、计划难度大，适合采用的对象不多。

4. 定时、定线配送

定时、定线配送是在规定的运行路线上按照事先确定的运行时间表进行配送活动的模式。客户按规定路线、车站及规定时间接货及提出配送活动的要求。采用这种模式有利于计划安排车辆及驾驶人员，且在配送客户较多的区域，也可解决因过分复杂的配送要求所造成的配送组织工作及车辆安排的困难。

5. 即时配送

即时配送是完全按照客户突然提出的配送要求进行配送活动的模式，这是一种灵活性很高的应急配送模式。

三 批发零售业配送的作业流程

批发零售业配送的作业流程可分为一般作业流程、中转型作业流程、加工型作业流程和批量转换型作业流程。

●（一）一般作业流程

一般作业流程如图9-1所示，但不是所有的配送都按此流程进行。配送不同的商品，其作业流程长短不一，内容也不尽相同。但作为一个整体，作业流程又是统一的。

这种配货流程以干货为主，主要包括服装、鞋帽、日用品等小百货，家用电器等机电产品，图书和印刷品等其他杂品。这类产品的特点是有确定的包装、商品的尺寸不大，因此，可以对它们进行混装、混载；同时，这些产品品种、规格繁多，零售店的需求又是多品种、小批量的，因而要对它们进行理货和配货。

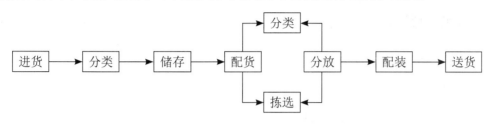

图 9-1　一般作业流程

● **（二）中转型作业流程**

中转型作业流程专以暂存货物的配送为职能。暂存区设在配货场地，配送中心不单设存储区。这种类型的配送中心的主要场所都用于理货、配货。许多采用"即时制"的商贸企业都是这种配送中心，前门进货、后门出货。它要求各方面做好协调，而且对技术尤其是信息技术要求较高。

● **（三）加工型作业流程**

典型的加工型作业流程如图9-2所示：

图 9-2　加工型作业流程

在这种作业流程中，商品按少品种、大批量进货，很少或无须分类存放。一般按客户要求进行加工，加工后直接配货。

● **（四）批量转换型作业流程**

采用批量转换型作业流程，商品以单一品种、大批量形式进货，在配送中心内转换成小批量货物。批量转换型作业流程如图9-3所示：

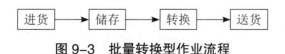

图 9-3　批量转换型作业流程

第二节 制造业配送

一 制造业配送的含义

（一）制造业配送的定义

一种观点认为，制造业配送也就是制造企业将产品推向客户的销售过程，是指企业将产品从配送中心运往与其发生业务关系的批发商、零售店、最终客户的过程，以及发生在这一过程中的需求预测、库存控制、运输优化和客户服务等一系列运营技术。持这种观点的人从企业的销售配送出发，将制造业企业的配送简单地看作一个销售配送过程。另一种观点认为，制造业企业的配送还应该包括后向的供应商给制造业企业提供原材料、外购零部件的配送过程，以及与该供应商发生的关于供应商选择、采购谈判和订单下达等一系列工作，也就是一个企业的供应配送。

在以上分析的基础上，我们给"制造业配送"下一个更为广泛的定义：制造业配送是指围绕制造业企业进行的原材料、零部件的供应配送，各生产工序上的生产配送，以及企业为销售产品而进行的对客户的销售配送，它是一个更为广泛的制造业配送结构模式。制造业配送管理是指制造业企业在进行制造业配送时所进行的一系列包括需求预测、库存控制、运输优化、配送中心设备管理、客户服务以及订单下达的管理运作。

（二）制造业配送的特点

制造业配送主要具有如下特点。

1. 复杂性

在制造业生产中，组成产品的零部件成千上万，配送的过程十分复杂，需要现代化的仓库来存储各种各样、大小不一的原材料和零部件，且相互间的作业效率不一致，这些都大大提高制造业配送管理的难度，不利于企业配送合理化的建设。

2. 有序性

制造业企业，特别是进行流水线生产的制造业，其生产的特征是平稳有序，对各个零部件的需求在时间上也是有序的。在不同的加工、装配工序上的零部件在时间上有先后之分，企业进行加工配送时必须考虑这一点。

3. 配套性

在制造业生产中，有些零部件的需求是配套的。在进行配送时，如果其中某一个零部件缺失，则会造成整个生产线的停工。如果所有零部件都配齐，而其中有些零部件有多余，与其他零部件没有配套，那也必然导致该零部件库存的多余，造成无谓的浪费。

4. 定路线定时性

企业在进行生产时，加工地点一般不会随便改变，即相应的零部件配送目的地不会发生改变，因而其配送路线也是不变的。同时，随着生产步骤的平稳变化，各个加工地点的需求也是稳定的，这体现在配送上就是对配送时间上的要求也是很稳定的。只有在生产计划变化后，需求才会有所调整。因此，配送中心可以通过定路线定时来简化配送的管理。

5. 高度准时性

生产的连续性，特别是进行流水式生产的企业，对配送的准时性有极高的要求。若配送不及时，则其直接的结果将是整个生产线的停工，这会给企业造成不可估量的损失。

二、制造业配送业务的运作与绩效管理

(一) 制造业配送的主要业务

1. 制造业配送中心的订单管理

在配送中心的日常营运作业中，订单处理是一切作业的开始，也是一切作业的核心。订单处理的成效将会影响到后续作业乃至整个企业的营运状态。如何快速、准确、有效地取得订货资料，如何进行有效的订单分类和归并，如何追踪、掌握订单进度以提升客户服务水准，以及如何支持、配合相关作业是订单处理所要面对的问题。同时，企业还要考虑如何将订单资料快速传递给生产部门，以制定有效的生产计划。

2. 制造业配送中心的库存管理

在现代化配送中，企业采取各种措施来降低库存水平，以提高库存周转率。实际上，真正的零库存是很难实现的。库存也并不都是对配送起消极作用，相反，有

时在配送中心中保有适量的存货能够更好地为制造企业的生产和销售服务，并能提高配送中心的服务水平。存货物种数量、存货来源、存货周转速度、存货相关性等因素影响着制造业配送中心的库存管理。对某些企业而言，销售配送因存货量大、品种比较少的特点易于管理；生产供应配送因品种多且每种存货数量较少的特点难于管理。由于制造业配送中心不仅有产成品，还有各种零部件和备品备件，其重要性是不同的，对每一种存货施以同等的管理也是不可能的，所以企业有必要在配送中心采用ABC重点分类管理技术对存货进行科学管理。

3. 制造业配送中心的理货作业管理

配送中心的理货是指进行出货准备的各项作业，主要包括分拣、配货以及流通加工等作业内容，这是配送中心区别于一般仓库及送货组织的重要标志。据统计，分拣、配货等理货作业的作业量要占整个制造业配送中心作业量的一半以上。同时，流通加工也是配送中心进行产品增值、提高客户服务水平的主要手段。因此，强化制造业配送中心的理货作业管理有着重要意义。

4. 制造业配送中心的运输配送管理

在配送中心理货作业完成之后，要想最终完成整个配送计划，还要通过合适的运输手段和运输计划将货物准时送交给客户。反映到制造业配送的管理中来就是要在正确的时间里使用正确的运输配送方法，将产品送到各分销中心或由供应配送中心将各种零部件及时送到加工车间。

●（二）制造业配送运作的绩效管理

在制造业生产中实行配送的主要目的是通过配送中心的集中库存来减少各生产单位和采购销售部门的库存，从而大大降低整个企业的库存水平。库存水平的降低不能以牺牲服务水平为代价。因此，在制造企业配送业务运作的过程中，为了达到上述良好的绩效，需使作业过程尽可能满足以下三个方面要求。

1. 可靠、准时配送和准确完成订单

配送中心所要提供的基本服务就是根据客户的要求，在正确的地点，将正确的货物，在正确的时间，通过正确的配送渠道，以正确的数量交付给正确的客户。对于供应配送来说，就是与生产计划同步将适当数量的原材料、零部件及时送给相应的生产部门，从而保证生产的有序进行。而对于销售配送来说，就是根据订单将正确的产品及时地送交到客户手中，从而最大限度地满足客户的需求。

2. 提供事先出货通知和特制托盘包装等个性化服务

依据客户需要提供个性化服务，这是大部分客户对配送中心的期望。例如，炼铝厂通常希望配送中心使用特制的钢罐将铝矿石粉碎后再进行配送，这样冶炼车间就可以将铝矿石直接送往电炉进行冶炼作业。

3. 提供增值服务

配送中心一般通过流通加工来增加产品价值，如在出货前，根据客户的要求将产品贴上客户的特有品牌和相应的价目表。增值服务是最高层次的配送服务，代表着制造业配送的发展方向。

三、制造业配送模式的选择

制造业配送模式是指制造业各组织为了低成本、高效率地完成企业配送业务选用的配送业务完成的形式。一般来讲，制造业配送模式主要有两种：一种是自营配送模式，另一种是外包配送模式。

（一）自营配送模式

自营配送模式是指企业通过独立组建自营的配送中心，实现对内部各部门、厂、店的货物配送。这种配送模式一般被一些大型连锁企业或企业集团所采用。

（二）外包配送模式

1. 物流配送业务整体外包

物流配送业务整体外包是指企业将配送职责全部转移给外部物流合同供应商，即第三方物流公司，从而彻底关闭自身的物流系统，将原有的物流资源以协定的价格转交给物流服务商，物流服务商则按照合同为企业提供第三方物流配送服务。

2. 物流配送业务部分外包

物流配送业务部分外包是指企业保有一定的配送能力，同时努力开展与其他物流企业的合作，将两者的配送能力很好地结合起来，并为己所用。这样既不完全依赖外部物流企业，又可以较少地支付物流费用，但如何将企业内部和外部的物流资源很好地结合起来是个难题。

3. 物流配送业务剥离

物流配送业务剥离是指企业将原来已有的配送系统剥离出来，形成一个独立的实体，使之负责母公司物流配送的基本业务，同时，条件具备的话还可以发展为第三方物流公司。实施这种配送的前提是企业具备相当的物流运作实力，如国内的海尔集团物流公司。

四 制造业中不同生产形式下的物流配送

制造业按不同的分类方法，可分为不同的生产形式。

（一）按照工艺过程的特点分的物流配送活动

按照工艺过程的特点，可以把制造业生产分为连续性生产与离散性生产两种。连续性生产又称为"流程式生产"，代表性行业有化工、炼油、冶金、造纸等。离散性生产多属于加工装配式生产，代表性行业有机床、汽车、家电、计算机、电子设备等。

连续性生产与离散性生产在产品市场特征、生产设备、原材料等方面有着不同的特点，而这种不同特点，导致两者在物流配送活动复杂程度等方面也有较大差异。对于连续性生产来说，生产设施地理位置集中，生产过程自动化程度高，原材料品种较少，物流系统相对简单。对于离散性生产来说，生产设施地理位置分散，零件加工和产品装配可以在不同地区甚至不同国家进行，由于零部件种类繁多，加工工艺多样化，又涉及多种多样的加工单位和设备，零部件的流动是非连续的且成网络状，生产过程中的协作关系十分复杂，从而凸显出各加工单位间物料配送的重要性和复杂性。

（二）按照企业组织生产特点分的物流配送活动

按照企业组织生产的特点，可以把制造性生产分成备货型生产与订货型生产两种。

备货型生产是指按已有的标准产品或产品系列进行生产，其生产的直接目的是补充成品库存，通过维持一定量的成品库存来满足客户的需要。备货型生产的特点是生产计划一经编制，其物流配送活动就相对稳定，并有较强的可预测性，主要通过较大的原材料和零部件半成品库存来保证生产有序进行。

订货型生产又称为"按订单制造式生产"，是指按客户的订单进行的生产，生产的是客户所要求的特定产品。订货型生产的特点是对产品的需求难以预测，对交货期有较严格的要求,这就要求订货型生产企业要更加注重企业内的物流配送活动,以加速订单的履行。

五 供应链中的制造业配送

(一)制造业配送在供应链中的地位

在当前供应链中,制造企业往往扮演着核心企业的角色,而供应链上的资源也大多由制造业企业进行整合。例如,各大汽车制造商、家电制造商往往作为供应链上的核心企业向上与众多供应商建立供应链伙伴关系,向下与各个分销商合作,将产品推向客户。在供应链与供应链的竞争中,若没有具有一定制造能力的制造业企业的支持,就没有供应链上赖以进行增值活动的载体——产品。同时,制造业企业尽管有先进的加工设备、高素质的技术工人和管理人员,若没有选择良好的供应链合作伙伴或者供应链伙伴之间没有良好的协调机制和顺畅的物流网络支持,则无法实现供应链快速适应市场环境和降低成本的目标。

(二)供应链中的制造业配送管理

在供应链中进行制造业配送管理,不仅要考虑制造企业自己的库存水平与运作效率,还要考虑整个供应链上的库存水平,以达到整条供应链的最低库存水平和高效率运行,从而提高供应链的竞争力。高效的供应链要求在供应链上的各个伙伴之间实行信息共享,要求制造业配送中心将其需求信息传给上游供应商和下游分销商。同时,通过共同配送和一体化配送来加强供应链伙伴之间的紧密协作,以提高供应链和企业自身的竞争力。

(三)供应链中制造业配送的技术和方法

全球化对供应链的冲击很大。随着制造业供应的合并和离岸运营成为普遍现象,制造业企业配送能力也迅速提高。制造业需加强对配送技术和方法的应用。一般来讲,其技术和方法主要有以下几点。

1. 供应商管理库存

供应商管理库存的方法是指利用电子数据交换技术,使供应商能同企业一样了解企业的生产计划,由供应商自己决定自己的库存水平,以决定何时运送货物。随着信息技术的飞速发展,企业可以掌握的信息越来越多,信息流动的速度也越来越快,制造企业与零售商之间的关系也是在向着由制造企业来管理库存的方向发展。

2. 有效客户响应

有效客户响应是一个内容广泛、贯穿于整条供应链的竞争战略。它以整合EDI、连续补货、计算机辅助订货和直通式配送为基础,是一种基于时间的补货方法,强调存货的可见性与周转率,以取得较低的成本,从而创造更好的客户服务。

3. 协同规划、预测和补货

随着时间的推移,许多制造企业都加入到供应链中,试图在整个一体化供应链运作中获得效率及有效性。协同规划、预测和补货旨在实现真正的供应链一体化。通过这种方法,零售商、制造商、批发商利用可得到的互联网技术或EDI技术在整个执行过程中协调运营计划,实现供应链伙伴之间的销售计划共享。一旦供应链伙伴在特定产品的销售时机和销售额上达成一致,即形成协同计划,就可以根据计划进行预测。

第三节 农业配送

一 农业配送的概念、问题与发展措施

(一) 农业配送的概念

1. 农业配送的定义

农业配送是指在与农业相关的经济合理区域范围内,根据客户要求对农业生产资料和农产品进行分拣、加工、包装、分割、组配等作业,并按时送达指定地点的农业物流活动。农业配送是一种特殊的、综合的农业物流活动,是在农业生产资料、农产品的送货基础上发展起来的。按物流的不同阶段划分,农业配送可以分为农业供应配送、农业生产配送和农业销售配送。

2. 农业配送的特点

(1) 农业配送环境的制约性。农业配送环境的制约性表现在两个互相关联的方面:一方面是农业物流能力(包括物流管理和物流基础设施等方面)的制约和影

响；另一方面是宏观物流环境、国家物流政策、农产品行业规范及标准化等对农业配送形成外部约束和局限。农业生产资料和农产品本身的特殊性及其生产、流通和消费的特殊性，决定了农业配送对物流管理能力和物流技术因素有着高度的依赖性。

（2）农业配送主体的特殊性。农业配送主体既有加工企业、运销企业，又有农户。农户作为农业生产主体和核心企业的供应商，具有自然人、法人、管理者、决策者、劳动者等多重身份属性，其行为模式比较复杂，决策的理性与非理性并存。从数量特征上看，农户作为供应商，其数量弹性很大，有时可少至百十人，有时又可以多至成千上万人甚至更多。

（3）农业配送客体和配送工具的多样性。农业配送客体主要为农业生产资料和农副产品及其中间产品、产成品，此外还包括其他辅料、包装物等。农业配送工具也是种类繁多、层次不一，既可以是飞机、火车等现代物流工具，也可以是小四轮、马车等低级物流工具，甚至可以是人工搬运。农业配送客体和配送工具的多样性，加剧了农业配送路径的多样性和复杂性。

（4）农业配送路径的复杂性。农业配送路径的复杂性主要源于农业生产的分散性和农产品消费的普遍性。农业配送过程可描述为"发散——收敛——发散"模式，即农业投入物以工厂或工业城镇为起点，经由各种运输形式到达农村，直至千家万户（这一过程农业配送路径呈强发散性）；经过农业生产、收获等环节后，农产品由少聚多，由支线向干线汇聚到制造厂或分销商（这一过程呈强收敛性）；经过加工（或流通加工）后，向分销商、零售商扩散（呈中度发散性），最后从各零售网点扩散至千家万户的客户手中（呈强发散性）。这一特点决定了农业配送控制上的高难度、管理上的复杂性、物流硬件投资上的巨大性。

（5）农业配送时间竞争上的双向性和局限性。一方面，农业配送在时间竞争的策略方向上具有双向性。它不仅包括正向加速，即尽可能地缩短产品开发、发布、加工制造、销售配送等时间长度，并减少它们的波动幅度来参与竞争，还包括逆向加速，即削减和抑制农副产品有机体自然生长（指光合作用、熟化、腐化）的速度，以使其具有更大的经济价值。另一方面，农业配送在时间竞争方面受到诸多局限。首先，农业环节生产和运营周期漫长；其次，农业环节在响应客户需求时，其响应形式与后续环节存在着巨大差异；最后，农业配送节点用于以上在进行时间竞争方面的工具很有限。

（6）农业配送需求的不确定性。农业配送需求的不确定性，既源于不同地区客户对同类农产品需求的差异和变动性，又源于同一地区客户对不同种类农产品以及同一农产品不同品种之间频繁的选择和变换。

（二）我国农业配送中存在的问题

1. 现代农业配送体系尚未建立

长期以来，我国缺乏关于农业物流建设的政策引导和科学理论启发，导致物流观念缺乏，农业物流基础设施不足，物流技术落后。这就使得我国的农业配送滞留在简单化操作的层面，缺少现代化的配送体系，高成本低效率现象严重，且无法与国外农业竞争和抗衡，进而直接影响到农村经济的发展和社会主义新农村的建设。

2. 农业配送成本高

我国农产品在国际、国内贸易市场上竞争力弱的原因主要是农产品成本过高，物料采购、运输、储存、使用、田间作业与管理、农产品加工与销售等支出和浪费严重，其中主要是农业配送成本过高。农业配送成本高已成为削弱我国农产品市场竞争力的重要因素。

3. 配送时效性较差

在竞争日益加剧的农产品市场下，如何使农业减少风险、赢得更多的利润是农业生产者感到棘手的问题。农业风险除自然风险之外，还包括农副产品的市场风险（价格风险）、农业生产资料的质量风险和供应延误风险。农业要避免和减少这些风险，不仅需要生产适销对路的农产品，采取正确的营销策略，依靠国家强有力的农业政策和资金支持，更需要强调农业配送的时效性，其核心在于农业生产资料和农副产品供应的及时性、信息获得的及时性和决策反馈的及时性，这些都需要合理的农业配送体系作保证。

4. 小批量、多品种的农产品需求尚未满足

目前，我国农业生产中的种子、农药、化肥、农用设备的采购以及农产品的销售多采取分散采购销售形式，没有依靠农业配送系统来支持。第三方物流公司的参与程度很低，具有自发的盲目性，根本无法形成一体化的综合物流，农业配送渠道不畅。因此，难以满足市场对产品小批量、多品种的需求。

（三）我国农业配送的发展措施

1. 加强农业配送的基础设施建设

农业配送顺利地运转，需要良好的基础设施的支持。农业配送的基础设施建设包括农业生产资料和农产品批发市场的建设，农业生产资料和农产品仓储、交通运输条件和工具等环节的设施建设等，并通过修建公路、提高储存手段、发展农产品加工配送中心，尽快形成配套的综合运输网络、完善的仓储配送设施、先进的信息网络平台，从而为现代农业配送的发展提供重要的物质基础条件。

2. 积极培育并多元化发展

通过体制创新、改造，培育与壮大从事农业配送的主体，使其在农业配送的发展中发挥重要作用（如邮政物流介入农业配送市场），加快原有农业配送企业的资产重组改革，改变目前规模小、服务单调和封闭运行的现状，从而向专业化、规模化和综合化方向迈进。同时，发展多种形式的农民合作运销组织以及代理商、中间批发商等中介组织。

3. 加强农业配送的信息化建设

目前，计算机网络技术的信息管理技术的应用，对整个农业配送系统的运转越来越重要，并已成为农业配送现代化建设的一个重要内容。同时，它也是提高农业配送效率的重要技术保障。因此，农业配送应在原有农村经济信息系统的基础上，加强市场信息硬件基础设施建设，实现生产者、销售者计算机联网，资源共享、信息共用，搞好农产品信息处理与发布工作以及市场信息咨询服务工作，并对农业配送各环节进行实时跟踪、有效控制与全程管理。

4. 加快农业配送标准化进程

农业配送装备技术标准化是现代农业配送发展的重要前提。虽然农产品因其特殊属性不可能和工业品一样实行完全的标准化，但是，在农产品配送中引入标准化同样可以加快农产品配送的速度。农产品在包装、运输和装卸等环节应适应国际、国内贸易的要求，采用国际标准或国家标准，不断改进配送技术，以实现配送活动的合理化。

5. 提高农民素质，增强他们的现代物流意识

在农业配送过程中，农民素质是在市场中取胜的关键。因此，通过送教下乡的形式增强农民的现代物流意识，将现代物流管理的思想、理念传输给他们，使他们

认识到现代物流与传统运输的区别，逐渐改善农业物流配送的形式，提高现代物流技术的应用水平。

二 农资供应配送

（一）农资供应配送的概念

1. 农资供应配送的定义

农资供应配送是为保证农业生产不间断进行，保证农村经济持续性发展，供给和补充农业生产所需生产资料的配送。农资供应配送是农业生产的前提条件和物质保证。

2. 农资供应配送的特点

（1）配送方向是从城市流向农村，呈扩散状态。农资供应配送的起点是工业城市，终点是广大农村，中间一般经过三级市场，通过干线运输到支线运输，以及相关货场及货栈后送到农民手中。

（2）配送路线是从干线运输到支线运输，呈树状放射状态。它的组织过程一般是从一级批发市场逐步向二级、三级市场转移，通过干线运输到支线运输和末端运输来实现。农资供应配送的长途干线运输可以采用铁路、公路、水运、航空等运输形式，各市场之间和市场到达客户的运输多是支线运输，一般都采用汽车、拖拉机、机帆船、畜力和人力等运输工具。

（3）农业消费上的季节性使配送活动也具有季节性。农资供应配送的客体主要是农用生产资料。农用生产资料有种子、化肥、农药、地膜、农业机具以及农业生产（包括乡镇企业生产）消费的原材料、燃料、润滑油等，其中包括水和电力资源。由于农业生产的季节性，农资供应配送也有很强的季节性。

（4）配送的组织者和承载人一般是分开的。农资供应配送的组织是在农用生产资料交易过程中或交易后确定的。凡是实行直销直供形式的，则生产厂家或供货人是配送的具体组织者；凡是实行转销直供的，则最后供货人即仓储部门作为配送的组织人或代理组织人；凡是执行配送制的供销部门或仓库，则供销部门或仓库是配送组织者；凡是向多个厂家或多个供货单位同时购买一定数量货物的客户，则配送组织者是农民客户自己。

（二）强化农资供应配送管理的途径

1. 发挥农技部门的配套服务作用，推进农资供应配送发展

农技推广部门是农业社会化服务的中坚力量，在农业社会化服务中起着先导和主体作用。农技推广部门可利用其网络人员、技术优势，通过各种途径为农民提供各种栽培信息、市场信息、产品加工信息等，引导农资供应配送的发展；还能以推广新品种、新型栽培技术、农艺与农机相结合为契机，利用其样板效应，推动农资连锁配送经营向新的层次发展。

2. 利用邮政物流的基础，完善农资供应配送网络

得渠道者得市场，得网络者得天下。在农资供应配送市场中，邮政物流拥有得天独厚的网络优势和信誉优势。邮政物流可在原有的基础上进行扩网和组网，变乡邮为村邮，实施"村邮工程"，打造一个"三级三线"物流配送网，用邮政的标准理念进行整合，统一标志、统一服务、统一宣传、统一价格、统一结算、统一管理。"三级"即县、乡、村三级。"三线"即以乡镇支局所为中心，通过乡镇支局所、"三农"服务点自销和乡邮员、代办员上门推销，完成对农户的辐射；以县局物流部门为中心，完成对大客户（种植、养殖大户及相关企业）和骨干"三农"服务点辐射；以县农机局为中心，通过乡镇农技站和村农技推广员推广技术，完成对种植、养殖示范户的骨干农户的辐射。

三 农产品销售配送

（一）农产品销售配送的概念

1. 农产品销售配送的定义

农产品销售配送是指由于农产品的销售行为而引起的一系列配送活动，其中包括为销售农产品和满足客户需要实行的分拣、配货、配装、送货等活动。

2. 农产品销售配送的特点

（1）配送方向从广大农村流向城市，方向一致且呈收敛形式。农产品销售配送方向和供应配送方向相反，是从广大农村农民经营者手中取得资源，通过农贸市场，通过不同的配送手段流向城市，并投入工业生产或城市居民消费。

（2）配送程序是先支线运输后干线运输，配送量从小到大形成规模。农产品

销售配送的路径呈收敛形式，和供应配送一样也是经过交通运输部门、流通加工部门、仓储部门，以及相关部门或者购销者，只是次序颠倒。运输形式是先分散运输，后集中运输，配送批量越来越大。

（3）农业生产的季节性决定了农产品销售配送的季节性。农业销售配送的客体主要是指各种农产品，其中包括粮、棉、油、丝、麻、茶、菜、瓜、果等，农业产品与工业产品相比有明显的季节性，这就决定了农产品销售配送也有很强的季节性。

（二）我国农产品配送中存在的主要问题

1. 农产品配送处在低层次水平

我国的农产品配送是在家庭联产承包责任制的基础上，除对粮食、棉花实行合同订购外，大部分农产品实行市场购销。目前，我国虽然已基本形成以农产品批发市场为中心、集交易和其他零售网点为基础的农产品市场网络，但从总体上看，农产品配送还处在时间长、消耗大、效率低、效益差的低层次上，很难适应社会经济迅速发展的需要。近年来，我国加大了农产品流通三级市场建设，即农产品产地批发市场、销售地批发市场和零售农贸市场，但区域农产品综合物流配送体系还在发展之中，网络分布不够均衡。

2. 农产品配送质量和效率不高

目前，农产品零售配送的主渠道仍然是传统的农贸市场和肉菜市场。现有农贸市场购物环境和卫生条件较差，只经营未经加工的生鲜初级产品。已经建立的大规模农产品批发市场，虽然局部实现了农产品不同地域及不同季节的调剂和互补，但还停留在初始原材料性农产品的集散和销售上。由于常温状态下的初级农产品保鲜困难、损耗量大，这给季节性和区域性调配带来无效配送和诸多不便。

（三）主要农产品的销售配送

1. 粮食配送

粮食配送是指以粮食为配送主体，对其进行备货、储存、分拣、配货、配装、送货等作业，并按时送达指定地点的农业物流活动。粮食配送的有效管理依赖合理的粮食行业结构，不合理的粮食结构不仅会导致粮食配送体系的内在联系被人为分割，配送体系各组成部分之间缺乏直接的横向联系，还会导致粮食配送管理缺乏必要的规章制度和行之有效的控制办法，造成人力、物力和财力的浪费。粮食的运输和仓储等环节的基础设施是影响粮食配送管理的重要因素。

2. 畜产品配送

畜产品配送是指以畜产品为配送客体，对其进行备货、存储、分拣、配货、分放、配装、送货等作业，并按时送达指定地点的农业物流活动。我国畜产品配送的渠道一般可以分为以下三种形式：生产者（包括企业和个人）——客户，生产者——零售企业——客户，生产者——批发企业——零售企业——客户。畜产品配送渠道中的中间商包括专门对畜产品交换起着媒介作用的商业企业、畜产品的生产单位或组织以及畜产品的加工企业，农村的集市贸易和城市的农副产品市场、进出口商和贸易货栈、肉禽产品拍卖市场。

3. 水果配送

水果配送是指以水果为配送客体，对其进行备货、储存、分拣、配货、分放、配装、送货等作业，并按时送达指定地点的农业物流活动。目前，我国的水果配送的形式主要有以下四种：向超市、大卖场配送水果；由批发企业与超市约定，派人员在超市中经营；向宾馆、饭店及企事业单位配送餐间水果；通过电话订购等形式配送水果到客户家中。目前，我国的水果配送严格意义上讲仅是一般性的送货活动，从事这类活动的企业多、规模小、竞争无序，这就需要一个质的提升。

第四节 快递业配送

一 快递业配送的概念

近几年，随着网购的发展，中国的快递业迅速发展，快递公司如雨后春笋般崛起。既有联邦快递、中国邮政等诸多的国际化集团公司，也有申通、圆通等私人企业。

(一)快递业配送的定义

快递业配送是指在一定的合理区域范围内,根据客户的要求对快递货物进行分拣、包装、分类、组配等作业,并以最短的时间送到指定地点的物流活动。按照配送的客体不同,快递配送可以划分为快递信件配送和快递包裹配送两类。相对于其他行业的配送来说,快递配送的作用环节比较少而且简单,但快递配送对时间的要求非常高,它强调以最短的时间完成配送任务。

(二)快递业配送的特点

1. 托运人对快递货物的配送时间要求高

时间是托运人委托快递企业提供服务时首先要考虑的因素。因为社会经济活动的日益频繁,所以人们对货物送达的时间要求越来越高。另外,一些时令性较强的产品或者客户应急采购的产品或配件也要求快递企业提供快捷的送达服务。因此,按照服务承诺,客户对配送的时间要求是一家快递企业生存与发展的根本。

2. 快递货物一般体积不大,价值较高或产品难以替代

快递货物诸如通信器材、计算机芯片及配件、试验用器材和样品、高档服装、商业合同文件等,通常体积不大,单件货物价值较高,因而难以替代。这些货物不但对时间性要求高,而且对安全性等服务要求也非常高,这就对快递服务者的服务条件、保险责任、信誉和资金实力提出更高的要求。

3. 配送成本较大

与普通大宗货物运输相比,快递货物托运人对快递企业的服务要求较高。除运输时间和货物的在途安全外,最通常的条件是要求服务提供者上门取货与送货上门,以真正实现货物门到门运输的服务。由于快递企业所面对的是分散的社会群体,货物的单元提交通常较小,因而运输单位体积货物所发生的成本远远高于普通货物。

4. 需要完善的配送网络系统

快递业配送的服务对象分散、地域分布广,因此,快递服务提供者必须要有完善的配送网络系统来支持其业务活动。完善的配送网络系统包括运输网络和信息网络两个子系统。

5. 大多数快递业配送需要实现航空运输与地面中转的紧密配合

因为条件限制，飞机在运送快递货物时只能选择大城市降落，所以除同城快递配送外，大多数快递业配送是建立在航空运输的基础上的，同时需要航空运输与物流基地的地面中转站紧密配合。中小城市尽管有机场，但由于货物比较零散，而且飞机不能像火车一样能够做到站站停，快递企业就必须根据自己的网络结构选择几个点作为物流基地，以集散南来北往的货物，然后再统一配送，从而达到加快配送速度、节约配送成本的目的。

二、国外快递业配送的发展状况

（一）国外快递业配送的发展阶段

在美国等发达国家，货物快递的发展以及快递公司开展配送业务方面大体上经历了管制、放松管制和企业自行选择这样三个阶段。在各个阶段政府采取的政策有明显的差别，美国表现得最为明显。

1. 管制阶段

在20世纪70年代末以前，美国对运输实行管制政策，州政府对包裹快递服务实行许可制。

2. 放松管制阶段

20世纪80年代以后，政府除在运输价格上进行监管以防止垄断和市场壁垒形成外，基本放宽了对包括快递运输在内的货物运输业的限制。

3. 企业自行选择阶段

随着城市机动化的高速发展，城市交通拥挤问题越来越突出，许多大中城市的快递货物配送出现了企业主动选择和被选择两种相伴而生的状况。例如，遵循政府在一定区域或时间范围内对不同类型车辆采取限制运行的规定，提高每次运输货物的数量或件数，将送取货时间改在早晚交通高峰之外，建立联合送取货系统等。

（二）四大跨国快递公司的概况

1. 美国联邦快递公司

美国联邦快递公司（FedEX）的前身为FDX公司，它是一家环球运输、物流、电子商务和供应链管理服务供应商。该公司通过各子公司的独立网络向客户提供一体化的业务解决方案。其子公司包括 FedEX Express（经营速递业务）、FedEX Ground（经营包装与地面送货服务）、FedEX Custom Critical（经营高速运输投递服务）、FedEX Global（经营综合性的物流、技术和运输服务）以及 Viking Freight（美国西部的小型运输公司）。

公司业务分布：从地区来看，美国业务占总收入的76%，国际业务占24%；从运输形式来看，空运业务占总收入的83%，公路占11%，其他占6%。

美国联邦快递是较早看准中国这个庞大市场的外资公司之一，它于1984年进入中国。近30多年来，联邦快递发展迅速，一年一个台阶，并取得了骄人的业绩，创造了诸多世界之最：当初的每周2次变为现在每周有11架班机进出中国，是拥有直飞中国航班数目最多的国际快递公司；1999年，联邦快递与天津大田集团在北京成立合资企业大田—联邦快递有限公司，双方合作顺利、配合密切，进一步推动了中国快递业务的发展。

2. 美国联合包裹运输公司

美国联合包裹运输公司（UPS）于1907年作为一家信使公司成立于美国华盛顿州西雅图，是一家全球性的公司，其商标是世界上最知名、最值得景仰的商标之一。它作为世界上最大的快递承运商与包裹递送公司之一，同时也是运输、物流、资本与电子商务服务的领导性的提供者。

UPS的业务收入按照地区和运输形式来划分呈现出不同的分布特点。从地区来看，美国国内业务占总收入的89%，欧洲及亚洲业务占11%。从运输形式来看，国内陆上运输占54%，国内空运占19%，国内延迟运输占10%，对外运输占9%，非包裹业务占4%。

UPS在1988年与中国的大型公司进行合作，组建了自己的办事处。2001年，中国加入WTO之后，快递市场开始对外正式开放，外资企业纷纷进入中国并全面开展国际快递业务，UPS在中国区也随之全面运营。2008年，UPS成为了北京奥运会的物流与快递赞助商。随后，UPS在中国市场有两个重大的投入，一个是投资建设UPS上海国际转运中心，另一个是投资建设UPS深圳亚太转运中心，现在这两个转运中心都已先后投入运营，其业务已覆盖了中国的主要地区。

3. 德国敦豪国际速递公司

德国敦豪国际速递公司（DHL）创立于1969年，DHL的创始人自己乘坐飞机来往于旧金山和檀香山之间运送货物单证，从而向今后事业的发展方向迈出了一小步。多年后，DHL拓展了网络建设，逐步将业务拓展到世界的各个角落。今天，DHL的国际网络已经连接了世界上220多个国家和地区，DHL员工达到30万人。此外，DHL在快递、空运与海运、国际运输、合同物流解决方案及国际邮递等领域提供了无可比拟的专业性服务。

1986年12月1日，DHL正式踏入中国市场，并选择与中外运联姻，双方各占50%股权，合资成立了中外运—敦豪国际航空快件有限公司（简称"中外运—敦豪"）。合资公司将敦豪作为国际快递业领导者的丰富经验和中国对外贸易运输（集团）总公司在中国外贸运输市场的经营优势成功地结合在一起，为中国各主要城市提供航空快递服务。

"中外运—敦豪"在中国的国际快递服务虽然开展很早，但是，其国内快递服务却是从2004年才开始的。当时"中外运—敦豪"是第一家获得此类服务执照的国际航空快递公司，也是第一家为中国提供国际航空速递服务的公司。DHL在与中外运合作过程中，不断将其全球快递服务的丰富经验和技术传播到中国。中国首个全面的电子数据交换系统就是由"中外运—敦豪"与中国海关合作建立的。

4. 荷兰邮政集团公司

荷兰邮政集团公司（TNT）是世界顶级的快递与物流公司，公司总部设在荷兰的阿姆斯特丹，其母公司荷兰邮政集团在纽约等证券交易市场上市。TNT在世界上的60多个国家雇有超过14万名员工，为超过200个国家及地区的客户提供邮运、快递和物流服务。业务网络连接着近1000个转运中心及站点，拥有超过2万部车辆及43架飞机，每周运送360万件货物。

TNT的快递服务利用公司遍布全球的航空与陆运网络提供全球门到门、桌到桌的文件和包裹的快递服务。特别是在欧洲、亚洲和北美洲等地，TNT快递可以针对不同客户的需求提供9点派送、12点派送、NEXT DAY派送、收件人付费快件等服务内容。TNT快递的电子查询网络也是全球最先进的。

TNT快递于1988年进入中国市场，2003年在中国25家分公司的总销售额逾7亿元人民币。TNT的物流服务在供应链管理方面拥有30多年的丰富经验，TNT是全球第二大的物流服务公司，为汽车、电子、快速消费品及生物制药等行业提供包括仓储、运输、配送、物流加工、物流信息管理等完整的供应链解决方案。TNT与上汽合资成立的上海安吉天地汽车物流有限公司是中国最大的汽车物流企业之一。

(三) 四大跨国快递公司的经营经验

四大跨国快递公司的发展虽然各具特色,但是也有相同的成功经验。

1. 做好客户服务工作

四大跨国快递公司始终如一地遵循服务第一、客户至上的经营理念,信守诺言,以此赢得客户的信任。

2. 加快配送速度

四大跨国快递公司依靠其发达的运输网络和严格的组织管理,对整个快递过程进行像流水线一样的设计和操作,保证了托运货物以最快的速度送到收件人的手中。

3. 构建发达的配送网络

四大跨国快递公司在全球都有数千个快件处理中心和数万个客户投送地点,从而形成覆盖全球的配送网络系统,为公司快递业务的开展和兑现对客户的承诺提供了有力的保障。同时,这些公司都不断地引进新的服务项目,例如,门到门的送取件、对国际快递货物预报关、多种付款形式、严格的保险和及时的赔付承诺等。

4. 完善的信息支持系统

完善的信息支持系统是现代快递企业业务开展的先决条件,每家公司都有自己先进的、完备的信息支持系统。

三 我国快递业配送的问题及措施

(一) 我国快递业配送的主要问题

1. 航空公司客货混载的运输形式限制了快递业配送速度的加快

目前,航空公司实行的运输形式是客货混载,客户的数量是确定飞机型号的重要参数。此外,航空公司还要考虑客户行李的数量,才能计算出可实载的货量。因此,通常不多的搭载货量要分配到多家航空货运代理处,这不能满足大批急货的发送需求。

2. 快递业信息技术应用滞后,信息网络不完善,限制了配送系统的建设

我国加入WTO以后,随着国外快递巨头的进入,加强我国快递业信息化建设已

是大势所趋。然而,由于我国快递业落后的现状及资金的匮乏,我国快递业在进行信息化建设方面难度较大。信息技术在我国快递业应用滞后,最为显著的一个例子就是配送网络的查询系统非常薄弱。在一般的快递查询系统中,客户查询的快件在计算机中常常显示不出来,致使其信誉受到很大的影响。

3. 快递环境的不配套降低了快递企业的配送效率

在我国的一些大城市,如北京、上海、广州、天津、南京、深圳等地,缺少快递车辆装卸基础设施,交通拥挤日趋加剧,普通的快递货运车辆排放量不符合环保标准,无法进入城区等,这些问题都在不同程度上限制了城市货物快递的发展。

●(二)我国快递业配送发展的主要措施

1. 建立网上配送交易模式

网上快递配送交易场是指一个电子化的配送市场。利用互联网技术为货主和第三方物流公司提供一个可供委托的网络,为供需双方提供一个实时中立的交易平台。这个网络旨在吸引那些需要高效运送货物的货主,或有临时递送需求的个人。登录这个交易场,货主可以从众多的快递企业中选择最适合本企业的服务商,享受专业公正的快递服务。网上快递配送交易场作为一个中立的交易平台,其管理者并不直接参与快递服务的交易。这样,管理者、快递企业及货主三方之间形成了相互制约的关系。

2. 自建配送中心进行运营

配送中心是连接托运人与客户的中心环节,是快递企业供应链管理能力、信息处理能力的综合体现。中等规模以上的快递企业已拥有较稳定的客户群,它们目前的任务是为稳定的大客户量身定做物流配送解决方案,并在此基础上再承接一些小客户的临时配送需求。这就需要有现代化的配送中心与供应链策略进行良好结合。一方面,快递企业只有投递得快,快件才会增值,市场份额才会随之增加,因为真正决定市场份额的主要因素不是价格,而是快速、准确、安全的投递服务。另一方面,若要降低成本,快递企业则必须运用现代化的信息技术对硬件设施和科学管理要素进行合理配置,如坚持创新和为客户增值的服务理念,实行业务操作及管理标准化、程序化,采取特许加盟连锁的形式实施低成本扩张战略,从而迅速形成规模发展。

◆本章小结◆

零售业配送是在百货商店、连锁商店、超级市场、大卖场、邮购商店等商业企业的流通过程中产生的。零售企业的物流形态有从生产企业、批发企业购进的采购物流,有将货物通过配送中心转运到各家连锁店和分销店的配送,还有直接将货物送到客户手中的直销物流。制造业配送是指制造业企业在生产中所进行的一系列包括需求预测、库存控制、运输优化、配送中心设施设备的管理、订单管理以及客户服务等多种事务的运作、控制与管理。制造业配送的特点有复杂性、有序性、配套性、定路线定时性、高度准时性。我国农业配送存在的问题有现代农业配送体系未建立,农业配送成本高,配送时效性差,多品种、小批量的农产品需求尚不能满足等。快递业配送是指在一定的合理区域范围内,根据客户的要求对快递货物进行分拣、包装、分类、组配、组装等作业,并在最短的时间内送达指定的地点的物流活动。快递业配送的特点有时间要求高,配送货物体积小、价值高,配送成本高,配送体系还不健全,需要地面与航空中转相结合等。

■案例分析■

蒙牛物流解密

物流运输是乳制品企业面临的重大挑战之一。蒙牛要如何突破配送的瓶颈,把产自大草原的奶送到更广阔的市场呢?这里面临一个重要的问题是,巴氏奶和酸奶的货架期非常短,巴氏奶仅10天,酸奶也不过21天左右,而且其对冷链的要求最高。从牛奶挤出运送到车间加工,直到运到市场销售,全过程巴氏奶都必须保持在0℃~4℃之间贮存,酸奶则必须保持在2℃~6℃之间贮存,这对运输的时间控制和温度控制都提出了更高的要求。为了能在最短的时间内、在有效的存储条件下,以最低的成本将牛奶送到商超的货架上,蒙牛采取了以下措施。

一、缩短运输半径

酸奶这样的低温产品,因其保质日期较短,加上消费者对新鲜度的要求很高,一般超过生产日期3天送达商超,商超就会拒绝该批产品,所以对这样的低温产品,蒙牛要保证在2~3天内送到销售终端。

蒙牛在成立初期,主打常温液态奶,因此,奶源基地和工厂基本上都集中在内蒙古,以发挥内蒙古草原的天然优势。当蒙牛的产品线扩张到酸奶后,为了保证产品及时送达,蒙牛尽量缩短运输半径。其生产布局也逐渐向黄河沿线以及长江沿线伸展,使牛奶产地尽量接近市场,以保证低温产品快速送达至卖场、超市。

二、合理选择运输方式

目前,蒙牛产品的运输方式主要有两种:汽车运输和火车集装箱运输。在保证产品质量的原则下,蒙牛尽量选择费用较低的运输方式。

对路途较远的低温产品运输,为保证产品能够快速地送达消费者手中,保证产品的质量,蒙牛往往采用成本较为高昂的汽车运输。例如,北京销往广州等地的低温产品,全部走汽运,虽然成本较铁运高出很多,但在时间上能有保证。

为了更好地了解汽车运行的状况,蒙牛还在一些运输车上装上了GPS监控系统,全程跟踪了解车辆的情况,比如是否正常行驶、所处位置、车速、车箱内温度等。蒙牛管理人员在网站上可以查看所有安装此系统的车辆信息。GPS监控系统的安装,给物流以及相关人员包括客户带来了方便,避免了有些司机在途中长时间停车而影响货物未及时送达或者产品途中变质等情况的发生。

对于利乐包、利乐砖这样保质期比较长的产品,蒙牛则尽量依靠内蒙古的工厂供应,因为这里有最好的奶源。产品远离市场的长途运输问题就依靠火车集装箱来解决,与公路运输相比,这样更能节省费用。

在火车集装箱运输方面,蒙牛与中铁集装箱运输公司开创了牛奶集装箱"五定"班列这一铁路运输的新模式。"五定"即定点、定线、定时间、定价格、定编组,"五定"班列定时、定点,一站直达有效地保证了牛奶运输的及时、准确和安全。

2003年7月20日,首列由呼和浩特至广州的牛奶集装箱"五定"班列开出,将来自内蒙古的优质牛奶运送到了祖国大江南北,突破了蒙牛的运输"瓶颈"。目前,蒙牛销往华东、华南的牛奶80%依靠铁路运到上海、广州,然后再向其他周边城市分拨。现在,通过"五定"列车,上海消费者在70个小时内就能喝上草原鲜奶。

三、全程冷链保障

低温奶产品必须全过程都保持在2℃~6℃之间贮存,这样才能保证产品的质量。蒙牛牛奶在"奶牛—奶站—奶罐车—工厂"这一运行序列中，采用低温、封闭式的运输。不论在茫茫草原的哪个角落，"蒙牛"的冷藏运输系统都能保证将刚挤下来的原奶在6个小时内送到生产车间，确保牛奶新鲜的口味和丰富的营养。产品出厂后，在运输过程中，则采用冷藏车保障低温运输。在零售终端，蒙牛在其每家小店、零售店、批发店等零售终端投放冰柜，以保证其低温产品的质量。

四、将每一笔单子做大

物流成本控制是乳制品企业成本控制中一个非常重要的环节。蒙牛减少物流费用的方法是尽量使每一笔单子变大，形成规模后，在运输的各个环节上就都能得到优惠。比如，利乐包产品走的铁路，每年运送货物达到一定量后，在配箱等方面可以得到很好的折扣；而利乐枕产品走的汽运，走5吨的车和走3吨的车，成本要相差很多。

此外，蒙牛的每一次运输活动都经过了严密的计划和安排，运输车辆每次往返都会将运进来的外包装箱、利乐包装等原材料和运出去的产成品做一个基本结合，大大提高了车辆的使用率。

问题讨论

1. 蒙牛是如何时间在最短时间、用最低成本将产品送到货架上的？
2. 乳制品企业的物流配送应该关注哪些因素？

复习思考题

1．批发零售业配送的特征有哪些？

2．批发零售业物流的运营模式有哪些？

3．制造业配送的特点有哪些？

4．如何进行制造业配送的绩效管理？

5．我国农产品配送存在的问题有哪些？请你根据农村当地的情况，提出农产品配送的改进方法。

6．国际知名快递公司的特点有哪些？我国快递业应如何借鉴其成功经验？

实训题

把所有同学分成数个小组，每组6~8名同学，要求通过对某快递配送中心的现场参观、考察，了解快递配送中心的运作流程，掌握快递公司收货、集货、分拣、配装等的操作方法，熟悉快递公司订单、信息处理方法，客户投诉管理方法等。并通过实训情况，对照课本理论，找出理论与实际的不同和差距，探讨快递公司的改进策略。

第十章
跨国物流配送管理

◆学习目标◆

通过本章学习,学生要了解跨国物流配送的含义、发展及特点,熟悉跨国物流配送的各种形式及其特点,并能在实际业务中灵活运用;能够计算各种运费,熟悉一些主要运输形式中的进出口货运的程序,掌握跨国海运配送风险及海上损失的划分,熟悉跨国物流配送保险的规定和做法,熟悉跨国物流配送保险单证及索赔程序。

开篇案例

中国外轮代理有限公司的国际物流配送服务

我国的大型运输、仓储企业无论是基础设施还是业务条件都已具备了开展国际物流服务和跨国配送的基本能力。以中国外轮代理有限公司(以下简称"外代")为例,外代在中国各开放口岸设有81家公司,在美国、欧洲、日本、韩国、新加坡、中国香港设有代表处,与世界上180多个国家和地区的5000多家企业建立了密切的业务联系,形成了一个为船东、货主提供优质高效服务的网络系统,并成为联结船、港、货三方的桥梁和纽带。为不断提高服务质量,外代积极推行ISO9001质量管理体系标准。目前,外代已通过了英国标准协会(BSI)ISO9001质量体系整体认证,服务质量达到国际先进水平。由于外代在服务质量方面的突出表现,它连续3年荣获中国"质量效益型企业"称号,并被国家授予特别奖。

外代自行开发了外代货运系统,成为国内最先应用计算机信息管理系统的运输相关企业。目前,全系统自有堆场和仓库近100万平方米,几百辆各种运转车辆,在硬件上为发展物流配送创造了良好条件。外代已经获得交通部和铁道部(现中国铁路总公司)联合颁发的第0001号"国际集装箱多式联运经营许可证"。作为国内首家取得许可证的多式联运经营人,他们的目标是竭诚为客户提供"全天候、全方位、全过程"的服务,并充分利用枢纽港口发达的海陆空运输条件,对进出口的货物送行分拨、集拼,形成外代系统辐射全国的"门到门"多式联运配送服务的网络体系。

外代总公司与海关总署签订了《关于共同加强报关运输管理的合作备忘录》，在各口岸设立专业报关行，这促进了外代的业务发展，方便了货物进出口报关，提高了外代物流配送服务效率，为满足小批量货物的配送需要，开辟了"高速集运班车"快速运输的特色服务，形成了以大连、青岛、上海、宁波等枢纽港口为中心，辐射至东北、华北以及华东地区五省一市的集运、分拨配送服务网络。

目前，外代已经成功地为美商宝伦鞋业、日本东丽化纤、南汽集团、厦华三宝电脑、英国皇家马戏团来华巡回演出等项目提供了完美的物流配送服务，获得了国内外客户的一致认可和好评。外代系统致力于建立一种相互依赖、相互依存的新型战略伙伴关系，在物流配送业务交往中双方互惠互利、共同发展。

根据以上案例，分析国内物流企业需具备哪些条件才能开展国际物流配送活动。

第一节 跨国物流配送概述

一 跨国物流配送的含义

全球性的跨国企业购并浪潮推动了国际贸易的货物流动，加快了经济向全球化方向发展的速度，并促进了各地物流企业的联合和并购活动。同时，电子商务借助于互联网将整个世界联系在一起，加快了世界经济的一体化。大型跨国物流企业的出现加快了物流业与互联网经济的结合速度，使物流产业发生了革命性的变化。

当今世界，国际贸易的增长速度高于世界经济的增长速度，国际贸易在世界经济中占据重要的地位，这给我国跨国配送行业参与世界经济竞争提供了一个比较好的契机。

跨国物流配送是指在国家与国家之间进行的货物配送，即物流配送活动在两个或两个以上的国家进行。也就是说，配送活动在国家间进行，应该说它是国际贸易的一种。

跨国物流配送过程离不开贸易中间人，即它由专门从事货物使用价值转移活动的业务机构或者代理人来完成，如国际货物的运输是通过国际货物运输公司（代理货物的出口运输）来完成。另外，还有如报关行、出口商贸公司、出口打包公司和进口经纪人等，它们主要是接受企业的委托，代理与货物有关的各项业务。在国际物流系统中，很少有企业能够单独靠自身力量来办理和完成这些复杂的进出口货物的各项业务工作，这也正是跨国物流配送和国内物流配送最重要的区别之一。

二　跨国物流配送的发展

自然资源的分布和国际分工导致了国际贸易、国际投资和国际经济技术合作的产生，在国际化过程中产生了货物的转移，从而带动了跨国物流配送的产生和发展。自从有了国际贸易就有了跨国物流配送活动，跨国物流配送是随着国际贸易的发展而发展的。

第二次世界大战以前，国家间虽然已经有了不少的经济交往，但是无论从数量上还是从质量要求上来讲，都没有将伴随世界经济交往的运输放在主要地位。随着关贸总协定第八轮贸易自由化谈判成果的落实以及世界贸易组织的建立，国际贸易壁垒比"二战"前或"二战"后初期大为减少，有些地区（如欧盟）已经突破国界的限制形成了统一市场，从而推动了国际贸易的大幅增长，刺激了跨国物流配送业规模的扩大，跨国物流配送形式也随之出现各种新的调整变化。

第二次世界大战以后，国家间的经济交往越来越频繁、越来越活跃，到20世纪60年代，国家间贸易从数量来讲已经达到了相当大的规模，交易水平和质量要求也越来越高。在这种情况下，原有的仅为了满足运送货物的运输观念已经不能适应新的要求，系统物流概念被引入国际物流领域。从20世纪60年代开始，国家间的大规模物流形成了，且在物流技术上出现了大型物流配送工具，如20万吨的油轮、10万吨的矿石船等。

20世纪70年代石油危机之后，国际物流在数量上进一步增长，船舶大型化发展的趋势也进一步加强，对跨国物流配送服务水平提高的要求越来越高。大数量、高服务型物流从石油、矿石等物流领域向物流难度更大的中、小件杂货领域深入，其标志是国际集装箱及集装箱船的大发展，国家间各主要航线的定期班轮都投入了集装箱船，散杂货的物流服务水平获得很大提高。为了满足国际贸易对跨国物流配送的质量和速度进一步提高的需求，这个时期在跨国物流配送领域也出现了航空配送大幅度增加的新局面，同时出现了更高水平的国际联运配送。

20世纪80年代，国际物流发展的突出特点是在物流量基本稳定的情况下出现了"精细物流"，物流的机械化、自动化水平提高。同时，伴随着现代人们需求观念的变化，跨国物流配送着力满足"小批量、高频次、多品种"的物流需求，出现了不少新技术和新方法。现代物流不仅覆盖了大量散装货物、集装干散货等，还覆盖了其他货物，基本解决了所有运输对象的物流问题。20世纪80年代，跨国物流配送的另一大发展是伴随着国际物流，尤其是伴随国际联运配送形式出现的物流信息和国际物流领域的电子数据交换系统。现代信息技术使物流向更低成本、更高服务、更大量化、更精细化方向发展，许多重要的物流技术都是依靠信息技术才得以实现的。在这方面，跨国物流配送比国内物流配送表现得更为突出。几乎每一个物流的环节都需要信息的支撑，物流质量取决于信息，物流服务以信息为依靠。可以说，20世纪90年代以后，跨国物流配送已经进入了物流信息时代。

世界经济的一体化使跨国物流配送在整个商务活动中占有举足轻重的地位。

三 跨国物流配送的特点

跨国物流配送运输不仅是租船、订舱等工作，在贸易合同中还包含大量的运输条款。从对外经济贸易企业签订合同及相应的运输条款、具体操作，到海、陆、空不同运输形式的国际货运代理企业以及海、陆、空各类承运企业的具体操作，通过租船、包机等运输形式，最后将货物交到收货人手中，其整个过程构成了跨国配送的总体。

跨国物流配送具有以下独有的特点。

（一）跨国配送的国际性

跨国配送跨越不同地区和国家，跨越海洋和大陆，运输距离长、运输形式多，需要合理选择运输路线和运输形式，以尽量缩短货物的运输距离和货物的在途时间，加速货物的周转以降低物流成本。

（二）跨国配送的复杂性

跨国配送的复杂性是就国际物流通信系统设置的复杂性、法规环境的差异性以及商业现状的差异性而言的。由于各国社会制度、自然环境、经营管理方法以及生产习惯不同，一些因素变动较大，因而在国家间组织货物从生产到消费的流通是一项复杂的工作。再加上各国物流环境的差异，不同国家适用的法律、标准、经济条件、科技发展水平以及风俗文化都不同，这就使得跨国配送的复杂性远远高于国内配送形式。

（三）跨国配送的风险性

跨国配送的风险性是就政治风险、经济风险和自然风险而言的。政治风险主要是指由于所经关境或国家的政局动荡，如罢工、战争等原因造成货物可能受到的损害或灭失；经济风险又可以分为汇率风险和利率风险，主要是指因从事国际物流活动必然要发生的资金流动而产生的货币风险；自然风险指在配送过程中，可能因不可抗力的自然因素（如台风、暴雨等）而引起的风险。

（四）跨国配送的广泛性

跨国配送的广泛性是就其研究对象而言的。物流配送的功能要素、系统与外界的沟通本身已经很复杂，而跨国配送又在复杂的基础上涉及不同的国家。这不但使地域和空间的范围变大，而且所涉及的多种内外因素也更多，难度加大、风险更多。企业物流配送是将企业作为研究对象，研究原材料从进厂到加工，再把产品运送到市场上的物流配送过程。城市物流配送的研究对象是城市系统，这是一个庞大的社会系统。而跨国物流配送所涉及的领域远远超过了企业和城市物流配送，其研究对象是国际贸易中的物流配送规律。

（五）跨国配送的标准化

跨国配送的标准化是就配送工具和设施的统一标准而言的。要使跨国配送畅通无阻，统一标准是非常重要的，否则国际物流水平是不可能得到提高的。目前，美国、欧洲基本实现了配送工具和设施的统一标准，这样使运输费用大大降低，运转的难度也大为降低，从而可以提高企业竞争能力。

（六）跨国配送必须要有国际化信息系统来支撑

国际化信息系统是跨国配送尤其是国际联运非常重要的支撑手段。国际化信息系统建立的难度有：一是管理困难，二是投资巨大。由于世界信息水平的不均衡，有些地区物流信息水平较高，有些地区较低，这就使得建立信息系统更为困难。国际物流是最早应用信息系统的领域，以EDI为基础的国际物流将会对物流的国际化产生重大的影响。在电子商务中,以网络信息为特征而开展的商务活动和结算形式,需要具备与物流活动相适应的综合信息和物流经济体系。因此,创造一个与电子商务活动相适应的国际物流中心会更好地解决商务和物流配送的问题。

(七) 跨国配送的运输形式主要以海运为主

国内物流配送的运输形式主要以公路运输、铁路运输以及内河运输为主。而跨国物流配送,由于距离远、运量大、风险大,出于运输成本考虑,其运输形式一般以海运为主。

(八) 跨国配送时间性强

在当前国际货物市场竞争十分激烈的情况下,企业需要加快运输,以快取胜。因此,按时装运、及时将货物由起运地运至目的地,这对顺利完成出口任务、满足市场需求、提高竞争能力等都有非常重要的意义。

第二节 跨国物流配送的形式与管理

根据使用的运输工具的不同,跨国物流配送形式主要有跨国海运配送、跨国空运配送、跨国铁路联运配送、国际邮政运输、集装箱运输配送等。在实际业务中,应根据货物特性、运量大小、距离远近、运费高低、风险程度、任务缓急及自然条件和气候变化等因素,审慎选用合理的运输形式。

一 跨国海运配送管理

跨国海运是国际物流中最主要的运输形式,它是指使用船舶通过海上航道在不同国家和地区的港口之间运送货物的一种形式。目前,国际贸易总运量中的三分之二以上、我国进出口货运总量的约90%都是利用海洋运输形式的。

(一) 跨国海运的特点

与其他运输相比,海洋货物运输具有以下特点。

1. 适应运输各种货物

海洋的自身特点为海洋运输适应运输各种货物创造了许多有利条件，尤其是一些火车、汽车无法运输的特种货物，如石油井架、机车等均可利用海洋运输。

2. 运输量大

目前，船舶正在向大型化方向发展，如50万~60万吨的巨型抽轮，以及大型集装箱货船等。船舶的承载能力远大于火车、汽车和飞机，它是运输能力最大的工具。

3. 运费低

海洋航道天然形成，港口设备一般均由政府修建，再加之其运量大、航程远，所以分摊于每吨货物的费用成本较低，充分发挥了规模经济效益。因此，海运运费相对来说较低。据统计，海运运费一般为铁路运费的1/5、公路运费的1/10、航空运费的1/30，这就为低值大宗货物的运输提供了有利的运输条件。

4. 通过能力强

海洋运输的天然航道四通八达，不像火车、汽车受轨道和道路的限制，因而海洋运输的通过能力比火车和汽车强。如果发生政治、经济贸易条件的变化，则可随时改变航线驶往目的港。

5. 具有国防后备力量的作用

对一个国家来说，海洋运输不仅为政治、经济服务，还在军事上起到重要作用。在战时，商船队往往被用来运送军事货物。因此，世界各沿海国家，甚至有些内陆国家都不遗余力地发展本国海洋运输事业。

6. 速度慢

与其他运输形式比较，海洋运输速度较慢，班轮的航行速度只有30海里/小时左右，其他商船的速度则更慢。因此，海运不宜用来运输那些易腐烂货物。

7. 风险大

商船在海上航行，受气候和自然条件影响较大，有可能不能按时起航或不能准时达到，遇险的可能性也很大。全世界每年发生沉船事故的船只数量一般在300艘左右。同时，海洋运输也存在着社会风险，如战争、罢工、贸易禁运等。因此，海洋运输货物需要保险以转嫁损失。

尽管跨国海运存在着速度慢、风险大等不足，但由于它有其他运输形式不可比拟的优越性，它在跨国物流配送中仍占有重要地位和作用，是国际贸易中最重要的运输形式之一。

(二)跨国海运配送的经营形式

按照海洋船舶经营形式的不同,跨国海运可分为班轮运输和租船配送。

1. 班轮运输

班轮运输又称为"定期船运输",是指船舶在特定航线上和固定港口之间,按事先公布的船期表进行有规律的、反复的航行,以从事货物运输业务并按事先公布的费率收取运费的一种运输形式。它的服务对象是非特定的、分散的众多货主。

(1)班轮运输的特点。它具有"四固定"的特点,既固定航线、固定港口、固定船期和相对固定的费率,这是班轮运输的最基本特征。

班轮运价内包括装卸费用,即货物由承运人负责配载装卸,承托双方不计滞期和速遣费。

承运人对货物负责的期间是从货物装上船起到货物卸下船止,即"船舷至船舷"或"钩至钩"。

承托双方的权利义务和责任豁免以签发的提单条款为依据并受统一的国际公约制约。

(2)班轮运输的作用。因为班轮运输具有上述特点,所以这种运输经营形式极大地方便了货主,有力地促进了国际货物运输的发展,从而对国际贸易的开展起到了巨大的推动作用。

班轮运输由于"四固定"的特点,时间有保证,运价相对固定,因而为贸易双方洽谈价格和装运条件提供了方便,有利于开展国际货物运输。此外,班轮运输长期在固定航线上航行,有固定设备和人员,能够提供专门的、优质的服务。

班轮运输有利于一般杂货和不足整船货的小额贸易货物的运输。班轮只要有舱位,不论数量大小、挂港多少、直运或转运,都可接收并承运。

班轮运输事先公布船期、运价费等,有利于贸易双方达成交易,减少磋商内容。运价合理,符合承运方和托运方的利益。

班轮运输手续简单、方便货主,由于承运人负责装卸和理舱,托运人只要把货物交给承运人即可。

2. 租船配送

租船配送又称为"不定期船舶配送"。它与班轮配送不同,租船配送没有固定的航线、港口、船期和运价。租船配送是根据双方协商的条件，船舶所有人（船东）将船舶的全部或一部分出租给租船人使用，以完成特定的货物运输任务，租船人按约定的运价或租金支付运费的商业行为。在租船条件下，船东出租的和租船人使用的是船舶的使用权，并不改变船舶的所有权，故租船业务是一种无形贸易，其货物就是租船配送服务。

（1）租船配送的特点。它适合运输低值的大宗货物，如粮食、煤炭、石油、木材和水泥等，而且一般是租用整船装运。据统计，在跨国海运中，租船配送运量约占80%。因此，租船配送在跨国海运中发挥着重要作用。

租船配送不同于定期船运输，它没有固定航线、固定装卸港和航期。租船配送的依据是货主的货运需要和船东供船的可能性，通过双方洽商租船运输条件并协商一致后，以租船合同形式加以确定，作为确定双方权利义务的依据。

租船运价受租船市场供求关系的影响，船多货少时运价就低，反之就高，它与货物市场价格一样经常发生变动。因此，租船前必须对租船市场行情进行调查和研究。

（2）租船配送的作用。纵观世界航运发展史，无论是航运发达国家还是不发达国家，只要有海洋货物运输的需求，就离不开租船配送，即使拥有庞大船队的国家也不能完全避免租船运输。实践也证明，租船配送在整个国际货物运输中发挥了巨大的作用。具体表现在以下几个方面。

①租船一般都是租用整船，国家间的大宗货物主要使用租船运输。由于运量大，可以充分发挥规模经济效益，降低单位运输成本。

②租船一般都是通过租船市场，即双方集中进行交易的场所，根据双方自己的需要进行洽租，以取得最佳经济效益，为开展国家之间的货物运输提供便利条件。

③租船运价受供求关系影响较大，属于竞争性价格，一般比班轮运价低。因此，租船有利于低值大宗货物的运输。

④租船运输可以直达运输。由于租船运输的限制较少，只要船舶能够安全往返航线和港口，租船就可以进行直达运输，极大地方便了货主的需求。

⑤租船具有灵活性。当贸易增加、舱位不足，而造船、买船又赶不上需要时，租船运输即可弥补需要。另外，也可进行租船送货，避免停船造成损失。

(三）跨国海运配送的运费计算

1. 班轮运费计算

班轮运费包括基本运费和附加费两部分。基本运费是指货物在预定航线的各基本港口之间进行运输所规定的运价，它是构成全程运费的主要部分。

为了保持在一定时期内基本费率的稳定，又能正确反映出各港口的各种货物的航运成本，班轮公司在基本费率之外，又规定了各种附加费。其中包括超长和超重附加费、选择卸货港附加费、变更卸货港附加费、燃油附加费等。

由于班轮运价表的结构不同，运费计算方法也不同。单项费率运价表只要找到了货物列名，也就找到了运价和计算单位，再加上有关的附加费即可求得该批货物的总运价。等级运价表的计算程序较为复杂，应先根据货物的英文名称从货物名栏内查明货物等级的计收标准，然后根据该货物的等级的计收标准从航线港口划分栏内查明基本费率，再查明该货物有无附加费用，如果有，那么分别为哪些附加费，最后根据基本费率和附加费求出该货物的总运费。下面仅说明按等级运价表计算的方法。

在没有任何附加费的情况下，班轮运费的计算公式为：

$$F = f \times Q$$

式中：F为总运费；f为基本费率；Q为货运量。

在有各种附加费，而且附加费按基本费率的百分比收取的情况下，运费的计算公式为：

$$F = fQ(1 + S_1 + S_2 + \cdots + S_n)$$

式中：$S_1, \cdots, S_n$为各项附加费的百分比。

在各项附加费按绝对数收取的情况下，运费的计算公式为：

$$F = fQ + (S'_1 + S'_2 + \cdots + S'_n) \times Q$$

式中：$S'_1, \cdots, S'_n$为各种附加费的绝对数。

2. 租船运费计算

在承租合同中，有的规定运费率，按货物每单位重量或体积若干金额计算；有的规定整船包价（Lump Sum Freight）。费用主要取决于租船市场的供求关系，但也与运输距离、货物种类、装卸量、港口使用、装卸费用划分和佣金高低有关。合同中对运费是按装船重量或卸船重量计算，运费是预付或到付，均须说明。特别要注意的是应付运费时间是指船东收到的日期,而不是租船人付出的日期。

装卸费用的划分法如下:

船方负担装卸费(GROSS OR LINER OR BERTH TERMS),又称为"班轮条件";

租船方不负担装卸费(FREE IN AND OUT,FIO),采用这一条件时还要明确理舱费和平舱费由谁负担,一般都规定由租船方负担,即船方不负担装卸、理舱和平舱费条件(FREE IN AND OUT,TUOWED,TRIMMED,F.I.O.S.T.);

船方管装不管卸(FREE OUT,F.O.)条件;

船方管卸不管装(FREE IN,F.I.)条件。

二 跨国空运配送管理

当今,跨国空运作为跨国配送运输的一种形式越来越被广泛采用,在跨国配送运输中所占比例逐渐增加。其中,在电子产品、计算机设备等高科技产品的进出口运输方面,跨国空运的比重最大。

一般来讲,跨国空运配送是指一国的提供者向他国客户提供航空飞行器运输货物并获取收入的活动。

(一)跨国空运配送的特点和作用

现代跨国空运配送主要有以下一些特点和作用。

(1)运送速度快,适用于高价货物和时间性很强的货物运输。

(2)安全、准确,货物灭失与破损率低。

(3)适用于陆域和水域不方便运输的内陆和其他地区的货物输运。

(4)简化、节省货运包装,降低产品销售成本。

(5)缩短存货周期,加快货物流通,为供应链管理创造了条件。

(6)降低企业备用资金存量,加速资金周转,提高资金使用效率和效益等。

(二)跨国空运配送及组织形式

跨国空运配送及组织形式主要有以下几种。

1. 班机运输形式(Scheduled airline)

班机运输形式是指在固定的航线上定期航行的航班,其始发港、目的港和途经站都是固定的。

2. 包机运输形式（Chartered carrier）

当货物批量较大，而班机又不能满足需要时，可以采用包机运输形式。包机运输又分为整舱包运和部分舱包运两种。

3. 集中托运形式（Consolidation）

集中托运形式是指航空货运代理公司把若干小批量单独发运的货物组成一整批向航空公司办理一次性托运手续，采用一份总运单集中发货运至同一目的港，再由货运代理公司在当地的代理人收货、报关、分拨和放货给持有起运港代理人签发的运单的各实际收货人的运输形式。

4. 航空快件传送（Air express）

航空快件传送又称为"航空速递"，它是跨国空运中最快捷的运输形式。该形式不同于一般的航空货运，而是由一家专门经营这项业务的公司与航空公司合作，设专人以最快的速度在货主、机场和客户之间转送急件。

5. 送交业务（Delivery business）

在国际贸易往来中，出口商为了推销其产品，往往要向客户赠送样品、宣传资料等，这些业务一般由送交业务完成。

6. 货到付款（Cash on delivery）

货到付款是指承运人在货物到达目的地交给收货人时，根据其与发货人之间的协议，代向收货人收取航空运单上所记载的货款，并汇寄给发货人的一项业务。

7. 联合配送形式

联合配送形式是指包括空运在内的两种以上的配送形式的联运配送。具体的做法有陆空配送、陆空陆配送等。伴随着跨国空运的发展，铁路直接连通机场已经成为当代运输发展最为显著的形式，这既促进了航空事业的发展，也为铁路运输开辟了一个新的市场。

8. 航空运单

航空运单是指一种运输合同，它是由承运人或其代理人签发的一份重要的货物单据。它有别于海运提单，不是代表货物所有权的物权证明。因此，它是不可预付的单据。

(三) 跨国空运货物运费

1. 计费重量

在航空货物运输中，计费重量是指将货物实际重量和其体积重量两者中的高者作为计算运费的货量基础。货物的实际重量（Actual weight）是指一批货物包括包装在内的实际总重量。凡重量大而体积相对小的货物以其实际重量作为计费重量。货物的体积重量（Measurement weight）是指体积大而重量相对小的货物以其体积作为计费重量。国际航空运输组织规定的折算方法是以7000立方厘米折合为1千克，我国民航则规定以6000立方厘米折合为1千克为计算标准。当一批货物由几件不同货物组成时，其中有重货也有轻泡货，其计费重量以整批货物的总毛重或总体积重量或两者中较高的一个来计算。

2. 航空货物运价与运费计收

航空货物运价是指承运人为运输货物，按规定的重量单位（千克或磅）或货物价值单位所收取的费用。航空货物运价，由一般货物运价、特种货物运价、货物等级运价构成。此外，还有集装货物使用的运价，最低运费规定的协议运价。

一般货物运价是指适用于承运普通货物，不列入等级运价和特种运价内的运价。当运输货物没有特种运价和可适用的等级运价时，通常当作一般货物计收其运价。运价水平以货物重量45千克为划分点，即45千克以上的一般货物运价较45千克以下的一般货物运价低。

特种货物运价是指在特定的始发地和到达地航线上公布和使用的特种货物运输价格。该价格要求货物达到起码重量。凡参加IATA的航空公司，其特种货物运价应先向协会提出申请，经同意后制定、公布和使用。

货物等级运价是指专用于指定地区内某些货物，且这种货物没有特种货物运价可适用时的运价。等级运价的货物的起码重量规定为5千克。计算办法通常是在一般货物运价基础上加减一定百分比。行李等作为货物托运，运价按45千克以下一般货物运价的50%计收。

集装货物所使用的运价适用于在IATA注册的现有集装设备的特别运价。

最低运费是指适用于一批货物运输的最低费用。

航空运价的使用原则：若是协议运价应首先使用，特种货物运价优先考虑，等级运价应先于一般运价使用，最后是一般货物运价。

3. 航空货物运输相关的杂费

在航空货运活动中，主要杂费有从承运人的营业场所至机场或反向的货物运输费、保管费、仓库保管费及相关收费、特殊货物操作费、保险费、货到付款服务费、代垫付款、相关费用、罚款、为修理货物包装等费用，货物转运、续运或退运的费用。

三 跨国铁路联运配送管理

跨国铁路联运配送是仅次于跨国海运配送的一种主要的配送形式。铁路配送的运行速度较快、载运量较大，在运输中遭受的风险较小。它一般保持常年运行，具有高度的连续性。

（一）跨国铁路联运概述

凡使用一份统一的国际铁路联运票据，由铁路部门承担经过两国或两国以上铁路的全程运输，并由一国铁路向另一国铁路移交货物时不需发、收货人参加，这种配送形式称为"跨国铁路联运配送"，也称"国际联运"。

国际联运是国际货物运输的重要组成部分，其基本任务是根据我国对外开放政策的要求，按照国际货协规章合理利用铁路运输形式和运输工具，安全、迅速、准确、节省、方便地完成进出口货物运输任务，促进我国国际贸易的顺利开展，为我国外交和经济建设服务。

（二）跨国铁路联运的特点

跨国铁路联运不同于国内铁路运输，有其自身的特点，具体表现在以下几个方面。

1. 手续复杂

由于国际铁路联运规章制度条文较多、条款复杂，同时，联运涉及许多国家的有关法令和规定，因而所需办理的各项手续必然复杂。

2. 涉及面广

凡是按国际联运办理的货物运输，从承运时起，需经过发送铁路的发站、出口国境站，到达目的进口国境站和终点站，有时还要通过第三国过境站。每运送一批国际联运货物还要与海关、商检、保险、银行以及各种中间代理机构打交道。因此，国际联运涉及多国、多部门，涉及面很广。

3. 时间性强

在国际铁路联运中，必须按期装运进出口货物，并及时运送到目的地，否则有可能造成经济损失和政治方面的不良影响。对于一些市场急需货物，更应抢时间、争速度，及时完成运输任务，以免影响销路，造成经济损失，甚至失去市场份额。

4. 运输要求和质量标准高

在办理国际铁路联运时，要涉及两个以上国家的铁路部门。有些国际过境货物、援外货物还直接涉及国际关系问题和外交政策问题。因此，国际联运既是一项经济业务，又是一项外交活动。每批国际联运货物的办理质量必须是高标准、严要求，如包装、票据、单证以及车辆都必须符合国际联运规章的规定和有关国家的某些正当要求。

（三）跨国铁路联运的作用

跨国铁路联运的开办为参加国开辟了一条国际货物运输的重要渠道，其在国际货物运输中的作用表现如下。

（1）免除货物在国境站重新办理托运的手续，火车可以直接过轨运输。

（2）减少了因换装所需的人力、物力、财力和时间。

（3）减少了货损货差，降低了运费，为开展国际贸易创造了更加便利的条件。

（4）欧亚各国开展铁路货物联运，有利于各国或地区间的经济交往，加速了经济一体化的发展。

（四）跨国铁路联运出口货物运输

跨国铁路联运出口货物运输组织工作主要包括计划的编制、货物的托运、承运、装车、运送和交付。货物的托运与承运的过程即为承运方（铁路）与托运方（发货人）缔结运输合同的过程。托运是发货人向铁路提出委托运输的行为，承运则是铁路接受发货人所提出的货物运输委托的行为。

发货人按车站指定日期将货物搬入车站或指定货位，车站根据运单的记载事项查对核实货物，确认符合国际联运的有关规定后即予以接收。在发货人付清一切应付运送费用后，车站在所提交的运单上加盖车站的日期戳，即标志承、托双方以运单为凭证的运输合同开始生效。

(五) 跨国铁路联运进口货物运输

进口货物跨国铁路联运均需办理报关、报验、铁路货物单证的交接等工作。

1. 进口合同资料工作

合同资料是国境站核放货物的重要依据，也是向各有关部门报关、报验的凭证。各进出口公司在对外合同上签字后，要及时将一份中文版的合同本寄给货物进口口岸的分支机构。对于由外运公司分支机构接收的分拨小额订货，必须在邮寄合同的同时，按合同内容填附货物分类表。合同资料包括合同的中文抄本及其的附件、补充书、协议书、变更申请书和有关确认函电等。

2. 进口货物的现场核放工作

进口货物的交接首先是票据的交接，对方交接所将进口货物票据交中方交接后，现场工作人员主动到中方铁路办公处索取我方公司所代理单位的进口货物票据，然后拉制进口货物明细单，查验合同所附带有关进货的材料是否齐全。接着按海关要求填报进口货物报关单，并连同合同及有关证明批件向海关申报放行货物。

3. 进口货物的交货

联运进口货物到站后，铁路部门根据运单或随附运单的进口货物通知单所记载的实际收货人，发出货物到达通知，通知收货人提取货物。收货人接到通知后，必须向车站领取货物并付运送费用。在收货人付清一切应付运送费用后，铁路部门必须将货物连同运单一起交付收货人。

(六) 国际铁路货物联运的运输费用

联运货物的运输费用有如下规定：发送国铁路的运送费用，按发送国铁路的国内运价计算；到达国铁路的运送费用，按到达国铁路的国内运价计算；过境国铁路的运送费用，按国际铁路联运协定统一过境运价规程（统一货价）的规定计算。

四 集装箱运输配送管理

集装箱运输自1956年4月开始在美国用于海上运输后，满足了货主快速、安全、准确、直达的运输要求，从而在国际贸易运输中得到了广泛应用，并在20世纪70年代以后迅速发展起来。

(一)集装箱运输概述

集装箱是用钢、铝、胶合板、玻璃或这些材料混合制成的。它具有坚固、密封和可以反复使用等优越性,这是其他任何运输包装都无法比拟的。集装箱放在船上等于是货舱,放在火车上等于是车皮,放在卡车上等于是车厢。因此,无论是在单一运输形式下,还是在多式运输形式下均不必中途倒箱。集装箱的内部容量较大,而且易于装满和卸空,在装卸设备配套的情况下,它能迅速搬运。

目前,国际标准化组织共规定了5个系列、13种规格的集装箱。我们现在在海运和陆运当中普遍使用的是20英尺和40英尺集装箱,是第一系列中的IC和IA型。关于集装箱船舶的集装箱装载能力,通常是以能装多少个TEU(即20英尺标准集装箱:Twenty—foot equivalent unit,其宽、高、长均为8英尺、8英尺、20英尺)为衡量标准。

(二)集装箱运输配送的特点

集装箱运输就是以集装箱作为运输单位进行货物运输的一种先进的现代化运输形式。它具有如下特点。

(1)在全程运输中,可以将集装箱从一种运输工具上直接方便地换装到另一种运输工具上,而无须接触或移动箱内所装货物。

(2)货物在发货人的工厂或仓库装箱后,可经由海陆空不同运输形式至收货人的工厂或仓库,以实现"门到门"运输而无须中途开箱倒载和检验。

(3)集装箱由专门设备的运输工具装运,装卸快、效率高、质量有保证。

(4)一般由一个承运人负责全程运输。

(三)集装箱运输配送的优点

集装箱运输配送的优点如下。

(1)可露天作业、露天存放、不怕风雨、节省仓库。

(2)可节省货物包装材料,可保证货物质量、数量、减少货损货差。

(3)车胎装卸作业机械化,节省劳动力和减轻劳动强度。

(4)装卸速度快,提高了车船的周转率,减少了港口拥挤,扩大了港口吞吐量。据统计,一个集装箱码头的作业量抵得上7~11个普通码头,一台起吊设备装卸集装箱要比装卸件杂货快30倍,一艘集装箱船每小时可装卸货物400公吨,而普通货轮每小时只能装卸35公吨，每小时的装卸效率相差11倍。

（5）减少运输环节，可进行"门到门"的运输，从而加快了货运速度，缩短了货物的在途时间。

（6）集装箱越来越大型化，从而减少了运输开支、降低了运费。据国际航运界报道，集装箱运费要比普通件杂货运费低5%~10%。

（四）集装箱运输配送的形式

集装箱运输配送的形式根据货物装箱数量和形式分为整箱和拼箱两种。

1. 整箱

整箱是指货主将货物装满整箱后，以箱为单位托运的集装箱。一般做法是由承运人将空箱运到工厂或仓库后，在海关人员监督下，货主把货装入箱内，加封、铅封后交承运人并取得站场收据，最后凭站场收据换取提单。

2. 拼箱

拼箱是指承运人或代理人接受货主托运的数量不足整箱的小件货物后，根据货类性质和目的地进行的分类、整理、集中、装箱、交货等工作均在承运人码头集装箱货运站或内陆集装箱转运站进行。

3. 集装箱的交接

集装箱的交接形式大致有四类：整箱／整箱、分箱／分箱、整箱／分箱、分箱／整箱。其中，以整箱／整箱交接效果最好，也最能发挥集装箱的优越性。

集装箱的交接地点，归纳起来可分为四种形式：门到门、门到站场、站场到门、站场到站场。

（五）集装箱运输进出口程序

1. 集装箱运输出口程序

（1）订舱：出口公司根据贸易合同事先向船公司（或其代理）办理订舱手续。

（2）装箱单：船公司确认订舱后，签发装箱单，分送集装箱堆场和集装箱货运站，据以安排空箱和货运交接。

（3）发送空箱：整箱货运所需的空箱，由船公司送交，发货人收。拼箱货运所需的空箱一般由货运站领取。

（4）拼箱货装箱：集装箱货运站根据订舱单核收托运货物并签发站场货物收

据，经分类整理，然后在站内装箱。

（5）整箱货装箱：发货人收到空箱后，自行装箱并按时运至集装箱堆场。集装箱堆场根据订舱单、装箱单验收并签发站场货物收据。

（6）集装箱货运交接：站场收据是发货人发货和船公司收货的凭证。

（7）提单：发货人凭站场收据向船公司换取提单，然后向银行结汇。如果信用证规定需要装箱提单，则应在集装箱装箱后，才能换取装船提单。

（8）装船：集装箱堆场根据船舶积载计划，进行装船。

2. 集装箱运输进口程序

（1）货运单证：凭出口港寄来的有关货运单证着手缮制。

（2）分发单证：将单证分别送代理、集装箱货运站和集装箱堆场。

（3）到货通知：通知收货人有关船舶到港时间，便于准备接货，并于船舶到港以后发出到货通知。

（4）提单：收货人按到货通知，持正本提单向船公司（或代理）换取提货单。

（5）提货单：船公司（或代理）核对正本无讹后，即签发提货单。

（6）提货：收货人凭提单连同进口许可证至集装箱堆场办理提箱或提货手续。

（7）整箱交：集装箱堆场根据提货单交收货人集装箱并与货方代表办理设备交接手续。

（8）拆箱交：集装箱货运站凭提单交货。

● **（六）集装箱运输的费用**

集装箱运输费用有几种不同的计收方法：有的按每运费吨加收附加费，有的按包箱费率。在包箱费率中，有的不论货种和箱容利用程度，有的则规定最低的箱容量，有的还规定所装货物的等级线。装运货物超过规定等级的，按实际等级计费，低于规定等级的按规定等级计费。有的经营集装箱运输的船公司还有最低运费的规定。拼箱货最低运费的规定与班轮运输中的规定基本相同，对整箱货，当由货主自行装箱而箱内所装货物未达规定的最低计费标准时，其亏舱损失由货主负担。各船公司都分别按重量吨和尺码吨给不同类型和用途的集装箱规定有最低的装箱吨数，并以两者中高者作为装箱货物的最低运费吨。因此，在实际操作中，提高集装箱积载技术，充分利用集装箱容积空间以节省运输费用，这些是至关重要的。

五 国际邮政运输管理

每年全世界通过国际邮政所完成的包裹、函件、特快专递等数量相当庞大。因此，它已成为国际物流的一个重要组成部分。

（一）国际邮政运输概念

邮政运输是一种较简单的运输形式。世界各国的邮政包裹业务均由国家办理，我国邮政业务由国家邮政局负责办理。各国邮政之间订有协议和公约，通过这些协议和公约使邮件包裹的传递畅通无阻、四通八达，以形成全球性的邮政运输网，从而使国际邮政运输成为国际物流中普遍采用的运输形式之一。

（二）国际邮政运输的特点

1. 具有广泛的国际性

国际邮政是在国与国之间进行的，在大多数情况下，国际邮件需要经转一个或几个国家。各国相互经转对方的国际邮件是在平等互利、相互协作配合的基础上，遵照国际邮政公约和协定的规定进行的。为确保邮件安全、迅速、准确地传送，在办理邮政运输时，必须熟悉并严格遵守本国和国际上的各项邮政规定和制度。

2. 具有国际多式联运性质

国际邮政运输过程一般需要经过两个或两个以上国家的邮政局，通过两种或两种以上不同运输形式的联合作业才能完成。但从邮政托运人角度来说，它只要向邮政局照章办理一次托运，一次付清足额邮资，并取得一张邮政包裹收据，全部手续即告完备。至于邮件运送、交接、保管、传递一切事宜均由各国邮政局负责办理。邮件运抵目的地，收件人即可凭邮政局到件通知收据向邮政局提取邮件，手续非常简便。因此，可以认为国际邮政运输是国际多式联运的一种形式。

3. 具有"门到门"（Door to door）运输的性质

各国邮政机构遍及世界各地，邮件一般可在当地就近向邮政局办理，邮件到达目的地后，收件人也可在当地就近邮政局提取邮件。所以，邮政运输基本上可以说是"门到门"运输。

国际邮政运输通过邮件的递送，沟通和加强了各国之间的联系，促进了相互间的政治、经济、文化和思想交流。但是，它不可能运送国际贸易中的大件货物，只能运送包裹之类的小件货物，而且对包裹的重量和体积均有严格的限制，所以通常只适宜运送精密仪器、机器零件、金银首饰、贸易样品、工程图纸、合同契约、私人包裹等量轻体小的零星货物。

(三) 万国邮政联盟

万国邮政联盟，简称"邮联"。邮联的宗旨是组成一个国家间邮政领域，相互交换邮件，组织和改善国际邮政业务，促进国际合作的发展，推广先进经验，给予会员国邮政技术援助。我国于1972年加入邮联。现邮联将每年10月9日定为世界邮政纪念日，届时各国邮政组织均组织宣传纪念活动。

邮联的组织机构设置如下：代表大会，它为邮联的最高权力机构，每5年举行一次；行政理事会，它为大会休会期间的执行机构；邮政业务理事会，它研究邮政技术和合作方面的问题，并就此问题提出改进建议以及推广邮政经验和成就；国际局，它为邮联的中央办事机构，设在瑞士伯尔尼，其主要任务是对各国邮政进行联络、情报和咨询，负责大会筹备工作和准备各项年度工作报告。

(四) 邮包种类

国际邮件按运输形式分为陆路邮件和航空邮件；按内容性质和经营形式分为函件和包裹两大类。按我国邮政规定，邮包分为以下三种。

1. 普通包裹

凡适于邮递的货物，除违反规定禁寄和限寄的以外，都可以作为包裹寄送。包裹内不准夹寄信函，但可以附寄包裹内件清单、发票、货单以及收寄件人姓名、地址签条。

2. 脆弱包裹

装有容易破损和需要小心处理货物的包裹，可以按脆弱包裹寄递，如玻璃制品、古玩等。脆弱包裹只限寄往同意接受的国家和地区。邮局的脆弱包裹只在处理上需要特别注意，所负责任与普通包裹相同。

3. 保价包裹

邮局按寄件人申明价值承担责任的包裹，一般适用于邮递贵重货物。此外，国际上还有快递包裹、代收货价包裹、收件人付费包裹等。

以上包裹利用航空形式邮递，即称为"航空运输包裹"。邮政局在收寄包裹时，均给寄件人以收据，故包裹邮寄属于给据邮件。给据邮件均可办理附寄邮件回执。

回执是邮政投交收件人作为收到邮件的凭证。回执也可按普通、挂号或航空寄送。

(五) 邮资

邮资是指邮政局为提供邮递服务而收取的费用。各国对邮资采取不同的政策，有些国家把邮政收入作为国家外汇收入来源之一；有些国家要求邮政自给自足，收支大致相抵；有些国家对邮政实行补贴政策，从而形成不同的邮资水平。

《万国邮政公约》规定，国际邮资应按照与金法郎接近的等价价折成其本国货币制度。邮联以金法郎为单位，规定了基本邮资，并以此为基础，允许各国可按基本国情增减。增减幅度最高可增加70%，最低可减少50%。

国际邮资均按重量分级为其计算标准。邮资由基本邮资和特别邮资两部分组成。基本邮资是指邮件经水、陆路运往寄达国应付的邮资，也是特别邮资计算的基础。基本邮资费率是根据不同邮件种类和国家地区制定的，邮政局对每一邮件都要照章收取基本邮资。特别邮资是为某项附加手续或责任而收取的邮资，如挂号费、回执费、保价费等，是在基本邮资的基础上，按每件加收的，但是保价邮资须另按所保价值计收。

六 海外仓的配送管理

(一) 海外仓的含义

海外仓是指建立在海外的仓储设施。跨境电商企业按照一般贸易方式，将商品批量出口到境外仓库，电商平台完成销售后，再将商品送达境外的消费者。

"互联网+"时代下，跨境电商颇为火爆。一些传统外贸企业把目光瞄准境外消费市场，通过亚马逊等网站，把商品直接卖给国外消费者。商务部数据显示，2015年跨境电子商务成为新的外贸增长点，增幅超过30%。然而，海外物流耗时长、费用高成为跨境电商企业的一大烦恼。致力于降低物流成本、提高配送效率、提供一站式解决方案的海外仓应运而生。

在跨境电子商务贸易中，国内企业将商品通过大宗运输的形式运往目标市场国家，在当地建立仓库、储存商品，然后再根据当地的销售订单，第一时间作出响应，及时从当地仓库直接进行分拣、包装和配送。不少电商平台和出口企业正通过建设海外仓布局境外物流体系。海外仓的建设可以让出口企业将货物批量发送至国外仓库，实现该国本地销售、本地配送。自诞生开始，海外仓就不只是在海外建仓库，它更是一种对现有跨境物流运输方案的优化与整合。

（二）海外仓的类型

1. 自营海外仓

跨境电商通过海运、空运或快递等方式将商品集中运往本企业经营的海外仓进行存储，并通过本企业的库存管理系统下达操作指令。具体操作步骤如下。

步骤一，出口跨境电商将商品运至，或者委托物流承运人将货发至本企业经营的海外仓。这段国际货运可采取海运、空运或者快递等方式到达仓库。

步骤二，出口跨境电商使用本企业的物流信息系统，远程操控海外仓储的货物，并且保持实时更新。

步骤三，出口跨境电商物流部门根据出口跨境电商的指令对货物进行存储、分拣、包装、配送等操作。

步骤四，系统信息实时更新。发货完成后，出口跨境电商的物流系统会及时更新以显示库存状况，让出口跨境电商企业实时掌握。

适用范围：自营海外仓是由跨境电商建立（或租赁）以及运营的，是出口跨境电商在国外新建的一个全新物流体系，因此，需要投入大量的资金，需要出口跨境电商具有较强的海外物流体系控制、运营能力。自营海外仓适用于市场份额较大、实力较强的出口跨境电商。

2. 第三方公共服务海外仓

第三方服务公共海外仓模式是指由第三方物流企业建设并运营的海外仓库，是可以为众多的出口跨境电商企业提供清关、入库质检、接收订单、订单分拣、多渠道发货、后续运输等物流服务的物流模式，也就是整个跨境电商物流体系都是由第三方物流企业控制的，类似于我国电商物流中的淘宝物流体系。例如，万邑通针对eBay卖家推出了澳洲、美国、英国、德国四大公共海外仓服务，为卖家提供国际物流管理、国内外仓储管理、"最后一公里"派送管理、数据分析等多项服务，它是中国最著名的跨境电商物流整体解决方案提供商之一。

出口跨境电商通过海运、空运或者快递等方式将商品集中运往第三方物流企业经营的海外仓进行存储，并通过第三方物流企业的库存管理系统下达操作指令。

具体操作步骤如下。

步骤一，出口跨境电商将商品运至，或者委托物流承运人将货发至第三方物流企业经营的海外仓。这段国际货运可采取海运、空运或者快递等方式到达仓库。

步骤二，出口跨境电商通过第三方物流企业的物流信息系统，远程操作海外仓储的货物，并且保持实时更新。

步骤三，第三方物流企业根据出口跨境电商的指令对货物进行存储、分拣、包装、配送等操作。

步骤四，发货完成后，第三方物流企业的物流系统会及时更新以显示库存状况，出口跨境电商可实时掌握。

适用范围：第三方公共服务海外仓是由第三方物流企业建立、运营的仓库。出口跨境电商是物流需求方，第三方物流企业是物流供给方，由第三方物流企业为出口跨境电商提供仓储、分拣、包装、派送等项目的一站式服务。与自营海外仓相比，第三方公共服务海外仓适用于市场份额相对较小、实力相对较弱的出口跨境电商。

（三）海外仓的作用

海外仓是跨境电商物流模式的重大创新，是解决跨境电商物流成本高昂、配送周期漫长问题的有效方案。其本质是将跨境贸易实现本地化，提升消费者购物体验水平，从而提高出口跨境电商企业在出口目的地市场的竞争力。

1. 突破了直邮模式的产品限制

海外仓模式吸收了直邮模式的众多优点，与直邮模式的不同在于其物流方式不再是全程快递邮包方式，而是采取头程传统国际货运与尾程快递邮包相结合的方式，这是全新变革向传统的一种回归。例如，我国规定每次进出境小于2000克，外包装长宽高之和小于90厘米，最长边小于60厘米，价值小于1000元且500元以下物品免税等。而海外仓的头程运输属于批量出口，很容易突破直邮对货物的要求，走传统空运或海运比国际快递更省运费，因此，需要采用传统的货物通关方式。海外仓模式的头程运输回归到了传统货运方式，就意味着直邮模式下的产品限制在海外仓模式下不再存在，外贸B2C所能交易的商品可以更加多元化，从服装、饰品等小件产品向汽配、电子、家具等大件产品发展，不断激发海外线上消费者更多的新需求。

2. 改变了一般贸易的海外渠道

一般贸易需要下单后再出运货物并收回货款，而在海外仓模式下，出口卖家出运货物却是先于客户下单的。也就是说，客户下单前，货物已运至海外仓，只不过全套装运单据的收货人不可能是真正的客户，而是海外仓代理。与只有交易关系的一般贸易相比，海外仓模式既存在交易关系，也存在代理关系。与只把货物运至出口地运输工具上的一般贸易相比，海外仓模式不仅需要跨境运输，还要进口通关、货交海外仓代理。与见单付款、没有物权风险的一般贸易相比，海外仓模式的出口卖家虽然掌握着海外仓货物的所有权，但货物的实际处置权则在海外仓代理的控制之中，出口卖家的物权风险明显增大。

（四）第三方海外仓的费用结构

海外仓费用的计算：头程费用+处理费+仓储费+尾程运费+关税/增值税/杂费。

头程费用：卖家将物品运送到海外仓的目的国，分为空运、海运散货、海运整柜、当地拖车。

处理费：入库费用、出库费用、订单处理费。

仓储费：分为淡季和旺季，一般下半年的仓储费会更高。

尾程运费：本地的派送运费，FedEx、DHL、UPS、当地邮政。

不同公司仓储收费方式不同，二程有的按体积算、有的按重量算。不同国家的关税也不同，如美洲国家只算进口关税，欧洲国家税收是进口关税+增值税，澳洲国家是进口关税+增值税+附加税。

第三节 跨国物流配送保险

一 跨国海运配送保险

（一）跨国海运配送风险与损失

跨国海运配送保险是各类保险中发展最早的一种，这是商船在海洋航行中风险大、海运事故频繁所致。在国际海运保险业务中，各国保险界对海运风险与海损失都有其特定的解释。

1. 海运风险

海运风险包括海上风险与外来风险两类（见表10-1）。海上风险一般包括自然灾害和意外事故两种。外来风险也可分为两种类型：一般的外来原因所造成的风险和特殊的外来原因造成的风险。

表 10-1　海运风险的类型

风险种类	风险的内容
海上风险	自然灾害：恶劣气候、雷电、海啸、地震、洪水、流冰以及其他人力不抗拒的灾害。
	意外事故：船舶搁浅、触礁、爆炸、火灾、沉没、船舶失踪或其他类似的事故。
外来风险	一般原因：偷窃、短量、破碎、受潮、受热、发霉、串味、渗露、钩损和锈损等。
	特殊原因：战争、罢工、交货不到、拒收等。

2. 海上损失

海上损失，简称"海损"，是指被保险货物在海运过程中，由于海运风险所造成的损坏或灭失。根据国际保险市场的一般解释，凡在与海陆连接的陆运过程中所发生的损坏或灭失，也属海损范围。就货物损失的程度而言，海损可分为全部损失和部分损失；就货物损失的性质而言，海损又可分为共同海损和单独海损。

（1）全部损失和部分损失。全部损失有实际全损和推定全损两种。前者是指货物全部灭失，或完全变质，或不可归还被保险人；后者是指货物发生事故后，认为实际全损已不可避免，或者为避免全损所需支付的费用与继续将货物运抵目的地的费用之和超过保险价值。凡不同于实际全损和推定全损的损失为部分损失。

（2）共同海损与单独海损。在海运配送中，船舶、货物或其他财产遭遇共同危险，为了解除共同危险，有意采取合理的救难措施所造成的直接特殊牺牲和支付的特殊费用，称为"共同海损"。例如，当船舶因故搁时，船长为了挽救船舶和全船货物，不得不下令将船上部分货物抛入海中以减轻船重，使船舶起浮转危为安，此时被抛入海中的货物便属于共同海损。构成共同海损必须具备以下条件。

①必须遭遇危险。共同海损的危险必须是真实存在的，或者不可避免的，不是主观臆断的。

②共同海损的危险必须是船、货双方共同的，采取的措施也是为了解救船、货

的共同危险。

③共同海损所采取的救助措施必须是有意识的、合理的。

④共同海损必须是属于非常情况下的损失，所支付的费用必须是额外的。

在船舶发生共同海损后，凡属共同海损范围内的牺牲和费用，均可通过共同海损理算，由有关获救受益方(即船方、货方和运费收人方)根据获救价值按比例分摊。这种分摊称为"共同海损分摊"。

在船舶发生共同海损后，凡属共同海损范围内的牺牲和费用均可通过共同海损来理算，由有关获救受益方（即船方、货方和运费收人方）根据获救价值按比例分摊。这种分摊，称为"共同海损分摊"。

单独海损是指被保险货物在运输途中可能遭遇各种风险而导致损失，如果该损失只影响到单一的货方利益，不会危及其他方的安全，该风险导致的损失为单独海损。该损失仅由各受损者单独负担。例如，货物在运输途中遭受暴风雨，海水进入货舱使货物浸泡受损变质，这种损失就是单独海损，这种损失只能由货主单独承担。

此外，海运风险还会造成费用上的损失。由海运风险所造成的海上费用，主要有施救费用和救助费用。施救费用是指被保险货物在遭受承保责任范围内的灾害事故时，被保险人或其代理人与受益人，为了避免或减少损失，采取了各种抢救或防护措施所支付的费用。救助费用有所不同，它是指被保险货物在遭受承保责任范围内的灾害事故时，由保险人和被保险人以外的第三者采取了有效的救助措施，在救助成功后，由被救方付给救助人的一种报酬。

除上述各种风险损失外，保险货物在运输途中还可能发生其他损失，如运输途中的自然损耗以及由于货物本身特点和内在缺陷所造成的货损等，这些损失不属于保险公司承保的范围。

●（二）跨国海运配送保险的险别

保险险别是保险人对风险和损失的承保责任范围，它是保险人与被保险人履行权利与义务的基础，也是保险人承保责任大小和被保险人缴付保险费多少的依据。根据我国现行的《海洋货物运输保险条款》，跨国海运配送保险的险别分为基本险别和附加险别两大类。

1. 基本险别

基本险别又称为"主险"，是可以独立投保，不必依附于其他险别项下的款项。中国人民保险公司所规定的基本险别为平安险、水渍险和一切险三种。

（1）平安险。当前平安险的责任范围如下。

①被保险货物在运输途中，由于恶劣气候、雷电、海啸、地震、洪水等自然灾害造成整批货物的全部损失或推定全损。

②由于运输工具遭受搁浅、触礁、沉没、互撞、与流冰或其他货物碰撞以及失火、爆炸意外事故造成货物的全部或部分损失。

③在运输工具已经发生搁浅、触礁、沉没、焚毁意外事故的情况下，货物在此前后又在海上遭受恶劣气候、雷电、海啸等自然灾害所造成的部分损失。

④在装卸或转运时，由于一件或数件货物落海造成的全部损失或部分损失。

⑤被保险人对遭受承保责任内危险的货物采取抢救、防止或减少货损的措施而支付的合理费用，但以不超过该批被救货物的保险金为限。

⑥运输工具遭遇自然灾害或者意外事故，在中途港或者在避难港停靠，因此而引起的卸货、装货、存仓以及运送货物所产生的特别费用。

⑦共同海损的牺牲、分摊和救助费用。

⑧运输契约订有"船舶互撞条款"，根据该条款规定由货方偿还船方的损失。

（2）水渍险。水渍险原意为"负责赔偿单独海损"，其责任范围为平安险的责任范围加上由于恶劣气候、雷电、海啸、地震、洪水等自然灾害所造成的部分损失（此部分损失是平安险不赔偿的部分）。因此，水渍险的责任范围比平安险的责任范围大，保险费率亦高。

水渍险一般适用于不大可能发生碰损、破碎或容易生锈但不影响使用的货物，如铁钉、螺丝等小五金类货物，以及旧汽车、旧机床等货物。

（3）一切险。一切险的承保范围则是水渍险的责任范围，以及由于外来原因所引起的全部或部分损失，即一切险的责任范围包括平安险、水渍险，再加上11种一般附加险。特别附加险不包括在内，需要时，另行加保。一切险的责任范围比水渍险的大，保险费率也比水渍险的高。因此，三种基本险的责任范围大小顺序为：一切险＞水渍险＞平安险。投保人可根据货物的特点、运输路线等情况选择投保平安险、水渍险和一切险三种险别中的任一种。

我国《海洋运输货物保险条款》除规定了上述各种基本险别的责任外，对保险责任的起讫也作了具体规定。在海运保险中，保险责任的起讫主要采用"仓至仓"条款，即保险责任自被保险货物运离保险单所载明的启运地仓库或储存处所开始，包括正常运输中的海上、陆上、内河和驳船运输在内，甚至该项货物运抵保险单所载明的目的地收货人的仓库或储存处所或被保险人用作分配、分派或非正常运输的情况下，运抵其他储存处所为止。但被保险货物在最后到达卸载港卸离海轮后，保险责任以60天为限。

2. 附加险别

附加险别是对基本险别的补充和扩大。附加险不能单独投保，只能在投保一种基本险的基础上才能加保一种或数种附加险，它投保的是外来风险引起的损失。按承保风险的不同，附加险又可分为一般附加险、特别附加险、特殊附加险、海运战争险和罢工险。

（1）一般附加险。一般附加险主要承保由于一般外来风险所造成的损失。一般附加险有以下11种：偷窃、提货不着险，淡水雨淋险，短量险，混杂、沾污险，渗漏险，碰损、破碎险，串味险，受潮受热险，钩损险，包装破裂险，锈损险。

由于一般附加险已包含在一切险的责任范围内，如果已投保了一切险，就不需要再加保一般附加险。

（2）特别附加险。特别附加险所承保的风险大多与国家的行政措施、政策法令、航海贸易习惯有关，它并不包括在基本险中，必须另行加保才能获得保障。特别附加险主要有6种：交货不到险，进口关税险，舱面险，拒收险，黄曲霉素险以及我国大陆某些出口货物运至港、澳存仓火险责任的扩展条款。

（3）特殊附加险。特殊附加险也不包括在任何基本险中，需另行加保才能获得保障。特殊附加险主要承保战争和罢工的风险。

①海运战争险。海运战争险承保直接由于战争、类似战争行为和敌对行为、武装冲突或海盗行为所造成的损失及由此引起的捕获、拘留、扣留、扣押所造成的损失；各种常规武器，包括水雷、鱼雷、炸弹所致的损失；战争险责任范围引起的共同海损的牺牲、分摊和救助费用。

②罢工险。罢工险承保货物由于罢工者、被迫停工工人或参加工潮、暴动、民众斗争的人员的行为或任何的恶意行为所造成的直接损失，以及上述行动和行为引

起的共同海损的牺牲、分摊和救助费用。

（三）我国海运进出口货物保险的基本做法

在对外贸易业务中，有些进出口货物是按带保险条件的CIF（Cost, Insurance and Freight，成本加保险费、加运费）成交的，也有些进出口货物是按不带保险条件的FOB（Free on board，船上交货）或CFR（Cost and Freight，成本加运费）成交的，凡买卖合同规定由我方投保时，各进出口公司应按有关规定向中国人民保险集团股份有限公司（以下简称中国人保）办理投保手续。由于保险的对象不同，出口货物和进口货物保险的做法也有所不同。

1. 我国海运出口货物保险的基本做法

我国出口货物如按CIF条件成交，应由我国出口人向当地中国人保逐笔办理投保手续。其具体做法是根据买卖合同或信用证的规定，在备妥货物后和确认装船出运时，按规定格式填制投保单，具体载明被保险人名称、保险货物项目、数量、包装及标志、保险金额、保险起讫地点、运输工具、起讫日期和投保险别等项内容，向当地中国人保投保。然后由保险公司凭此出立保险单（或其他保险凭证），以作为其接受保险的正式凭证。该凭证是出口人向银行议付贷款所必备的单证之一，也是被保险人索赔和保险公司理赔的主要依据。

在保险人出单后，投保人如果需要更改险别、运输工具、航程、保险期限和保险金额等，应向保险公司或其授权的代理人提出批改申请。保险公司或其授权的代理人如果接受这项申请，则应立即出具批单，作为保险单的组成部分。此后，保险公司即以批改的内容承担责任。

参照国际保险市场的一级惯例做法，中国人保承担出口货物的保额一般也按CIF价再加成10%来计算，即按CIF发票金额的110%计算。这项保险加成可作为买方的期得利润和有关费用看待。由于不同货物、不同地区、不同时期的期得利润不一，如买方要求保险加成超过10%，也可酌情考虑。

保险公司承保时，通常是根据货物的性质按保险金额的一定比例收取相应的保险费。对于运输过程中容易损坏或丢失的货物，收取保险费就较高；反之，则较低。因此，各进出口公司应按不同货物的保险费率来核算并对外报价。

中国人保承保的出口货物在到达国外目的地后，如发现在承保范围内有损失，则由国外收货人凭保险单等有关凭证，直接向中国人保或其代理人索赔。

2. 我国海运进口货物保险的基本做法

我国进口货物大多按FOB或CFR条件成交，由国内各进出口公司负责向中国人保办理保险。为了简化保险手续，各进出口公司同中国人保签订海运进口货物预约保险合同。无论是中央还是地方，凡不带保险条件成交的进口货物均应按这种预约保险合同办理保险。

根据海运进出口货物预约保险合同的规定，投保人在得悉每批货物启运时，应将船名、开航日期及航线、货物名及数量、保险金额等项内容，书面定期通知保险公司，即为向保险公司办理了投保手续，保险公司就应对此负自动承保的责任，如果投保人未按预约保险合同规定办理投保手续，货物发生损失，保险公司则不负赔偿责任。

根据预约保险合同规定，我国进口货物的保险金额，原则上一般按CIF价计算。因此，按FOB和CFR条件进口时，为了计算简便，预先议定了平均运费率和平均保险费率，以便计算保险金额。

其计算公式如下：

FOB进口合同的保险金额=FOB值×（1+平均运费率+平均保险费率）

CFR进口合同的保险金额=CFR值×（1+平均保险费率）

二 跨国空运配送保险

货物在跨国空运配送过程中有可能因自然灾害、意外事故和各种外来风险而造成货物全部或部分损失。常见的风险有：雷电、火灾、爆炸、飞机遭受碰撞倾覆、坠落、失踪、战争破坏，以及被保险货物由于飞机遇到恶劣气候或其他危难事故而被抛弃等。为了转嫁上述风险，跨国空运货物一般都需要办理保险，以便当货物遭到承保范围内的风险损失时可以从保险公司挽回损失。

（一）跨国空运配送保险的基本险别

跨国空运配送保险的基本险别有航空运输险（Air transportation risks）和航空运输一切险（Air transportation all risks）两种。这两种基本险别都可单独投保，在投保其中一种的基础上，经投保人与保险公司协商可以加保战争险等附加险，加保时须另付保险费。在加保战争险的前提下，再加保罢工险，则不另收保险费。

航空运输险和航空运输一切险的责任起讫也采用"仓至仓"条款。航空运输货物战争险的责任期限，则是自货物装上飞机时开始至卸离保险单所载明的目的地的飞机时为止。

●（二）我国空运货物保险的做法

空运出口货物，如由中方保险，则应按有关规定向中国人保办理投保手续。空运进口货物，如由中方投保，则应按预约保险合同的规定办理投保手续。

三 跨国铁路联运配送保险

货物在跨国铁路联运过程中，可能遭受各种自然灾害和意外事故。常见的风险有：车辆碰撞、倾覆和出轨、路基坍塌、桥梁折断和道路损坏，以及火灾和爆炸等意外事故；雷电、洪水、地震、火山爆发、暴风雨以及雨雪冰雹等自然灾害；战争、罢工、偷窃、货物残损、短少、渗漏等外来原因所造成的风险。这些风险会使运输途中的货物遭受损失。货主为了转嫁风险损失，就需要办理跨国铁路联运配送保险。

●（一）跨国铁路联运配送保险的险别

根据中国人保制定的《陆上运输货物保险条款》，陆运货物保险的基本险别有陆运险（Overland transportation risks）和陆运一切险（Overland transportation all risks）两种。此外，还有陆上运输冷藏货物险，它也具有基本险的性质。

陆运险的承保责任范围同海运水渍险相似，陆运一切险的承保责任范围同海运一切险相似。上述责任范围，均适用于火车和汽车运输，并以此为限。陆运险和陆运一切险的责任起讫，也采用"仓至仓"责任条款。

陆运货物在投保上述基本险之一的基础上，可以加保附加险。如投保陆运险，则可酌情加保一般附加险和战争险等特殊附加险；如投保陆运一切险，就只需加保战争险，而不需要再加保一般附加险。陆运货物在加保战争险的前提下，再加保罢工险，不另收保险费。陆运货物战争险的责任起讫，是以货物置于运输工具上时为限。

●（二）我国铁路联运货物保险的基本做法

陆运出口货物如由我方投保时，应按照有关规定及时向中国人保办理投保手续。陆运进口货物则按与保险公司签订的陆运进口货物预约保险合同的规定，办理投保手续。陆运货物如发生承保范围内的损失，则应向保险公司提出索赔，其索赔时效从被保险货物在最后目的地车站全部卸离车辆后起算，最多不得超过2年。

四 邮包运输保险

邮包运输通常须经海、陆、空辗转运送，实际上是属于"门到门"运输，在长远运送过程中，遭受自然灾害、意外事故以及各种外来风险的可能性较大。寄件人为了转嫁邮包在运送过程中的风险损失，需办理邮包运输保险，以便在发生损失时，能从保险公司得到承保范围内的经济补偿。

（一）邮包运输保险的险别

根据中国人保制定《邮政包裹保险条款》，邮包运输保险主要有邮包险和邮包一切险两种基本险。其责任起讫是自被保险邮包离开保险单所载起运地点寄件人的处所运往邮局时开始生效，直到被保险邮包运达保险单所载目的地邮局，自邮局签发出到损通知书当日午夜起算满15天终止，但在此期限内，邮包一经递交至收件人处所时，保险责任即告终止。

在投保邮包运输基本险之一的基础上，经投保人与保险公司协商可以加保邮包战争险等附加险。加保时，须另加保险费，但在加保战争险的前提下，如再加保罢工险，则不另收费。邮包战争险承保责任的起讫，是被保险邮包经邮政机构收讫后自储存处所开始运送时起生效，直到该项邮包运达保险单所载明的目的地邮政机构送交收件人为止。

（二）我国邮包运输保险的基本做法

在办理国际邮包运输时，应当正确选用邮包的保价与保险。凡经过保价的邮包，一旦在途中遗失或损坏，就可向邮政机构按保价金额取得补偿。因此，对寄往办理保价业务的国家，可予保价。鉴于有些国家和地区不办保价业务，或有关邮政机构对保价邮包损失赔偿限制过严，或保价限额低于邮包实际价值，则可采取保险，也可采取既保险又保价的做法。中国人保规定，凡进行保价的邮包，均可享受保险费减半收费的优待。我国通过邮包运输进口的货物，按邮包运输进口货物预约保险合同的规定办理投保手续。

五 跨国物流配送的保险单证

保险单证是保险公司和投保人之间的保险合同，也是保险公司对投保人的承保证明，是保险人与被保险人之间订立的有关权利和义务关系的法律文件。一旦发生承保范围内的损失，它就是被保险人凭以向保险公司索赔的依据。

通常在进出口业务中，投保货物运输保险时，投保人需以书面形式作出投保要约，即填写货物运输保险投保单，投保单是投保人在投保时对保险标的及有关事实的告知和陈述，也是保险人签发保险单和确定保险费的依据。保险人在投保单上签章承诺，或出立保险单，保险双方即确定了合同关系。保险人接受保险是以投保人填写的投保单为依据的，因此投保单的填写必须准确、真实。填写投保单时应注意：投保单上的投保险别应与贸易合同及信用证规定的险别相同，投保单填写的内容如有遗漏、错误或变更，投保人应及时申请批改。

在跨国物流配送保险中，保险单证简称为"保单"，一般由保险人签发给被保险人，在保险单上应详尽地列明保险合同的全部内容。

（一）保险单证的种类

1. 保险单

保险单又称为"大保单"或"正式保险单"，是保险公司根据投保人提供的投保单内容而制作的。因此，保险人在接受投保后，所缮制的保险单内容应与投保单内容一致，以满足投保人对保险的要求。

保险单一般均应包括下列事项：保险公司名称，保险单名称，保险单号次，被保险人名称，发票号与抬头，包装及数量，保险货物项目，保险金额，保费，装载运输工具，开航日期，运输起讫地，承保险别，保险公司在目的地的检验、理路代理人名称及详细地址、电话号码等内容，赔款偿付地点，保单签发日期，保险公司代表签名。

2. 保险凭证

保险凭证又称为"小保单"。它简化了保险单对双方权利义务条款的叙述，其余内容与保险单相同，与保险单具有同等的法律效力。保险凭证上仅列明保险人和被保险人的名称、保品名称、数量、保险金额、险别、运输工具、运输起讫地点。

3. 联合凭证

联合凭证是一种比保险凭证更为简化的保险单据，即在出口货物的发票上由保险公司加注承保险别、保险金额和保险编号。其他条件均以发票上所列内容为准。它只能在港澳以及东南亚地区的部分华商中使用，对其他地区除非双方有约定，一般均不使用。

4. 预约保险单

预约保险单也称为"开口保险单"，它是承保一定时间内发运的一切货物的保险单。其保险期限可以为定期，也可以为长期。但订约一方要取消保险，必须事先通知对方。费率分为统一费率和不同费率两种。目前，在我国预约保险单仅用于按FOB或CFR条件进口的货物和出口展卖的展卖品。

（二）跨国物流配送保险单证的作用

1. 保险单是保险双方订立保险合同的书面凭证

被保险人提出保险申请后，只要保险人确认了这一要求，保险合同即告成立。在这里，被保险人的要约和保险人的承诺都可以是书面的或口头的。保险人随即根据被保险人的请求签发保险单，使之成为双方订立保险合同的书面凭证。

2. 保险单是被保险人提出索赔的主要依据

保险单是保险人接受保险的正式凭证，一旦保险标的因保险事故而受损时，被保险人就可以凭保险单向保险人提出赔偿请求。

3. 保险单具有有价证券的性质

保险单经过被保险人背书后，可以随保险标的物同时转让给受让人。受让人接受保险单后，通常以背书形式将其转让给买方，以完成交货义务。

延伸阅读

填写跨国物流配送保险单应注意的问题

对于一般的跨国物流配送保险单，在填写时应注意以下七个方面的问题。

（1）除信用证另有规定外，保险单上的被保险人必须是信用证上的受益人，被保险人取得保险单后必须进行背书，才能转让。

（2）投保的险别和投保金额要与来证相符。

（3）如果来证上有投保海上一切险，或可能发生的风险或惯常险别之类的不确切词语，按有关规定就不应使用这类词语。

（4）保险单上的签发日期应早于提单日期，最晚应与提单日期同一天，否则开证行或进口商有权拒付。

（5）除信用证另有规定外，保险金额的货币应是信用证所使用的货币。

（6）除信用证另有规定外，保险单的理赔地点应在货物的目的地。

（7）填写保险单上的抬头、货名、件数、运输工具名称、装运港、目的港均应与发票和提单一致。

六 跨国物流配送的保险索赔

保险索赔也称为"提赔"，是指当被保险货物遭受承保范围的损失时，被保险人依据保险合同向保险人要求赔偿的行为。

（一）索赔的前提

1. 可保权益

可保权益是指投保人对保险标的物所拥有的某种合法的经济权益。跨国物流配送保险不要求在订立保险合同时被保险人拥有保险利益，但要求保险标的发生索赔时必须拥有保险利益，这是保险的基本原则之一。

2. 近因

造成一起事故发生的原因有很多，在保险业务中，凡一起事件发生时，只注意造成这一事件的即时和直接原因，即近因。只有造成损失的近因在保险责任事故范围内，保险人才会对被保险人的索赔作出理赔。

（二）索赔程序

1. 损失通知

当被保险人获悉或发现被保险货物已遭受损失时，应立即通知保险公司。保险公司在接到损失通知后，即可采取相应的措施，如检验损失、提出施救意见、确定保险责任和查核发货人或承运人责任等。

2. 向承运人等有关方面提出索赔

被保险人或其代理人在提货时，发现货物包装有明显的受损痕迹，或整件短少，或散装货物已经残损，除向保险公司报损外，还应立即向承运人及海关、港务当局等索取货损、货差证明，及时向有关责任方提出索赔。

3. 采取合理的施救措施，防止损失扩大

被保险人在发现保险货物遭受损失或再次发生损失事故倾向时，应积极采取合理的施救或预防措施，防止货物损失的发生或损失进一步扩大。被保险人因此而发生的相关费用支出，保险人可在与保险金额相等的限额内进行赔偿。

4. 备妥索赔的全部单证

保险货物经过检验并办妥向承运人等第三人的追偿手续后，应立即向保险公司或其代理人提出赔偿要求。提出索赔时，通常应提交下列凭证：保险单或保险凭证正本、运输合同、发票、装箱单、重量单、检验报告、海事报告摘录、货损、货差证明、索赔清单。

（三）索赔与理赔中应注意的问题

1. 代位追偿

在保险业务中，为了防止被保险人双重获益，保险人在履行全损赔偿或部分损失赔偿后，在其赔付金额内可要求被保险人转让其对造成损失的第三责任方要求全损赔偿或相应的部分赔偿权利，这种权利称为"代位记偿权"或"代位权"。

2. 推定全损赔偿

当被保险人的货物遭受严重损失，要求按推定全损赔偿时，必须将货物及其一切权利委付给保险人，否则保险人只按部分损失赔偿。保险人对委付可接受也可不接受。

3. 索赔时效

索赔必须在规定时间内提出，否则保险公司不予受理。我国保险公司的索赔提出时效为2年。

◆本章小结◆

　　跨国物流配送是指在国家与国家之间进行的货物配送，它是世界性国际贸易和电子商务浪潮的产物。跨国物流配送具有国际性、复杂性、风险性、广泛性、标准化、信息化等特点。根据使用的运输工具的不同，跨国物流配送形式主要有跨国海运配送、跨国空运配送、跨国铁路联运配送、国际邮政运输、集装箱运输配送等。在实际业务中，应根据货物特性、运量大小、距离远近、运费高低、风险程度、任务缓急及自然条件和气候变化等因素，审慎选用合理的运输形式。跨国海运配送保险是各类保险中发展最早的一种，这是由于商船在海洋航行中的风险大、海运事故频繁。跨国海运配送保险的险别分为基本险别和附加险别两大类。

■案例分析■

无权代理的纠纷案例

　　在我国某港口，一艘外轮的船长进港时，向引水员谎报船舶吃水，将10.5米吃水谎报成9.5米，结果船舶在主航道搁浅。船舶代理公司获悉该外轮搁浅的消息后，认为若与救助公司签订无效果、无报酬救助合同，救助报酬势必很大。为了替船东节省费用，他们立即租了两艘小型船舶，并联系港务局装卸工人跟船出去过驳减载，最终使遇难船舶起浮脱浅，所花费用开支要比签救助合同所需支付的报酬少得多。代理公司组织的这次搜救工作总计要支付14万美元。但是，因为时间紧迫，所以代理人在组织这次抢救工作中，没有及时与船东联系，自己决定租2艘援减载船，与船东洽谈租金率以及组织装卸工人等事项也没有事先告知船东和征得他们的同意，结果船东事后不予追认，并拒绝支付减载船的租金和其他费用，声称减载船租金太高，其他费用也高出常规，代理人应负责。船公司和代理公司双方诉诸法律，对簿公堂。最后双方经过努力协商，做了许多工作才解决问题。由此可见，不论时间、情况如何紧迫，代理人都应尽力事先得到委托人的授权，这样，委托人必须承担因代理人行为而产生的所有民事责任，否则，就会和本案中的代理公司所面临的处境一样。问题讨论。

问题讨论

请问在以上纠纷事件中,各方的责任、权利和义务关系是怎样的?通过法律途径解决该案件的最终结果会是怎样的?损失由谁承担?

复习思考题

1. 什么是跨国物流配送,它有什么特点?
2. 比较海运配送的经营形式。
3. 集装箱运输配送的形式有哪些?集装箱进出口程序是什么?
4. 比较跨国物流配送的几种形式的特点。
5. 什么是货运代理?它的业务范围有哪些?
6. 什么是货运单证?主要有哪几种?
7. 在海运保险中,投保一切险后是否还需要投保一般附加险?为什么?
8. 设货主甲的8万美元货物在一次共同海损中全部抛入大海,问他所遭受的损失是全部损失还是部分损失?为什么?
9. 保险单证有哪几种?在跨国物流配送保险中的作用是什么?
10. 保险索赔的程序是什么?

实训题

实地参观、调研海运、货运代理、保险公司及物流公司等,了解跨国物流配送的形式,掌握各物流配送形式的操作流程。熟悉各种单证的缮制和填写,了解保险及索赔流程。根据了解的资料填制有关保险单证,进行课堂讨论,并写实训报告。

参考书目

[1] 白世贞.仓储与配送实务[M].北京：中国财政经济出版社，2011.
[2] 崔介何.物流学概论（第四版）[M].北京：北京大学出版社，2010.
[3] 陈平.物流配送管理实务[M].武汉：武汉理工大学出版社，2007.
[4] 陈修齐.物流配送管理[M].北京：电子工业出版社，2009.
[5] 杜传贵等.物流信息管理[M].广州：广东经济出版社，2002.
[6] 邓明荣，张红，葛洪磊.现代物流管理[M].北京：高等教育出版社，2009.
[7] 温卫娟.物流配送管理[M].上海：上海交通大学出版社，2009.
[8] 贺东风.物流系统规划与设计[M].北京：中国财富出版社，2006.
[9] 黄世秀，李述容.配送中心运作与管理[M].重庆：重庆大学出版社，2006.
[10] 贾争现，刘利军.物流配送中心规划与管理[M].北京：机械工业出版社，2011.
[11] 江超群，董威.现代物流运营管理[M].广州：广东经济出版社，2003.
[12] 蒋长兵，吴承健，彭扬.运输与配送管理建模与仿真[M].北京：中国财富出版社，2011.
[13] 蒋长兵，吴承健，彭建良.运输与配送管理理论与实务[M].北京：中国财富出版社，2011.
[14] 李永生，郑文岭.仓储与配送管理[M].北京：机械工业出版社，2011.
[15] 刘昌祺.物流配送工程管理技术及其设计应用[M].北京：中国财富出版社，2010.
[16] 刘彦平.仓储和配送管理[M].北京：电子工业出版社，2006.
[17] 王慧，郝渊晓，马健平.物流配送管理学[M].广州：中山大学出版社，2009.
[18] 秦明森.物流运输与配送管理实务[M].北京：中国物资出版社，2006.
[19] 苏雄义.企业物流总论——新竞争力源泉[M].北京：高等教育出版社，2005.
[20] 孙明贵.物流管理学[M].北京：北京大学出版社，2009.
[21] 谭建中.物流信息技术[M].北京：中国物资出版社，2006.
[22] 王之泰.新编现代物流学[M].北京：首都经济贸易大学出版社，2005.
[23] 吴清一.物流实务[M].北京：中国物资出版社，2005.
[24] 邬星根.仓储与配送管理[M].上海：复旦大学出版社，2005.
[25] 徐莉.技术经济学[M].武汉：武汉大学出版社，2004.
[26] 徐天芳，江舰.物流方案策划与设计[M].北京：高等教育出版社，2005.
[27] 叶怀珍.物流工程学[M].北京：机械工业出版社，2008.
[28] 郑玲.配送中心管理与运作[M].北京：机械工业出版社，2004.
[29] 郑克俊.仓储与配送管理[M].北京：科学出版社，2010.
[30] 张成海.供应链管理技术与方法[M].北京：清华大学出版社，2002.
[31] 张大成.现代物流企业经营管理[M].北京：中国物资出版社，2005.

[32]张念.仓储与配送管理[M].大连:东北财经大学出版社,2012.

[33]张远昌.物流运输与配送管理[M].北京:中国纺织出版社,2004.

[34]赵林度.供应链与物流管理[M].北京:科学出版社,2011.

[35]赵家俊,于宝琴.现代物流配送管理[M].北京:北京大学出版社,2004.

[36]Christian Bierwirth.Adaptive search and the management of logistics systems based models for learning agents.Germany: University of Bremen,2000.

[37]Deleep R Sule.Logistics of facility location and allocation.Louisiana Tech University,2001.

[38]Edward Frazelle.Supply Chain Strategy.McGraw-Hill,2002.